노인복지론

서강훈 · 권태엽 · 김극명 · 김연진 · 이은영 · 이진용 지음

창지사

머리말

사회복지 분야 중 제일 큰 화두는 노인복지일 것이다.

평균수명의 연장과 급속한 고령화 속도는 생산연령인구 감소와 성장잠재력 저하, 사회보장시스템의 재정악화 등 사회 · 경제적 문제를 야기하고 있다.

우리나라는 1960년대 이후 노인인구가 꾸준히 증가하고 최근에 와서는 고령화가 급속도로 진행되고 있어 세계에서 가장 빨리 늙어가는 사회가 되어 가고 있다.

2010년 통계청 발표에 의하면, 2018년 노인인구 비율이 14.3%에 도달하여 고령사회(Aged Society)로 진입할 예정이며, 8년 후인 2026년에는 노인인구가 20.8%가 되어 초고령사회(Super Aged Society)가 될 전망이다.

노인이 늘어 간다는 것은 노인을 위한 사회적 비용이 증가하고, 사회적 부양 부담이 증가하는 등의 심각한 사회문제를 가져온다. 노인복지는 사회복지 분야 중 제일 광범위하고 비용부담 또한 크다. 복지 선진국에서는 일찍부터 사회복지학, 노년학, 노인사회보장 등을 정책적으로 발전시켜 왔다. 우리나라는 노인복지가 체계화되지 못한 상황에서 고령화사회를 맞이하게 되었고, 정부차원에서 노인문제 해결을 위해 2001년 '노인보건복지대책위원회'를 설치하였고, 2004년 대통령 자문기구로 '고령화 및 미래사회위원회'가 설치 · 운영되고 있다.

이와 관련하여 2008년 7월 노인장기요양보험제도의 시행은 노인복지에 있어 고무적이라 할 수 있다.

이 책은 이러한 시기에 발맞추어 노인복지를 담당하는 여러 대학 교수님들이 모여 그간의 강의 경험과 변화하는 노인복지정책과 실천, 사회 · 경제적 사항을 반영한 노인복지 저서의 필요성을 인식하여 공동으로 집필하게 되었다.

이 책의 구성은 총 14장으로 되어 있고, 각 장은 다음과 같다.

1장 인구 고령화와 노인문제, 2장 노인과 노화, 3장 노인복지 실천의 이해, 4장 노인상담, 5장 노인과 정신건강, 6장 노인학대, 7장 노인의 여가생활, 8장 노인과 실버산업, 9장 노인의 성, 10장 가족부양과 노후 부부문제, 11장 노인장기요양보험, 12장 노인과 공공부조, 13장 노인과 연금보험, 14장 노인복지시설 등으로 나누어진다.

이 책의 공동 저자들은 노인복지에 대한 다양한 이론과 현장의 내용을 바탕으로 노인문제를 예방하고 대책을 강구할 수 있도록 기획하였다.

이상의 내용들이 노인복지와 사회복지를 전공하는 모든 학생들에게 노인복지 전반에 대한 바른 이해를 돕고 실제적 지식을 습득케 하는 데 도움이 될 수 있기를 바란다.

이 책이 출판되기까지 애써주신 도서출판 창지사 김영식 부장님과 김기섭 사장님, 편집을 맡아 수고해 주신 관계 직원 여러분께 감사드린다.

2018년 6월

저자 일동

차례

제1부

인구 고령화와 노화에 대한 이해

Chapter 1

인구 고령화와 노인문제

과학문명과 사회복지제도의 발달, 그리고 의료기술의 발전은 인간의 생명을 연장하는 데 큰 역할을 하였다. 본 장에서는 현대사회에서 인간의 수명이 늘어나면서 나타나는 사회적 현상을 고찰하고, 특히 급격한 고령화에 따라 발생하는 사회문제뿐만 아니라, 사회복지적 관점에서 노인인구의 증가에 따라 발생하는 노인문제를 구체적으로 살펴보기로 한다.

1. 노인인구 증가와 인구 고령화

1) 노인인구의 증가

우리나라는 '100세 시대'를 맞이하여 만 60세에 치렀던 환갑 잔치가 옛말이 된 지 오래 되었다. 평균수명(average life span)은 사망한 나이의 평균을 말하는 것으로 "사람들이 몇 세까지 살 수 있을까"라는 기대치를 의미한다. 평균수명은 기대수명(life expectancy at birth)과 같은 것으로 현재의 연령별 사망 수준이 그대로 지속된다고 예상하고, 금년도에 태어난 0세의 출생아가 향후 몇 세까지 살 것인지를 의미한다. 과거에는 평균수명이라는 용어를 자주 사용했으나, 우리나라는 2010년 통계청 발표에 따라, 보다 정확한 용어인 기대수명을 사용하고 있다.

〈표 1-1〉 기대수명의 증가

구분 \ 연도	1970	1980	1990	2000	2010	2018	2020	2030	2040	2050	2060
전체	62.3	66.1	71.7	76.0	80.2	82.8	83.2	85.2	86.9	88.3	89.5
남자(A)	58.7	61.9	67.5	72.3	76.8	79.8	80.3	82.7	84.7	86.3	87.8
여자(B)	65.8	70.4	75.9	79.7	83.6	85.8	86.2	87.8	89.1	90.2	91.2
차이(B-A)	7.1	8.5	8.4	7.4	6.8	6.0	5.9	5.1	4.4	3.9	3.4

출처: KOSIS(국가통계포털)

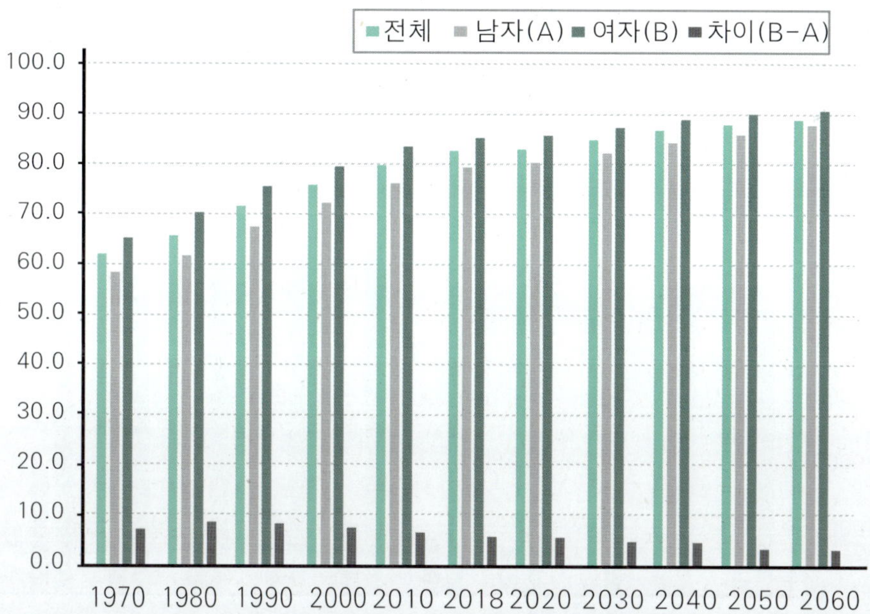

〔그림 1-1〕 기대수명의 증가

0세 출생아가 향후 생존할 것으로 기대되는 평균 생존년수를 나타내는 기대수명은 1970년대 이후로 빠른 속도로 증가하고 있으나 2010년 이후에는 증가추세가 크게 둔화되고 있는 것으로 나타나고 있다. 특히, 1970년대 기대수명이 남자 58.7세, 여자 65.8세였던 것이 2020년에는 남녀 모두 기대수명이 80세가 넘어서며, 1970년 기준으로 50년이 지난 2020년에 남자 80.3세, 여자 86.2세로 남녀 각각 기대수명이 21.6세, 20.4세가 연장되었다. 2018년 남자 79.8세, 여자 85.8세인 성별 기대수명은 2060년에 남자 87.8세, 여자 91.2세로 증가할 것으로 전망되며, 남녀 기대수명의 차이는 점차 감소할 것으로 예상된다.

〈표 1-2〉 고령인구(65세 이상)의 증가

구분 \ 연도	1990	2000	2010	2018	2020	2025	2030	2040	2050	2060
총인구(만명)	4,286	4,700	4,955	5,163	5,197	5,300	5,294	5,219	4,943	4,524
고령인구(만명)	219	339	536	738	813	1,050	1,295	1,712	1,881	1,853
고령인구구성비(%)	5.1	7.2	10.8	14.3	15.6	20.0	24.5	32.8	38.1	41.0

출처: KOSIS(국가통계포털)

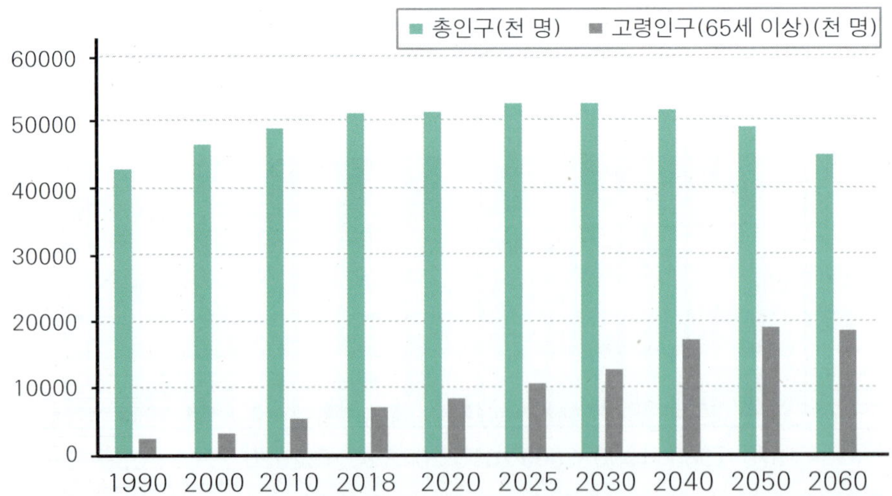

〔그림 1-2〕 고령인구의 증가

65세 이상을 의미하는 고령인구는 2010년 536만 명에서 2020년에 813만 명에 이르게 되고, 2050년에 1,881만 명까지 증가 후 감소하기 시작하여 2060년에 1,853만 명에 이를 전망이다. 2018년 이후 고령인구의 향후 전망은 새롭게 고령인구로 진입하는 인구의 규모와 기대수명 증가 속도의 영향을 받아 변화할 것으로 예측할 수 있다.

베이비부머(baby boomer) 세대(1955년부터 1963년 사이에 출생한 사람)가 고령인구로 진입하는 2020년부터 2030년까지 고령인구의 비중은 8.9%p 급증할 전망이다.

통계청(2012)의 장래인구추계에 의하면, 고령인구 구성비에 따라 65세 이상 노인인구가 전체 인구의 7% 이상을 차지하는 경우 고령화사회(aging society)로 분류하고 있다. 〈표 1-2〉에 의하면 우리나라는 2000년에 이미 고령화사회에 진입하였으며, 2018년에 고령인구 구성비가 14.3%로 고령사회(aged society)에 진입하게 되고, 2025년에는 20.0%로 초고령사회(super aged society)에 진입할 것으로 예측하고 있다.

2) 인구 고령화의 특성

(1) 노인인구의 특성변화

노인인구의 특성변화를 살펴보기 위하여 첫째, 인구 고령화 증가의 국제적 비교를 통해 세계 인구 고령화 속도의 추이를 분석해 보고, 둘째, 출산율을 통한 인구구조의 변화, 그리고 셋째, 우리나라 고령화의 지역별 편차를 분석하고 이해함으로써 국가균형발전이라는 대명제를 어떻게 풀어나갈 것인가에 대한 방안을 탐색해 보고자 한다.

첫째, 〈표 1-3〉은 세계 여러 국가들의 인구 고령화 증가를 비교한 것이다.

〈표 1-3〉 인구 고령화 증가의 국제비교

구분	도달연도			도달소요연수	
	고령화사회 (7%)	고령사회 (14%)	초고령사회 (20%)	고령사회	초고령사회
한 국	2000	2018	2025	18	7
중 국	2005	2025	2035	20	10
홍 콩	1985	2015	2025	30	10
일 본	1970	1994	2006	24	12
베트남	2020	2035	2050	15	15
싱가포르	2000	2020	2030	20	10
프랑스	1864	1990	2020	126	30
영 국	1929	1975	2025	46	50
독 일	1932	1972	2010	40	38
미 국	1942	2014	2030	72	16

출처: KOSIS(국가통계포털), 보건복지부(2012) 노인복지시설 현황보고서

〈표 1-3〉에 나타난 것처럼, 세계 각국의 인구 고령화 속도를 살펴보면, 유럽과 미국 등의 선진 국가들은 고령화사회에서 고령사회로 도달하는 데 상당한 기간을 두고 변화하는 것을 알 수 있다. 그 기간을 구체적으로 살펴보면, 프랑스 126년, 영국 46년, 독일 40년, 그리고 미국은 72년이라는 오랜 기간을 거치면서 인구 고령화 현상이 나타났기 때문에 노인문제를 해결하기 위한 시간적 여유가 있었다. 그러나 아시아권에 속하는 대부분의 나라는 중국 20년, 홍콩 30년, 일본 24년, 싱가포르 20년, 베트남 15년, 그리고 한국 18년이라는 비교적 짧은 기간에 고령인구가 폭발적으로 증가하고 있기 때문에 이에 따라 발생하는 사회문제에 대한 대책이 시급함을 알 수 있다. 특히 우리나라의 경우, 고령사회에서 초고령사회로의 진입이 세계 어디에서도 찾아보기 어려울 정도로 급속도로 진행되고 있으며, 그 도달소요기간이 불과 7

년 정도에 불과한 것으로 나타나고 있다. 이러한 심각성을 깨닫고 저출산 문제, 의료보장, 노후소득 문제 등 경제적, 사회적, 그리고 문화적으로 나타날 수 있는 사회문제들에 대한 다양한 정책을 준비하지 않으면 커다란 국가 재앙으로 나타날 것이다.

둘째, 대부분 국가에서 나타나는 급속한 인구 고령화는 저출산에 따른 생산가능인구(15~64세 기준)의 감소라는 인구변화 현상과 관련되어 있다. 〈표 1-4〉에서처럼, 유럽이나 미국 등 선진국의 경우 1980년대까지 출산율이 감소하다가 출산과 육아에 대한 국가적 지원 등으로 미국은 1990년대부터, 프랑스, 독일, 영국 등 유럽국가들은 2000년대 들어서면서 출산율이 증가하는 추세로 전환되고 있음을 알 수 있다. 우리나라의 경우 2020년대를 정점으로 출산율이 증가할 것으로 예측하고 있다. 이처럼 우리나라는 출산율이 낮아지고 기대수명이 늘어나면서 세계에서 유례없는 급격한 인구구조의 변화를 보이고 있다.

〈표 1-4〉 합계 출산율

연도 / 국가별	1970	1980	1990	2000	2010	2020	2030	2040	2050	2060
세계	4.92	3.87	3.44	2.75	2.57	2.47	2.39	2.31	2.24	2.17
한국	4.65	2.92	1.57	1.50	1.17	1.32	1.46	1.57	1.63	1.69
중국	6.25	3.00	2.73	1.51	1.58	1.63	1.69	1.72	1.75	1.77
홍콩	3.65	2.23	1.36	1.06	1.04	1.33	1.50	1.61	1.68	1.73
일본	2.04	1.83	1.65	1.37	1.34	1.48	1.58	1.65	1.70	1.73
싱가포르	3.65	1.84	1.70	1.57	1.26	1.26	1.30	1.34	1.37	1.39
베트남	6.46	5.50	3.85	2.25	1.93	1.95	1.92	1.91	1.90	1.90
미국	2.54	1.77	1.91	2.00	2.05	1.89	1.90	1.91	1.91	1.92
프랑스	2.64	1.87	1.81	1.76	1.98	1.97	1.96	1.95	1.95	1.95
독일	2.36	1.51	1.43	1.35	1.36	1.47	1.54	1.59	1.63	1.66
영국	2.57	1.73	1.84	1.74	1.87	1.87	1.86	1.86	1.86	1.86

출처: KOSIS(국가통계포털)

셋째, 우리나라 고령화에 따른 지역별 편차를 살펴보는 것이다. 〈표 1-5〉를 살펴보면, 2018년 기준으로 고령인구 비율이 가장 높은 지역은 전라남도이고 그 다음 순으로 경상북도, 전라북도, 강원도, 충청남도, 부산광역시 순이다. 그리고 울산, 인천, 대전, 경기, 광주 등의 대도시는 고령인구 비율이 낮게 나타나고, 주로 농어촌을 중심으로 고령인구 비율이 높은 것을 알 수 있다.

〈표 1-5〉 시 · 도별 고령인구 비율

시 · 도별	고령인구 비율					
	2014	2016	2018	2020	2022	2024
전국(평균)	12.4	13.2	14.3	15.6	17.2	18.9
서울특별시	11.5	12.6	13.9	15.4	16.9	18.5
부산광역시	13.6	14.9	16.5	18.4	20.4	22.5
대구광역시	11.9	13	14.4	15.8	17.5	19.4
인천광역시	10	10.9	12	13.4	14.9	16.8
광주광역시	10.4	11.3	12.3	13.5	14.8	16.4
대전광역시	9.9	10.9	12.1	13.5	15	16.7
울산광역시	8.1	9	10.2	11.7	13.3	15.3
세종특별자치시	13.4	9.7	9	9.4	10.5	11.8
경기도	9.9	10.6	11.6	12.8	14.3	15.9
강원도	16.4	17	18.2	19.8	21.8	24
충청북도	14.2	14.7	15.7	17.1	18.7	20.5
충청남도	15.4	15.9	16.7	17.8	19.1	20.6
전라북도	17.1	18	19	20.4	21.9	23.7
전라남도	20.4	20.9	21.8	22.9	24.3	26.1
경상북도	17.1	17.7	19.1	20.6	22.3	24.2
경상남도	13.2	13.9	15	16.4	18	19.9
제주특별자치도	13.6	13.9	14.3	15.3	16.6	18.1

출처: KOSIS(국가통계포털)

주) 고령인구비율=65세 이상인구/전체인구×100

이러한 현상은 교육, 취업 등의 이유로 젊은 층의 농어촌 인구가 대도시로 유입되고 있기 때문에 나타난다. 인구 고령화와 낮은 출산율은 도시와 농촌의 생활 모습을 변화시킬 것이며 심지어는 사라지는 농어촌 도시가 나타남으로써 행정구역 개편 등이 추진될 것이다.

[그림 1-3]에서 전라남도, 강원도, 경상북도, 부산광역시의 고령인구 비율 증가가 매우 높게 증가하고 있음을 알 수 있다.

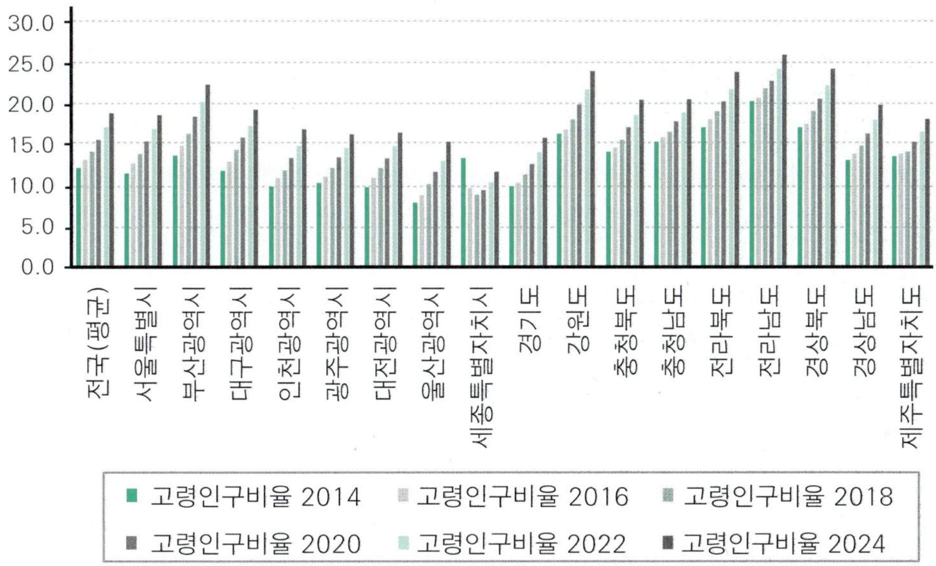

〔그림 1-3〕 시 · 도별 고령인구 비율

(2) 노인인구의 부양부담

인구 고령화는 사회적, 경제적으로도 많은 영향을 미치게 된다. 부모부양에 대한 가치관을 살펴보면, 전통적 농경사회에서 부모부양에 대한 책임은 전적으로 가족에게 있었다. 그러나 현대사회에서 핵가족화와 여성의 취업률 증가 등으로 부모부양에 대한 사회적 문제가 대두되면서 우리나라는 노인장기요양보험제도 등을 도입하기 시작하였고, 이러한 정책들의 시행과 변화는 부모부양에 대한 가치관을 변화시키거나 변화함으로써 나타나게 된 정책들이기도 하다.

노인인구의 부양부담과 관련한 용어를 살펴보면 다음과 같다. 노년 부양비(old dependency ratio)는 15세 이상 64세 미만의 생산가능인구에 대한 65세 이상 인구의 비율을 말한다. 즉, 생산가능인구(15~64세인구) 100명이 부양해야 할 고령인구의 수를 표시한다. 이를 도식으로 설명하면,

노년부양비 = [고령인구(65세 이상) / 생산가능인구(15~64세 미만)] × 100

노령화 지수(aged-child ratio)는 0세에서 14세까지를 일컫는 유소년 인구에 대한 65세 이상의 고령인구의 비율을 말한다. 이를 도식으로 설명하면,

노령화지수 = [고령인구(65세 이상) / 유소년 인구(0~14세 인구)] × 100

유소년부양비(child dependency ratio)는 생산가능인구(15~64세 미만)에 대한 유소년인구(0~14세 인구)의 비율로 생산가능인구(15~64세 인구) 100명이 부양해야 할 유소년 인구의 수를 표시한다. 이를 도식으로 설명하면,

유소년부양비 = [유소년인구(0~14세) / 생산가능인구(15~64세)] × 100

총부양비(total dependency ratio) : 노년부양비와 유소년부양비를 합친 것을 말한다.

〈표 1-6〉에 나타난 바와 같이, 노년부양비는 2000년 10.1%에서 2018년 19.6%로 증가한 것으로 나타났다. 즉, 생산가능인구(15~64세) 100명이 부양해야 할 노년인구의 수를 의미하는 노년부양비는 2018년 19.6명으로 매년 증가하고 있음을 알 수 있다.

〈표 1-6〉 노년부양비 및 노령화지수

구분	노년부양비	노령화지수	유소년부양비	총부양비
1960	5.3	6.9	77.3	82.6
1980	6.1	11.2	54.6	60.7
2000	10.1	34.3	29.4	39.5
2010	14.8	67.2	22.0	36.9
2015	17.5	93.1	18.8	36.2
2018	19.6	110.5	17.8	37.4
2020	21.8	123.7	17.6	39.5
2025	29.4	165.6	17.8	47.1
2030	38.2	212.1	18.0	56.3
2035	47.9	253.7	18.9	66.8
2040	58.2	303.2	19.2	77.4
2045	65.6	352.7	18.6	84.2
2050	72.6	399.0	18.2	90.8
2055	76.1	418.8	18.2	94.2
2060	82.6	434.6	19.0	101.6
2065	88.6	442.3	20.0	108.7

출처: KOSIS(국가통계포털)

노령화지수를 살펴보면, 2000년 34.3%, 2018년 110.5%로 나타났으며, 2020년 123.7%, 2030년 212.1%로 급격하게 증가할 것으로 예측하고 있다. 이 통계자료가 의미하는 것은 2000년 유소년인구(0~15세 미만) 100명당 노인 인구가 약 34명이었으나 2018년 약 110명으로 증가하였다는 말이다.

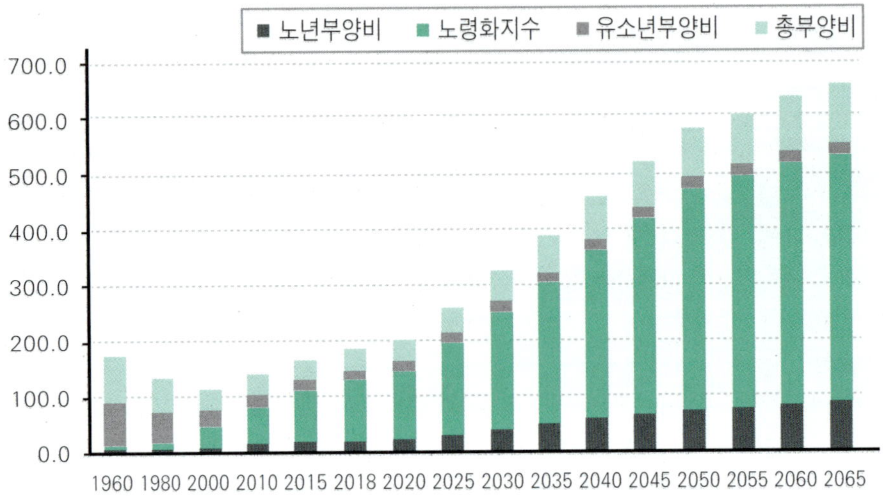

〔그림 1-4〕 노년부양비 및 노령화지수

[그림 1-4]에서 보면, 노년부양비와 노령화지수의 가파른 증가 추세를 볼 수 있다. 즉, 생산가능인구의 노인부양에 대한 부담이 지속적으로 증가함으로써 노인문제로만 끝나는 게 아니라 커다란 사회문제로 대두되고 있음을 경고하는 것이다.

2. 인구 고령화와 사회문제

1) 인구 고령화의 현상

(1) 인구 고령화의 경제적 영향

우리나라 인구 고령화의 속도는 경제협력개발기구(OECD) 회원국 중에서 가장 빠른 것으로 나타나고 있다. 이렇게 급속한 인구 고령화 때문에 나타나는 우리나라의 경제적 문제를 요약하면 다음과 같다.

첫째, 경제성장의 둔화이다. 인구 고령화는 저출산에 따른 인구구조의 변화, 노동력의 감소 및 노동생산성의 저하, 저축감소로 인한 투자위축 등에 따라 경제성장을 둔화시키는 것이다.

둘째, 생산가능인구의 감소이다. 인구 고령화로 해가 갈수록 생산가능인구는 줄어들고 따라서 생산가능인구의 노인부양비는 크게 증가하는 것이다. 특히 저출산 · 고령화사회에서는 개인주의적 가치관의 확산에 따른 핵가족화와 여성의 사회참여 증대 등으로 가정에서의 노인부양기능이 약화되어 노인부양 문제가 새로운 변화를 맞이하게 되는 것이다.

셋째, 재정수지의 악화이다. 인구 고령화 현상에 따라 국민연금 등 연금 수급 노인의 증가 및 의료비용의 증가 등으로 재정지출이 급증하여 재정수지는 지속적으로 악화될 것이다.

넷째, 사회복지 서비스 수요의 급증에 따른 비용의 증가이다. 인구 고령화 현상은 노인들의 의료 및 돌봄서비스의 수요 증가를 초래하여 이에 대한 사회적 비용이 증가할 것으로 예측되어 우리나라는 2008년 노인장기요양보험제도를 시행하였다.

(2) 인구 고령화의 사회적 영향

인구 고령화에 따른 사회적 영향을 살펴보면 다음과 같다.

첫째, 베이비부머(baby boomer)라는 특정 노인세대의 사회적 영향이다. 세대(generation)를 구분하는 것은 학자에 따라 다양하다. 우리나라는 한국전쟁을 체험한 세대, 광복 후 전통 대 근대적 가치관의 혼란 및 산업화, 도시화의 격변 과정을 경험한 세대, 1980년대 이후 경제적 어려움을 모르고 냉전적 사고로부터 자유로운 세대, 1990년대부터는 글로벌(global) 세대가 공존하고 있다. 또 에코 세대(echo generation)라는 용어도 있는데 이는 베이비부머(1955년에서 1963년 사이에 출생한 세대)의 자녀 세대로 1979~1992년 사이에 출생한 인구집단을 말한다(통계청, 2012).

우리나라의 베이비부머 세대는 2010년부터 노동시장에서 은퇴를 하기 시작하면서 개인적 노후생활에서 의료, 사회복지서비스 분야의 경제적 지출이 증가하기 시작하였다. 베이비부머 세대는 특히 우리나라의 경제성장을 주도하고, 부모세대를 봉양하고, 자식세대를 양육했지만 정작 자신들의 노후대비를 위한 대책은 수립하지 않았다는 현실이 사회문제로 나타나기 시작한다는 것이다.

둘째, 인구 고령화에 따른 도시와 농어촌 고령인구의 지역별 편차이다. 절대인구 수로는 도시에 있는 노인이 많지만, 〈표 1-5〉를 참고해 보면 지역별 전체 인구에서 차지하고 있는 고령인구 비율은 농어촌지역이 매우 높음을 알 수 있다. 이러한 문제를 해결하기 위해서 생산가능인구의 유입을 위한 경제정책, 사회복지서비스 정책들이 보이지 않는 것은 정치적인 한계나 지방자치제도가 담고 있는 한계로 볼 수 있다.

셋째, 인구 고령화는 기대수명의 변화와 저출산의 영향이다. 〈표 1-2〉에서 나타난 것처럼, 2018년 고령인구 비율이 14.3%에서 2025년 20.0%로 계속 늘어날 전망이다. 특히 우리나라는 백 세 이상 사는 백세인(百歲人)의 증가 속도가 매우 빠른 것으로 나타나고 있다. 1995년 490명이었다가 2015년 3,325명으로 늘어났으며 이를 구체적으로 살펴보면 남자 415명, 여자 2,910명으로 여성이 남성보다 4배정도 비율이 높은 것으로 나타났다. 반면, 〈표 1-4〉에 나타난 것처럼, 한국의 평균 출산율은 1980년 2.92명에서 2000년 1.50명으로 낮아졌다가 2020년 1.32명으로 약간 회복할 것으로 기대하고 있다. 출산율이 낮은 이유로는 1960년대 정부의 산아제한 정책의 영향이 가장 크며, 결혼에 대한 가치관의 변화, 경제적 이유 등으로 인한 혼인 연령이 점차 높아지는 사회적 경향, 그리고 불안정한 경제에 대한 결혼의 지연 등을 들 수 있는데 초저출산 단계로 진입한 것으로 보고 있다(통계청, 2015).

넷째, 노인가구와 독거노인세대의 변화와 관련된 사회적 영향이다. '가구'란 1인 또는 2인 이상이 모여서 취사, 취침 등 생계를 같이하는 생활 단위이다(통계청, 2015). 전국의 독거노인의 비율은 2010년 5.7%, 2012년 5.9%, 2014년 6.2%, 2016년 6.6%, 그리고 2018년 7.1%로 계속 증가하고 있는 것으로 나타나고 있다(통계청, 2018). 반면에 자녀와의 동거율은 감소하는 경향을 보이고 있으며 가구원 중 65세 이상 고령자가 포함된 고령자 가구는 2000년 11.9%(1,734천 명)에서 2030년 35.4%(9,025천 명)가 될 것으로 예상하고 있다.

2) 노인의식의 변화와 노인문제

(1) 통계로 보는 노인의식의 변화

국민의 주관적 의식을 파악하는 「사회조사」 결과를 이용하여 65세 이상 노인의 가족, 복지, 사회참여 등에 대한 최근 2007년부터 2016년까지 10년간의 의식 변화를 분석한 결과를 중심으로 우리나라 노인의 의식을 분석해 보는 것은 매우 의미가 있다(통계청, 2016).

2016년도 통계청이 발표한 「고령자통계」에 따라 지난 10년간의 우리나라 65세 이상 노인의 의식변화를 살펴보면 다음과 같다.

첫째, 우리나라 65세 이상 노인들이 의식하고 있는 생활여건의 변화는 보건의료 서비스, 사회보장제도 등 전반적인 생활여건에 대하여 좋아졌다고 느끼고 있다[그림 1-5].

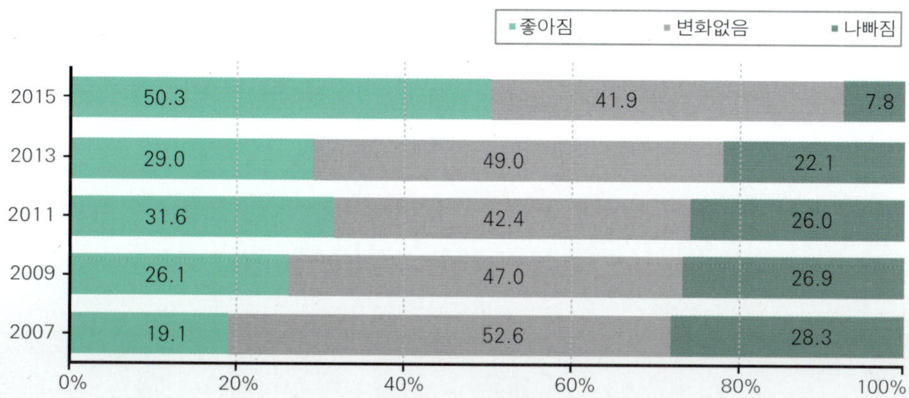

〔그림 1-5〕 전반적인 생활여건

〈표 1-7〉 생활여건의 변화[1)]

(단위: %)

	전반적인생활여건[2)]			보건의료서비스			사회보장제도			문화 · 여가생활향유여건		
	좋아짐	변화없음	나빠짐	좋아짐	변화없음	나빠짐	좋아짐	변화없음	나빠짐	좋아짐	변화없음	나빠짐
2007년	19.1	52.6	28.3	38.4	53.0	8.6	23.3	65.5	11.2	20.8	64.3	14.9
2009년	26.1	47.0	26.9	52.3	41.1	6.6	39.5	51.4	9.1	26.4	57.9	15.7
2011년	31.6	42.4	26.0	48.9	40.9	10.2	40.8	45.9	13.3	33.7	51.7	14.6
2013년	29.0	49.0	22.1	46.6	46.5	6.9	39.6	52.2	8.3	32.9	57.1	10.1
2015년	50.3	41.9	7.8	65.1	31.6	3.3	65.5	30.4	4.1	50.4	44.7	5.0

주:1) 3년 전과 비교한 우리 사회의 생활여건 변화임

2)「보건의료 서비스」, 「사회보장제도」, 「문화 · 여가생활 향유여건」을 포함한 전반적인 생활여건임

둘째, 결혼 · 이혼에 대한 견해를 살펴보면, 결혼은 「해야 한다」고 생각하는 노인의 비율은 계속 감소하고, 이혼은 「이유가 있으면 하는 것이 좋다」는 의견이 늘어나고 있는 추세이다〈표 1-8〉.

〈표 1-8〉 결혼 · 이혼에 대한 견해

(단위: %)

		결혼				이혼			
		해야[1)] 한다	해도 좋고 하지 않아도 좋다	하지[2)] 말아야 한다	잘 모르겠다	해서는[3)] 안 된다	할 수도 있고 하지 않을 수도 있다	이유가 있으면 하는 것이 좋다	잘 모르겠다
2006년	남자	89.0	8.4	0.8	1.8	82.3	11.0	3.9	2.8
	여자	82.6	12.0	2.1	3.3	80.6	10.9	4.3	4.2
2008년	남자	89.5	7.8	1.4	1.3	85.0	10.9	2.3	1.8
	여자	82.5	13.1	2.7	1.7	82.9	12.2	2.9	2.0

		결 혼				이 혼			
		해야[1] 한다	해도 좋고 하지 않아도 좋다	하지[2] 말아야 한다	잘 모르겠다	해서는[3] 안 된다	할 수도 있고 하지 않을 수도 있다	이유가 있으면 하는 것이 좋다	잘 모르겠다
2010년	남자	86.2	11.6	1.4	0.8	81.3	13.0	4.1	1.6
	여자	81.7	14.2	2.8	1.3	80.6	13.4	3.8	2.3
2012년	남자	85.9	12.3	0.7	1.0	73.4	19.1	5.7	1.8
	여자	80.8	16.5	1.4	1.4	73.4	18.7	5.5	2.4
2014년	남자	79.8	17.6	1.2	1.3	68.9	21.1	7.4	2.6
	여자	76.1	19.7	1.7	2.6	68.9	19.5	7.8	3.7

주: 1) '반드시 해야 한다'와 '하는 것이 좋다'를 합한 수치임
2) '하지 않는 것이 좋다'와 '하지 말아야 한다'를 합한 수치임
3) '어떤 이유라도 이혼해서는 안 된다'와 '이유가 있더라도 가급적 이혼해서는 안 된다'를 합한 수치임

셋째, 가사분담에 대한 견해는 노인의 60% 이상은 가사를 「부인이 주도적으로 책임져야 한다」고 생각하는 것으로 나타났다[그림 1-6].

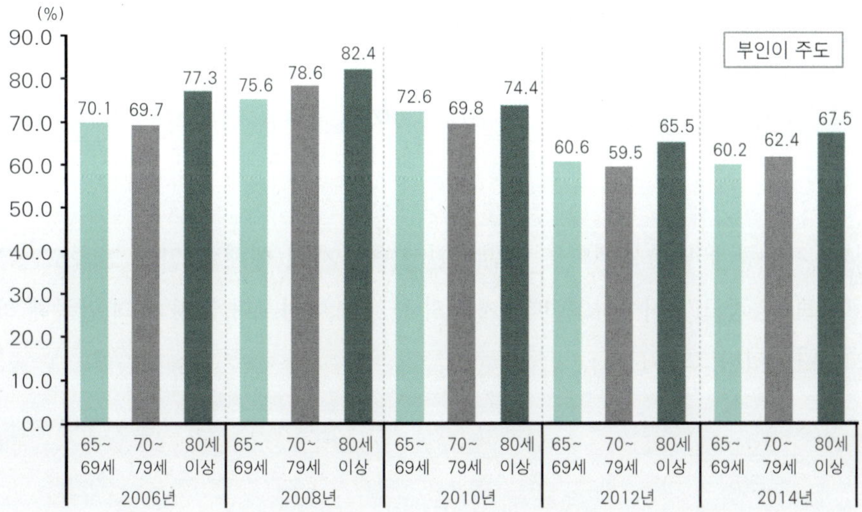

〔그림 1-6〕 가사 분담에 대한 견해

〈표 1-9〉 가사 분담에 대한 견해

(단위: %)

		계	부인이 주도			공평하게 분담	남편이 주도		
				부인이 전적으로 책임	부인이 주로 하지만 남편도 분담			남편이 주로 하지만 부인도 분담	남편이 전적으로 책임
2006년	65~69세	100.0	70.1	10.3	59.7	27.0	2.9	2.7	0.3
	70~79세	100.0	69.7	15.0	54.7	27.8	2.5	2.1	0.4
	80세이상	100.0	77.3	22.2	55.2	21.1	1.6	1.2	0.4
2008년	65~69세	100.0	75.6	14.4	61.3	22.5	1.8	1.6	0.3
	70~79세	100.0	78.6	19.0	59.6	20.2	1.1	0.9	0.2
	80세이상	100.0	82.4	26.9	55.4	15.9	1.7	1.3	0.4
2010년	65~69세	100.0	72.6	12.2	60.4	25.4	1.9	1.7	0.3
	70~79세	100.0	69.8	16.3	53.5	28.5	1.6	1.3	0.4
	80세이상	100.0	74.4	24.7	49.7	24.0	1.7	1.0	0.7
2012년	65~69세	100.0	60.6	9.2	51.5	36.5	2.8	2.5	0.3
	70~79세	100.0	59.5	12.4	47.1	38.7	1.8	1.7	0.2
	80세이상	100.0	65.5	21.3	44.2	33.3	1.2	0.9	0.3
2014년	**65~69세**	**100.0**	**60.2**	**8.6**	**51.5**	**37.0**	**2.8**	**2.4**	**0.4**
	70~79세	**100.0**	**62.4**	**12.5**	**49.9**	**35.6**	**2.0**	**1.6**	**0.4**
	80세이상	**100.0**	**67.5**	**20.0**	**47.5**	**31.4**	**1.2**	**1.0**	**0.2**

넷째, 가족관계 만족도에서는 전반적인 가족관계에 대해 노인의 만족도는 「만족」과 「보통」 정도가 비슷하고, 배우자와의 관계는 여자보다 남자가 더 만족해 하는 것으로 나타났다[그림 1-7].

〔전반적인 가족관계〕

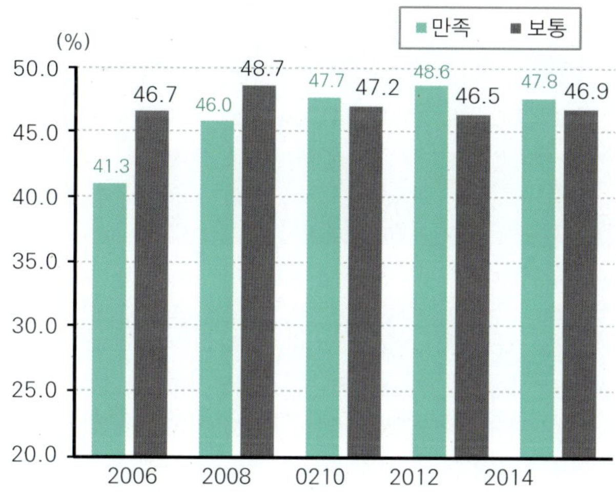

〔배우자와의 관계〕

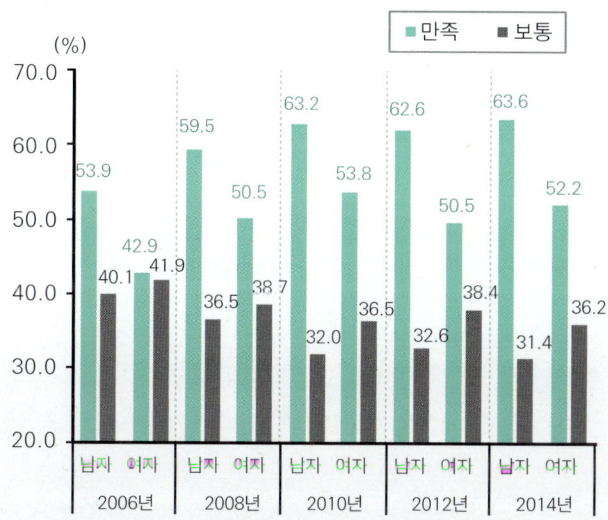

〔그림 1-7〕 가족관계 만족도

〈표 1-10〉 가족관계 만족도

(단위: %)

			계	만족	매우 만족	약간 만족	보통	불만족	약간 불만족	매우 불만족
전반적인 가족관계	2006년		100.0	41.3	15.4	26.0	46.7	12.0	9.3	2.6
	2008년		100.0	46.0	14.1	32.0	48.7	5.3	4.3	1.0
	2010년		100.0	47.7	14.5	33.3	47.2	5.0	4.2	0.8
	2012년		100.0	48.6	15.5	33.1	46.5	4.9	4.1	0.8
	2014년		100.0	47.8	15.0	32.8	46.9	5.4	4.2	1.1
배우자와의 관계	2006년	남자	100.0	53.9	24.1	29.8	40.1	6.0	4.6	1.4
		여자	100.0	42.9	16.9	25.9	41.9	15.2	10.6	4.7
	2008년	남자	100.0	59.5	26.1	33.3	36.5	4.0	3.0	1.0
		여자	100.0	50.5	18.2	32.3	38.7	10.8	8.1	2.7
	2010년	남자	100.0	63.2	26.1	37.1	32.0	4.8	4.0	0.8
		여자	100.0	53.8	19.8	33.9	36.5	9.7	7.8	2.0
	2012년	남자	100.0	62.6	28.4	34.2	32.6	4.8	3.8	1.0
		여자	100.0	50.0	18.0	32.1	38.4	11.5	8.4	3.1
	2014년	남자	100.0	63.6	28.2	35.5	31.4	4.9	3.9	1.0
		여자	100.0	52.2	20.0	32.2	36.2	11.5	8.2	3.3

다섯째, 부모 부양에 대한 견해는 부모 부양은 「가족」이 해야 한다는 생각은 큰 폭으로 감소하고, 「부모 스스로 해결」하거나 「가족과 정부 · 사회」가 함께 해야 한다는 의식은 점차적으로 강해지는 것으로 나타났다[그림 1-8].

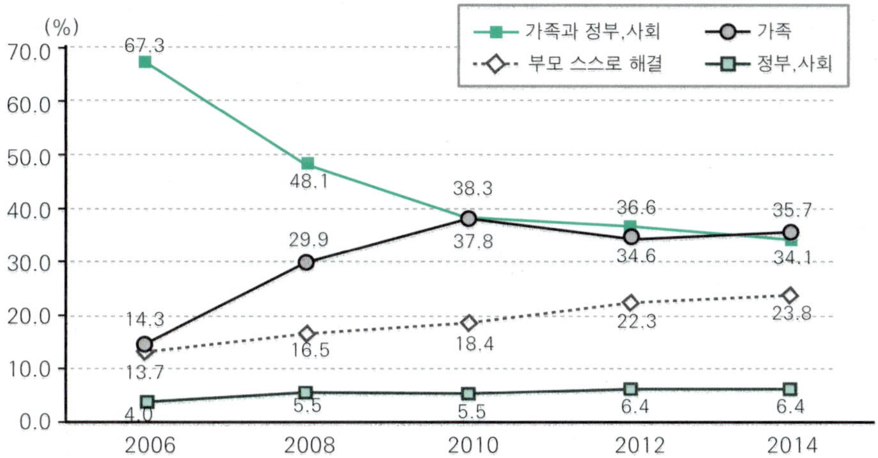

〔그림 1-8〕 부모 부양에 대한 견해

〈표 1-11〉 부모 부양에 대한 견해

(단위: %)

	계	부모 스스로 해결	가 족	가족과 정부 사회	정부 사회	기타	가족 중 부모 부양자					
							소계[1]	장남 (맏며느리)	아들 (며느리)	딸 (사위)	모든 자녀	자식 중 능력 있는 자
2006년	100.0	13.7	67.3	14.9	4.0	0.1	100.0	40.2	11.3	0.6	29.0	18.9
2008년	100.0	16.5	48.1	29.9	5.5	0.0	100.0	33.1	8.3	1.0	41.9	15.7
2010년	100.0	18.4	38.3	37.8	5.5	0.1	100.0	28.2	8.6	1.0	47.8	14.3
2012년	100.0	22.3	36.6	34.6	6.4	0.1	100.0	16.7	5.5	0.6	60.8	16.4
2014년	100.0	23.8	34.1	35.7	6.4	–	100.0	14.2	5.0	0.7	62.4	17.8

주: 1) 2006~2010년: 부모의 노후 생계를 '가족'이 돌보아야 한다고 응답한 자임
2012~2014년: 부모의 노후 생계를 '가족', '가족과 정부 · 사회'가 돌보아야 한다고 응답한 자임

여섯째, 사회보험료 부담에 대한 인식에 있어서 건강보험과 국민연금 등 사회보험료에 대한 부담은 약 10년 전 수준보다는 감소하였지만 여전히 부담을 느끼고 있는 것으로 나타났다[그림 1-9].

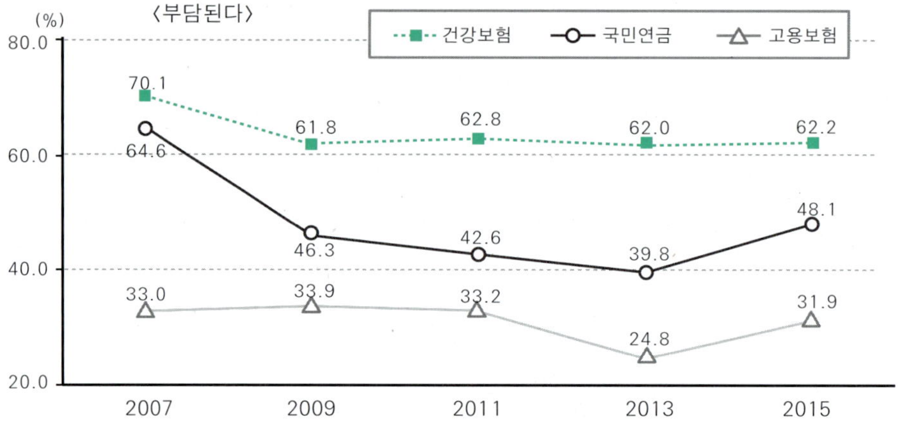

〔그림 1-9〕 사회보험료 부담에 대한 인식〕

〈표 1-12〉 사회보험료[1] 부담에 대한 인식

	건강보험			국민연금			고용보험		
	부담됨	보통	부담되지 않음	부담됨	보통	부담되지 않음	부담됨	보통	부담되지 않음
2007년	70.1	22.2	7.8	64.6	25.9	9.5	33.0	48.5	18.6
2009년	61.8	25.4	12.8	46.3	37.0	16.7	33.9	37.1	28.9
2011년	62.8	25.9	11.3	42.6	35.9	21.5	33.2	42.0	24.8
2013년	62.0	23.6	14.5	39.8	44.5	15.7	24.8	53.7	21.5
2015년	62.2	28.8	9.0	48.1	43.9	8.0	31.9	52.7	15.4

주: 1) 건강보험, 국민연금, 고용보험을 각 납부하는 사람

일곱째, 노후 준비에 있어서 노후준비를 하는 노인은 계속 증가하였지만 여전히 절반 이상의 노인은 노후준비를 하고 있지 않으며, 노후 준비방법은 「예금 · 적금」, 「국민연금」, 「부동산」 순으로 나타났다[그림 1-10].

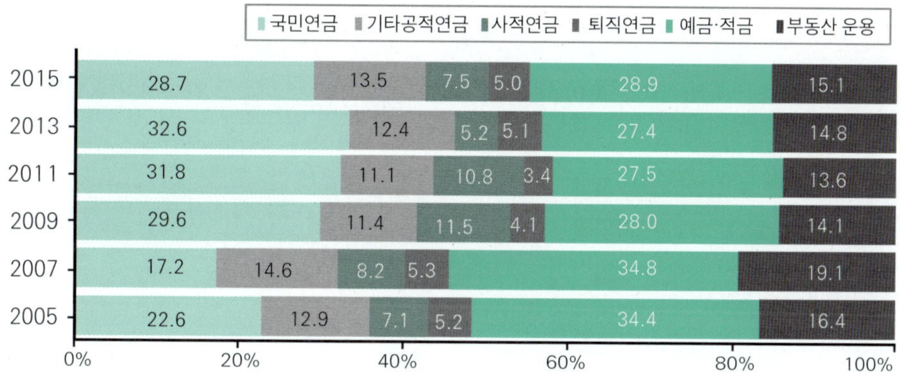

〔그림 1-10〕 노후 준비방법

〈표 1-13〉 노후 준비방법

(단위: %)

	계	준비하고있음									준비하고있지않음					
			소계	국민연금	기타[1] 공적연금	사적연금	퇴직급여	예금적금	부동산운용	기타[2]		소계	아직생각안함	앞으로준비할계획	준비능력없음	자녀에게의탁
2005년	100.0	34.7	100.0	22.6	12.9	7.1	5.2	34.4	16.4	1.4	65.3	100.0	4.4	4.9	43.2	47.5
2007년	100.0	34.7	100.0	17.2	14.6	8.2	5.3	34.8	19.1	0.8	65.3	100.0	2.7	4.6	45.7	47.0
2009년	100.0	39.0	100.0	29.6	11.4	11.5	4.1	28.0	14.1	1.2	61.0	100.0	2.6	3.5	54.4	39.5
2011년	100.0	40.1	100.0	31.8	11.1	10.8	3.4	27.5	13.6	1.9	59.9	100.0	4.3	4.1	54.8	36.8
2013년	100.0	42.4	100.0	32.6	12.4	5.2	5.1	27.4	14.8	2.5	57.6	100.0	3.1	4.3	51.9	40.7
2015년	100.0	46.9	100.0	28.7	13.5	7.5	5.0	28.9	15.1	1.2	53.1	100.0	3.0	6.1	56.3	34.6

주: 1) 공무원연금, 군인연금, 사립학교 교직원 연금 등
2) '주식, 채권 등' 포함

여덟째, 사회적 관계망을 살펴보면 65세 이상 노인들은 몸이 아프거나 이야기 상대가 필요할 때 70% 내외가 2명 정도한테 도움을 받을 수 있다고 생각하였다〈표 1-14〉.

〈표 1-14〉 사회적 관계망

(단위: %, 명)

		몸이 아파 집안일을 부탁할 경우		갑자기 많은 돈을 빌릴 일이 생길 경우		낙심하거나 우울해서 이야기 상대가 필요할 경우	
		도움받을 사람있음	사람 수	도움받을 사람있음	사람 수	도움받을 사람있음	사람 수
2009년		70.8	1.9	31.9	1.9	67.8	2.2
	남자	73.6	2.0	35.4	2.0	68.5	2.1
	여자	68.9	1.9	29.4	1.9	67.3	2.2
2011년		71.5	2.3	31.5	2.3	67.9	2.5
	남자	74.4	2.3	33.5	2.3	68.1	2.4
	여자	69.4	2.2	30.2	2.2	67.8	2.5
2013년		69.5	2.0	29.8	2.1	67.7	2.3
	남자	72.4	2.0	31.6	2.2	67.0	2.3
	여자	67.5	1.9	28.6	2.0	68.3	2.3
2015년		73.9	2.0	35.2	2.0	72.6	2.3
	남자	76.1	2.0	35.6	2.0	71.9	2.3
	여자	72.4	2.0	34.9	2.0	73.1	2.4

아홉째, 장례 선호 방법에서 우리나라 노인들은 장례 방법으로 매장보다 화장을 선호하는 비율이 점차 증가하고 있는 것으로 나타났다〈표 1-15〉.

〈표 1-15〉 장례 선호방법

(단위: %)

	계	매장(묘지)	화장 후 봉안 (납골당, 납골묘 등)	화장 후 자연장 (수목장, 잔디장 등)	기타
2011년	100.0	38.8	31.7	25.0	4.4
2013년	100.0	34.8	34.3	28.2	2.7
2015년	100.0	28.6	37.3	31.2	2.9

끝으로, 문화 및 예술 관람을 하는 데 있어서 노인들의 문화 및 예술 관람 비율은 2009년 이후 다소 증가하였지만 노인의 신체적, 경제적 여건으로 여전히 25% 미만으로 낮은 수준을 보이고 있다[그림 1-11].

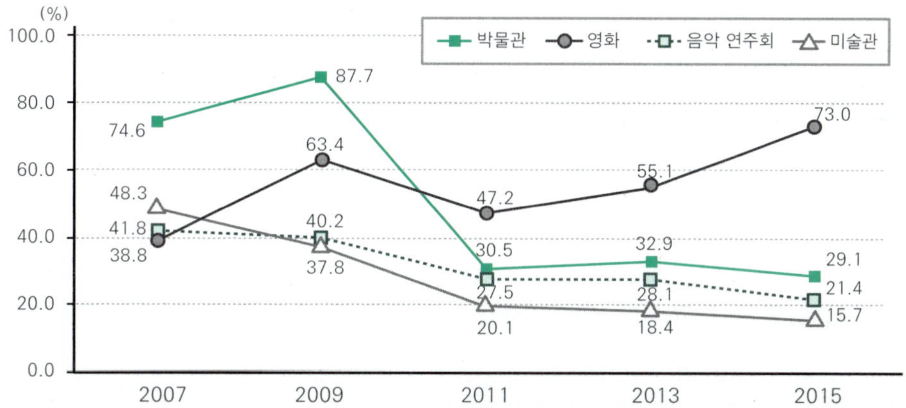

[그림 1-11] 문화 및 예술 관람

〈표 1-16〉 문화 및 예술 관람(복수응답)

(단위 : %, 회)

	관람함		음악·연주회		연극·마당극·뮤지컬		무용		영화		박물관		미술관		스포츠	
		횟수		횟수		횟수		횟수		횟수		횟수		횟수		횟수
2007년	19.4	3.4	41.8	1.8	37.2	1.5	3.1	1.9	38.8	3.2	74.6	1.8	48.3	2.2	14.5	3.9
2009년	11.4	4.2	40.2	2.4	28.8	1.7	2.6	2.5	63.4	3.2	87.7	1.8	37.8	2.4	18.3	3.5
2011년	13.8	5.5	27.5	3.5	16.5	2.0	3.1	2.6	47.2	4.0	30.5	2.6	20.1	3.1	18.5	4.6
2013년	18.1	5.8	28.1	2.7	21.5	1.9	2.5	2.4	55.1	4.4	32.9	2.6	18.4	3.0	15.1	4.8
2015년	24.5	5.4	21.4	2.6	15.6	2.0	1.7	2.5	73.0	3.8	29.1	2.4	15.7	2.7	11.5	5.3

(2) 노인문제

우리나라 노인문제에 대하여 살펴보기 위하여 인구, 경제활동, 보건, 복지, 문화와 여가 등으로 구분하여 살펴보고자 한다.

첫째, 인구와 관련한 문제들을 살펴보면, 2015년 기준 65세 이상 노인은 657만 명으로 전체 인구의 13.2%를 나타내고 있다. 노년부양비는 18.1명으로 생산가능인구(15세~64세) 5.5명이 노인 1명을 부양해야 하는 것으로 나타났다. 특히, 5가구 중 1가구는 고령자 가구(가구주가 65세 이상인 가구)이며 그중 32.9%는 고령자 1인 가구이다. 지역별로 전라남도가 고령인구 비율이 가장 높은 지역이고 가장 낮은 지역은 울산광역시로 나타났다. 65세 이상 노인의 이혼은 감소하고 재혼은 증가하였으며, 사별보다는 이혼 후의 재혼 건수가 계속 증가하고 있는 것으로 나타났다.

둘째, 경제활동과 관련한 문제들을 살펴보면, 2015년 기준 65세 이상 고용률은 30.6%로 증가세가 주춤하고 있는 것으로 나타났다. 2016년 55~64세 취업 경험자가 가장 오래 근무한 일자리 평균 근속기간은 14년 11.1개월로 전년보다 1.7개월 증가한 것으로 나타났다. 특히, 취업의사를 확인한 결과 2016년 고령층(55~79세) 인구 중 61.2%는 장래에 일하기를 원하며, 취업을 원하는 주요 이유는 '생활비 보탬(58.0%)', '일하는 즐거움(34.9%)' 때문인 것으로 나타났다.

셋째, 보건과 관련한 노인문제를 살펴보면, 노인의 사망 원인은 암, 심장질환, 뇌혈관 질환 순으로 나타났으며, 암종류별 사망률은 폐암, 간암, 대장암 순인 것으로 나타났다. 2014년 기준 65세 이상 노인의 기대여명은 남자 18.3년, 여자 22.8년이며 유병기간을 제외한 기대여명은 여자가 0.3년 더 길지만, 주관적 건강 기대여명은 남자가 0.8년 더 건강하게 오래 산다고 생각하고 있다. 특히, 건강보험상 노인 진료비는 전체의 36.8%이며, 1인당 평균 진료비는 343만 원으로 전체 1인당 평균진료비 115만 원보다 약 3배 정도가 많은 것으로 나타났다.

넷째, 복지와 관련한 노인문제를 살펴보면, 2015년 기준 국민기초생활보장 수급을 받는 65세 이상 노인은 41만 9천 명으로 전년보다 40,404명 증가하였으며 2011년 이후 계속 증가하고 있는 추세이다. 공적연금을 살펴보면, 2015년 65세 이상 노인의 42.3%가 공적연금(국민연금 · 공무원연금 · 군인연금 · 사학연금)을 받고 있으며, 그중에서 국민연금 수급자가 88.3%로 가장 많은 것으로 나타났다. 연금수령에 대한 부분은 2015년 기준 고령층(55~79세) 인구 중 44.1%가 평균 51만 원의 연금(공적 · 기초 · 개인연금 등)을 수령한 것으로 나타났다. 특히, 생활비를 마련하는 방법에 있어서 2015년 기준 노인 10명 중 6명(58.5%)은 생활비를 '본인이나 배우자가 직접 마련'하는 것으로 나타났다.

끝으로, 문화와 여가에 대한 노인문제를 살펴보면, 문화예술 및 스포츠 관람에 있어서 2015년 기준 노인 4명 중 1명(24.5%)은 문화예술 및 스포츠를 관람하였으며, 종류별로는 '영화(73.0%)', '박물관(29.1%)', '음악 · 연주회(21.4%)' 순으로 나타났다. 여가활동에 있어서는 주말이나 휴일에 노인의 주된 여가활용은 'TV 및 DVD 시청'이며, 앞으로 하고 싶은 여가활동은 '관광'이라고 하였다.

노인문제는 노인복지의 영역으로서 노인복지학에서 다루어져야 할 부분이다. 노인문제에 대한 이해를 돕기 위하여 일반적으로 인용되고 있는 이론은 Cowgill과 Holmes(1972, 1986)의 현대화 이론이다[그림 1-12].

인간의 노화를 설명한 다양한 이론 중 분리이론(Cumming & Henry, 1961), 활동이론(Robert Havighurst, 1968), 연속이론(Atchley, 1972), 연령계층이론(Riley & Foner, 1968), 교환이론(Homans, 1961, 1974) 등이 있다.

현대화 이론에 의하면 노인문제에 영향을 미치는 것들로는 첫째, 보건의료기술의 발전, 둘째, 생산기술의 발전, 셋째, 대중교육의 확대, 넷째, 도시화 등이 있다. 이러한 요인들이 영향을 미쳐 노인을 삶의 터전인 일터에서 퇴직시키고 사회적, 경제적, 지적 및 도덕적으로 고립시킴으로써 결국 노인의 역할과 지위를 약화시킴으로써 노인문제의 직접적 혹은 간접적 요인이 된다고 보는 것이다.

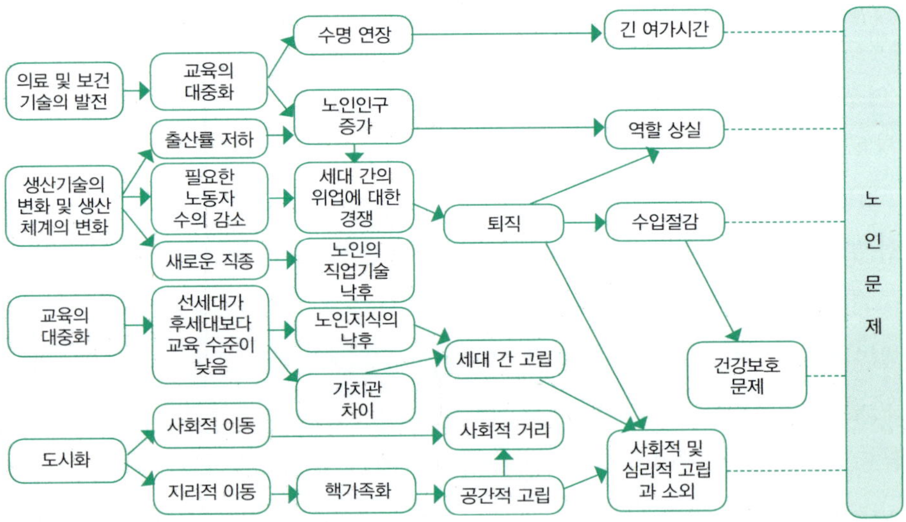

〔그림 1-12〕 현대화 이론

출처: 장인협 · 최성재(2006) 재정리

현대화 이론은 산업화와 현대화의 결과로 사회구조가 변화한다고 보았으며, 현대화가 진행될수록 노인의 지위는 떨어지고 노인의 역할을 상실하게 만든다고 보았다. 도시화에 따라 가족의 형태가 핵가족화되면서 노인의 권위가 하락하게 되었고, 사회적 가치 또한 능률 또는 경제성 위주가 되면서 노인의 지위는 당연히 떨어지게 되었다. 과학기술의 발달로 노인이 갖고 있던 삶의 경험과 지식, 지혜 등이 구시대의 유물처럼 변하기 시작한 것도 산업화와 무관하지 않다. 이처럼 현대화 이론은 사회구조의 변화와 자원에 따른 지위의 변화를 설명해 준다는 점에서 크게 기여한 것은 사실이지만, 노인 개개인이 갖고 있는 경제적 능력이나, 인종, 문화, 성별 등의 여러 가지 요인에 따라서도 차이가 있었다는 점을 비추어 볼 때 과거에는 노인의 지위가 높았고 현대화를 기점으로 노인의 권위가 떨어졌다는 주장은 이 부분에서 비판을 받을 수 있다. 그럼에도 불구하고 현대화 이론은 오늘날 노인문제를 이해하는 데 있어 설득력 있는 이론으로 인정받고 있다.

Chapter 2

노인과 노화

1. 노인 및 노화의 개념

1) 노인의 개념

노인에 대한 정의는 노인의 본질 및 그 시대의 사회, 문화, 가정 사정의 향상 등 과거로부터 내려오는 전통과 현재 노인의 특권 및 미래에 대한 기대들을 관련시켜 생각해야 한다. 그러나 국가나 사회마다 정치, 경제, 사회, 문화적 배경과 여건의 차이가 있기 때문에 노인에 대한 개념규정은 그렇게 단순한 일이 아니다.

인구학적 의미에서 노인이라 함은 연령으로 구분되어 나라마다 약간의 차이는 있으나 우리나라에서는 만 65세 이상을 말하기도 하며, 한국의 문화적 전통과 규범적 측면에서 회갑을 지난 60세 이상의 사람을 노인이라고 하기도 한다.

노인에 대한 개념 정의를 추상적인 정의와 조작적인 정의로 나누어 검토해 볼 수 있다.

(1) 노인에 대한 추상적 정의

Lenard와 Brean은 노인을 첫째, 생리적 및 육체적으로 퇴화기에 있는 사람, 둘째, 심리적인 면에서 개성과 기능이 감퇴되고 있는 사람, 셋째, 사회적인 변화에 따라서 사회적인 관계가 과거에 머무는 사람으로 보고 있다.

한편, '노인 자체'에 대한 개념의 경우 대표적인 것으로 1951년 미국 세인트 루이스시에서 열렸던 국제 노인학회에서 노인이란 인간의 노화과정에서 나타나는 생리적, 심리적, 환경적 행동의 변화가 상호작용하는 복합형태의 과정이라고 하였는데, 세분화하여 설명하면 다음과 같다.

첫째, 환경이 변화에 적절히 적응할 수 있는 조직 기능이 감퇴되고 있는 사람

둘째, 생체의 자체 통합 능력이 감퇴되고 있는 사람

셋째, 인체의 기관, 조직, 기능 등에 있어서 쇠퇴 현상이 일어나는 시기에 있는 사람

넷째, 생 자체의 적응이 정신적으로 감퇴되고 있는 사람

다섯째, 조직의 예비 능력이 감퇴하여 적응이 제대로 되지 않는 사람을 말한다.

Erikson은 자아발달 과정에 따라 인간 발달을 8단계로 나누어 마지막 단계를 노년기라 하고, 자아 통합과 절망의 감정이 대립하는 시기로 보았다.

노년기는 인간 발달과정의 마지막 단계에 해당하는 시기다. 인간의 노화는 복잡한 과정을 거쳐서 일어나는 것으로 신체의 구조 기능이 쇠퇴하여 운동능력이나 감각능력도 쇠퇴하는 것이 특징이다. 또한 경제적 자립능력이나 가족이나 사회와의 유대관계를 잃어가는 시기로 집약할 수 있다.

(2) 노인에 대한 조작적 정의

노인에 대한 조작적 정의란 어떤 목적이나 편의를 위해 인위적, 혹은 조작적으로 설정한 노인의 개념을 말한다. 예컨대 개인이 자각에 의해 스스로를 노인으로 규정할 경우의 노인과 사회적 역할을 상실하였을 경우 칭하는 노인, 특정 시대와 사회의

통념에 의해 특정 역연령을 기준으로 설정한 노인, 행정적 조치와 정책을 수립하기 위해 설정해야 할 필요성에 의해 규정된 노인, 사회과학적 연구대상으로 노년층을 구분해야 할 필요성에 의해 설정된 노인, 산업현장에서 연령에 따라 기능의 정도를 구분하고 구분된 연령에 따라 각기 상이한 역할을 부여해야 할 필요성이 있을 때 분류된 노인 등이 노인에 대한 조작적 정의에 속한다고 볼 수 있다.

① 개인의 자각

개인의 자각에 의한 노인의 정의란, 개인 스스로가 주관적 자각에 의해 스스로를 노인으로 생각하는 사람을 노인이라고 규정함을 말한다. 그러나 이러한 정의도 어느 정도 생리적 · 신체적 · 사회적 · 심리적 노화의 상태를 내포한다고 할 수 있지만, 개인의 주관적 느낌에 전적으로 의존하므로 객관성이 결여되어 보편적 정의로 받아들인다는 것은 불가능할 것이다. 그러나 노년학 영역에서 노인으로서의 자각의 시기를 조사한다거나, 사람의 행위양식이나 의식구조 등을 조사할 경우, 개인의 자각에 의한 노인을 노인으로 규정하기도 한다.

② 역할감소나 상실

사회적 역할감소나 상실에 의한 노인이란, 생산 활동으로부터 은퇴한다거나 여성의 경우 주부로서의 역할과 지위를 이양함으로써 중요한 사회적 역할과 지위가 감소하거나 그것을 상실한 사람을 노인으로 규정하고자 하는 정의이다. 예를 들어 산업사회 이후 임금근로자들이 직장에서 은퇴하는 시점을 노인기로 접어든 시점으로 보고자 하는 견해이다. 이러한 정의에 의하면 우리나라의 경우 대부분 55세에서 65세 사이에 직장에서 은퇴하게 되고, 대다수 새로운 역할이나 지위를 획득하지 않게 되는데 이러한 은퇴시기를 노인기가 시작되는 시점이라고 규정한다는 것이다. 그러나 평소 사회적 역할을 수행하지 않는 사람이나, 특정 연령대에 은퇴시기가 결정될 수 없는 역할을 수행하는 사람들, 예컨대 농수산업 종사자, 자영업자, 창조적 작업에 종사하는 예술인 등에게는 해당할 수 없고, 다만 정년이 정해진 임금근로자에게만

적용할 수 있다는 한계를 가지고 있는 정의라고 할 수 있다.

③ 역연령

달력상의 일정한 연령(60세 또는 65세 등)에 도달한 사람을 노인으로 규정하며 현재는 일반적으로 65세 이상을 노인으로 규정하고 있다. 이와 같은 정의는 노인의 생리적 · 신체적 · 사회적 · 심리적인 면의 노화의 특성을 비교적 잘 반영하고 있다고 보며, 용이성과 편의성으로 인해 가장 보편적으로 사용되고 있다. 그러나 이와 같은 정의는 65세를 기준으로 그 이상이 된 사람을 일괄적으로 노인으로 규정함으로써 노화의 개인 간의 차이뿐 아니라 개인 내의 차이를 무시하고, 이로 인하여 노인에 대한 고정관념(stereotypes)과 편견을 갖게 만드는 단점을 지니고 있다(Butler, 1975).

Neugarten(1974)은 65세 이상을 동일한 노인집단으로 취급함으로써 노인의 개인적 및 사회적 특성이 무시되는 점을 감안하여 미국 노인들을 55~75세까지를 연소노인(young-old)으로, 75세 이상을 고령노인(old-old)으로 구분하였다. 한편, Brody(1977)는 60~64세를 연소노인(young-old)으로, 65~75세를 중고령노인(middle-old)으로, 75세 이상을 고령노인(old-old)으로 구분하였다. 이러한 구분은 평균수명이 크게 연장되고 있는 현실에서 매우 유용한 노인의 정의라고 할 수 있으며, 모든 노인을 65세를 기준으로 동일하게 취급함으로써 나타나는 문제점들을 극복할 수 있게 한다.

④ 기능적 연령

역연령에 의한 노인의 규정은 노인들을 일괄적으로 규정함으로써 개인차이, 특히 어떤 특수한 일을 수행할 수 있는 능력의 개인차를 무시한 것이다. 이에 반하여 기능적 연령에 따른 노인은 개인의 특수한 신체적 및 심리적 영역에서의 기능의 정도에 따라서 노인을 규정하는 것이다. 이는 특히 산업노년학(industrial gerontology)에서 관심을 갖고 발전시키고 있는 노인의 정의이다(Sheppard, 1976).

기능적 연령에 따른 노인은 노화가 가져온 다른 능력의 감퇴에도 불구하고 어떤 특수한 신체적 · 심리적 및 사회적 영역에서의 임무를 수행할 수 있다는 전제 하에서, 개인이 특수한 업무를 적절히 수행할 수 없는 경우에 노인으로 규정된다. 이러한 정의는 개인 및 개인 간의 노화의 특성이 다름을 감안한 장점이 있으나, 실제 이러한 판단에 시간이 많이 걸리므로 편의성이 약한 것이 큰 단점이다.

2. 노화 관련 주요 이론

1) 생물학적 노화 이론

사람들은 나이가 듦에 따라 흰머리, 주름살, 생식능력의 감소, 면역체계능력과 심장기능의 감소, 감각기능의 감소 등과 같은 신체적인 변화를 겪는다. 하지만 이러한 변화에는 불가피한 것만 있는 것이 아니라 수정되고 예방될 수 있는 부분도 적지 않다. 이는 신체적 변화가 노인 개인적으로 다양한 차이가 있는 것을 통해 알 수 있다. 신체적 노화과정의 수정가능성과 다양성에 관한 지식이 증가하면서 일반적 노화(usual aging), 최적의 노화(optima aging), 병리학적 노화(pathological aging) 간의 구분이 이루어지고 있다. 최적의 노화는 신체적 기능의 최소한의 상실을 의미하고, 병리학적 노화는 복합적인 만성질환과 부정적인 환경적 요인에 의해 수반된 노화를 의미한다. 그리고 일반적 노화는 병리학적 노화와 최적의 노화 양극단 사이에 위치하는 전형적인 혹은 평균적인 노화의 경험을 지칭한다(Rowe & Kahn, 1988; Morgan & Kunkel, 2001).

(1) 마모이론

독일의 생물학자인 August와 Weismann에 의해서 1882년에 처음 제안된 이론이다. 마모이론은 기계를 장기간 사용하면 마모 현상에 의해 노후되는 것처럼, 주요 세

포와 조직이 오래되고 닳아 없어짐으로써 신체기관에 기능의 노화가 발생한다는 이론이다.

(2) 불안정산소이론

노화는 활성산소의 부작용에 의해 초래된다는 설로 최근 주목을 받고 있다.

인간은 호흡으로 얻은 산소로 음식을 태우고 에너지를 얻는데 이 중 10%가량의 산소는 물로 환원되지 않고 유해한 활성산소로 된다. 이 활성산소가 생체에 해를 끼쳐 노화를 촉진하고 암과 같은 심각한 질환을 유발한다는 이론이다.

(3) 예정이론

생물체의 DNA(deoxyribo nucleic acid) 내에 이미 노화와 관련되어 유전적으로 입력이 되어 있다는 이론이다. 독특한 유전적 암호를 가지고 태어나기 때문에 어떤 형태의 신체적 · 정신적 기능을 나타내도록 이미 정해져 있으며, 얼마나 빨리 늙을 것인지, 그리고 얼마나 오래 살 것인지가 태생학적 유전자의 영향으로 이미 결정되어 있다는 이론이다. 예정이론은 노화를 성장, 수명 등과 같이 유전인자(DNA)에 의해 정해진 계획에 따라 진행되는 현상의 일부로 인식하기 때문에 유전적 결정이론이라 한다.

(4) 면역이론

백혈구가 인체 내의 해로운 물질을 식별하는 능력을 상실해 감으로써 제거하여야 할 유해물질을 제거하지 못하게 되고, 이로 인해 체내에 유해물질이 누적되고, 누적된 유해물질이 인체에 부작용을 일으킴으로써 노화가 촉진된다는 이론이다.

2) 심리학적 노화 이론

심리학이란 일종의 마음과 행동에 관한 과학적 학문으로 개인들이 환경적 요구에 어떻게 기능하는가에 초점을 두고 있다. 가령 적응행동(지능, 학습능력, 기억력 등)과 주관적 차원(동기, 감정, 태도 등)이 어떻게 변화되는가에 가지는 관심이 심리학이 될 수 있다. 이러한 학문적 지향에 기초하여 심리학적 노화과정은 성격, 정신적 기능, 자아정체감의 변화와 함께 병리학적 정신보건 등을 포함한다. 심리학적 노화 이론의 주요 영역은 자아개념, 생활만족, 성공적 노화 등에 관한 것이다.

(1) 자아개념 및 정체이론

자아개념이론(self-concept theory)이란 다른 사람들과의 상호작용을 통해 나는 어떠한 사람인가에 대한 자아개념을 갖게 되고, 그러한 자아개념이 그 개인의 행동에 영향을 미친다는 이론이다. Kinch(1963)는 이러한 과정이 순환적 과정임을 밝힌 바 있다. 즉, 자신에 대한 다른 사람들의 반응(A)을 지각(P)하고 그 지각에 기초하여 자아개념(S)이 형성되며, 그러한 자신에 대한 규정방식이 자신의 행동(B)에 영향을 미치게 된다. 그리고 이러한 행동은 다른 사람들의 반응(A)양식에 다시 영향을 미치는 것이다. 이러한 자아개념이론을 노인층 일반의 현실에 적용시켜보면, 어떤 사회에서 노인들에 대한 사회적 인식이 부정적으로 묘사될 때 노인들은 긍정적 자아개념을 갖기 어렵다. 그렇게 될 경우 'A→P→S→B 모형'에 의거하여 악순환과정을 반복하게 된다(고영복, 1991). 이 이론은 노인에 대한 차별의 경험은 자아존중감과 통제력에 유해한 영향을 끼쳐서 미래에 대한 부정적 기대감을 유발하며, 지각된 차별은 무시된 집단구성원들의 심리적 안녕에 부정적 영향을 미친다고 가정하는 정체이론(identity theory)과 일맥상통한다.

(2) 발달과업이론

Erikson(1964)은 그의 인생발달이론에서 노년기의 발달단계를 자아통합(ego integrity) 대 절망(despair)으로 설명한다. 자아통합의 특성은 지금까지의 인생을 긍정적으로 받아들이고 자신의 한계성을 인정하며 다가올 죽음까지도 수용하는 태도를 지닌다. 이와 반대로 절망의 특성은 지나온 인생을 후회하고 인생이 짧음을 한탄하며 다시 기회가 주어진다면 다른 인생을 살아보고 싶다는 비현실적인 생각으로 절망에 빠지게 된다. 결론적으로 노인들이 자아통합의 특성을 유지할 때 만족스러운 노후생활을 영위할 수 있다는 것이 이 이론의 핵심이다. Havighurst(1973)는 보다 구체적으로 노후에 직면해야 할 발달과제들을 가정하고 있다. 여기에는 감소된 신체적 강도와 건강에 대한 적응, 퇴직과 감소된 소득에 대한 적응, 친지의 죽음에 대한 적응, 동년배 집단과의 관계 정립, 사회적 역할에 대한 유연한 적응 등이 포함된다. 이들 과제들에 어떻게 대처하는가에 따라 노인들의 노후 생활만족도가 달라진다는 것이 그의 이론의 주요 전제다.

(3) 성공적 노화이론

성공적 노화(successful aging)란 노화와 관련된 각종 상실의 영향을 최소화하는 반면에 노후의 긍정적인 요소를 극대화하는 것을 의미한다. 이를 적절히 설명하는 이론 중의 하나가 보상과 선택적 최적이론(selective optimization with compensation theory)이다(Baltes & Baltes, 1990). 일반적으로 나이가 들수록 상실은 증가하고 획득은 줄어든다. 이러한 맥락에서 노화과정은 고갈되는 생물학적, 정신적, 사회적 자원에 적응하는 과정이다. 그리하여 상대적으로 보다 중요한 과업에 초점을 두고 여타의 활동과 취미를 포기함으로써 일상생활에서 수행할 수 있는 과업의 수를 제한한다(선택과정). 또 상실로 인하여 필요한 과업을 성공적으로 수행하기 어려울 때 대안으로서 기술, 보조기구, 사회연계망 등을 활용한다(보상과정). 결과적으로 주어진 상실을 극소화하고 획득을 극대화함으로써 주어진 상황 하에서 가장 좋은 결과를 얻을 수 있도록 한다는 이론이다.

3) 사회학적 노화 이론

노화의 사회적 차원에 대한 연구는 사회적 관계의 변화에 관심을 갖는다. 노화이론으로는 분리이론, 활동이론, 지속성이론, 사회교환이론, 성장발달이론 등이 있다.

(1) 분리이론

분리이론(disengagement theory)은 노인들이 왜 사회의 중심권에서 이탈하는가를 설명하기 위해 개발되었다(Cumming & Henry, 1961). 이 이론에 따르면 노인과 다른 사회구성원 사이의 상호작용은 점차 감소한다. 분리이론가들은 사회가 사회에 유익하지 않은 노인의 개입을 허용하지 않으며, 점차 사회에서 분리한다고 주장한다. 또한, 노인도 나이가 들면서 스스로 사회에서 멀어지기를 원하는 것으로 본다. 이 이론가들은 노인이 사회에서 이탈하는 것이 사회와 노인 모두에게 유익한 것이라고 설명한다. 그러나 이는 노화를 지나치게 단순화하여 복잡하고 다양한 노인의 특성을 적절히 설명하지 못한다는 비판을 받는다.

(2) 활동이론

활동이론(activity theory)은 분리이론과 반대의 입장을 취한다(Cavan, Burgess, Havighurst & Goldhammer, 1949). 이 이론에 따르면 노년은 중년의 연장일 따름이다. 따라서 활동이론가들은 노인이 활동을 중단할 것이 아니라 지속적으로 사회활동을 하는 것을 당연하게 생각한다. 이는 노년기 삶의 만족감은 사회적 활동을 적정 수준에서 유지할 때 가능하다는 견해이다. 이 이론에 의하면 사회적 활동은 성공적인 노화에 필수적인 사항이다. 따라서 신체적 · 정신적 활동에 적극 참여하면 노년기에 필요한 기능을 유지하는 데 도움이 된다.

(3) 지속성이론

지속성이론(continuity theory)은 노인의 기본적인 성격 성향에 대한 이해를 제공한다(Watson, 1982). 이 이론에 따르면 노년기의 성격은 젊을 때의 성격 성향을 지속하는 것이지 변화하는 것이 아니다. 이 이론의 기본 주장은 성격은 정상적인 노화과정을 겪는 동안 남녀 모두에게서 일관성 있게 유지되며, 역할활동과 기여에 똑같이 영향을 미치고, 역할활동과 관계없이 인생 만족도에 영향을 미친다는 것이다.

이 이론에서 성격은 역할활동과 생의 만족도 간의 관계를 결정짓는 중요한 요인이다. 노인들은 노년기가 되어도 과거에 생활적응을 위해 수행해 왔던 개인적 적응행위와 대인관계에서의 적응행위를 그대로 사용한다. 따라서 노년기라고 해서 성격이 변하는 것은 아니다. 다만, 노년기에는 옛날 방식과 새로운 환경 간에 갈등이 있을 수 있다. 그러므로 이 갈등에서 이전의 방식을 억제하면 마치 성격이 변화된 것처럼 보이지만 기본 성격은 변하지 않는다.

(4) 사회교환이론

사회교환이론(social exchange theory)은 개인과 집단 사이에 교환이 지속된다면 교환에 참여하는 사람이 그 상호작용에서 이득을 얻는 한 지속된다고 말한다(Homans, 1967). 이 이론가들은 노인이 되면 사회적 상호작용에서 얻는 이득이 감소하기 때문에 사회적 교환활동 역시 감소한다고 본다. 다시 말해, 노인이 되면 개인적 건강, 사회적 대인관계, 경제적 수입 등 권력의 원천이 줄어들어 사회와 노인 사이에 교환의 불균형이 일어나게 되므로 노인의 사회 내 상호작용은 감소하거나 단절된다.

(5) 성장발달이론

성장발달이론(developental theory)은 이전의 발달단계에서 수행해야 할 과업 완수 수준이 노년기 노화과정의 예측 인자가 된다는 견해다(Erikson, 1968). 이 관점으로 볼 때 각 발달단계를 지내면서 성공적인 적응전략을 개발하여 이제까지 생애의 성장발달 과업을 성공적으로 완수한 노인은 노년기도 성공적으로 대처하게 된다.

제2부

노인복지서비스 및 실천

Chapter 3

노인복지 실천의 이해

1. 노인복지 실천방법

1) 노인복지 실천의 이해

(1) 노인복지 실천의 개념

사회복지 실천(social work practice)은 사회복지의 가치(values), 원칙(principles), 기술(techniques)로 이루어져 있으며, 다음과 같은 목적을 갖는다. 즉, 클라이언트가 실제적 서비스를 제공받을 수 있도록 돕고, 개인, 가족, 집단과 상담하거나 심리치료를 제공하며, 지역사회가 보건복지서비스를 개선할 수 있도록 돕는 것에 있다(NASW, 2004). 사회복지 실천의 구성과 목적에서처럼 노인복지 실천도 그 대상이 노인 클라이언트로 국한된다는 점에서 차이가 있다. 따라서 노인복지 실천이란 노인을 대상으로 사회복지 실천의 가치, 원칙, 기술을 적용하여 노인이 인간다운 삶을 영위할 수 있도록 사회복지서비스를 제공하는 방법을 의미한다. 따라서 노인이 자신의 노년기와 사회에 잘 적응할 수 있도록 하고, 문제 해결을 위해 잠재적으로 가지고 있는 역량을 발휘할 수 있도록 강화시켜 주는 것까지를 포함한다고 볼 수 있다.

최근 사회복지 실천에서 노인을 대상으로 한 사회복지 실천에 관심이 커지고 있다. 사회복지교육협의회(Council on Social Work Education)에서는 노인복지 실천에 관한 과목 구성을 어떻게 할 것인지에 관심을 가지고 있으며, 실제로 사회복지 실천의 중요한 영역으로 교과과정을 개발하고 있다. 미국의 사회복지사협회(National Association of Social Workers)에서도 전문 영역(specialty area)으로서 노인복지 실천에 대해 강조하고 있으며, 과거에 아동과 청소년 및 가족에 대한 강조에서 노인복지 실천에 대한 관심으로 초점이 이동하고 있음을 알 수 있다. 이는 노인인구의 급격한 증가와 함께 급증하는 노인의 복지에 대한 욕구에 대처하기 위한 필요성에서 비롯되었다고 볼 수 있다.

(2) 노인복지 실천의 대상 및 목적

노인복지 실천의 대상은 모든 노인이라고 볼 수 있으며, 우선적으로 그 대상을 노인의 신체적 기능 상태에 따라 구분해 볼 수 있을 것이다. 먼저 연령과 신체적 능력에 따라 65세부터 74세 이전의 전기 노인으로 활동에 전혀 지장이 없는 노인과 75세 이상의 후기 노인으로 활동에 지장이 있는 노인으로 구분하여 살펴볼 수 있다. 74세 이전의 활동이 왕성한 노인에 대한 노인복지 실천의 목적은 이들이 건강하게 노후를 보내기 위해 필요한 서비스와 자원이 무엇인지를 파악하여 이들이 가지고 있는 욕구를 충족시켜 주고, 이들이 가지고 있는 자원을 사회에 제공할 수 있도록 하는 것이다. 예를 들어 신체활동이 가능한 노인이 보람된 노후를 보내려는 욕구 충족을 위해 자신이 그동안 쌓아 왔던 삶의 지식과 기술을 젊은 사람들이나 같은 또래의 노인을 위해 활용하면서 활동적 노후를 보내도록 할 수 있다. 최근 노인복지관을 이용하는 젊은 노인들(young old)이 급격히 증가하고 있지만, 이들의 욕구를 충족시키기에는 노인복지관의 수가 부족한 형편에 놓여 있다. 따라서 이들에 대한 욕구 충족과 함께 이들의 에너지를 사회에 대한 시너지로 전환하기 위해 다방면의 사회복지 실천적 노력이 이루어지고 있다.

다음으로 75세 이상의 후기 노인들로 활동에 지장이 있는 경우, 노인복지 실천의 목적은 점점 쇠퇴해 가는 신체적 기능을 가능한 한 유지하도록 하는 한편 기능이 쇠퇴한 노인을 지역사회에서 어떻게 보호하는지에 관심을 가지고 이루어진다.

여기서 노인복지 실천은 노인이 인간으로서의 존엄성과 독립성을 유지하면서 노년후기의 삶에 적응하고, 자신의 삶을 주도적으로 영위할 수 있도록 돕는 것에 그 목적이 있다.

이러한 노인의 경우 '장기요양보호'의 관점에서 지역사회보호와 시설보호의 연결선상에서 사회복지 서비스 제공의 선택과 가능성이 논의되고 있다.

다음으로 노인복지 실천의 대상을 경제적 능력에 따라 구분해 볼 수 있는데, 일반적으로 그 대상을 경제적 능력이 전혀 없는 기초생활보장 대상 노인으로 독거노인이나 부부가 함께 지역사회에서 생활하고 있는 노인으로 본다.

이러한 노인의 경우, 국가적 지원이나 도움이 없이는 생활하기 어렵기 때문에 이들이 가지고 있는 경제적 · 신체적 · 심리적 문제에 적극적으로 개입하여 문제를 해결하기 위한 노력을 기울이게 된다.

(3) 노인복지서비스 제공자

노인복지서비스 제공자는 사회복지사 자격증 1급과 2급을 가지고 있는 전문가로 구성되어 있다. 아직까지 노인복지에 대한 자격제도는 정립되지 않은 실정이다. 최근 노인복지서비스 분야가 분화되어 케어복지사나 노인복지사 자격증에 대한 논의가 진행되고 있는 것은 사실이지만, 아직까지 제도화되고 공인된 자격증은 없다.

따라서 사회복지사로서 노인 분야에서 서비스를 제공한 경험이 있는 전문가들이 노인복지서비스의 주된 제공자가 될 수 있다. 미국의 경우도 노인복지 분야의 전문가 양성에 관심을 가지고 다양한 방법을 모색하고 있는 상황으로, 고령화 사회에 걸맞은 사회복지실천의 방법을 모색함은 물론 그에 맞는 전문가 육성을 위해 고심하고 있다는 맥락에서 한국과 비슷한 실정이라 할 수 있을 것이다.

(4) 노인복지 실천을 위한 지침

노인복지서비스 제공자인 사회복지사는 노인의 특별한 욕구에 사회복지 기법과 접근을 적용하여야 한다(Sheafor et al., 1998: 607). Sheafor 등(1998: 607 - 610)은 노인을 돕는 사회복지사가 가져야 할 지침으로 다음과 같은 사항을 강조하였다.

① 노인 클라이언트를 존중하여야 한다.

이는 사회복지사가 가져야 할 가장 중요한 시각이다. 노인에 대한 노령 차별(ageism)의 시각에서 탈피하여야 하며, 일반적으로 노인은 낮은 자아존중감을 가지고 있을 것이라는 잘못된 고정관념에서도 벗어나야 한다. 노인을 존중하기 위해 할 수 있는 것에는 다음과 같은 것이 있다.

- 노인의 자율성을 높이 평가해야 한다. 노인 스스로 개인방법을 찾을 수 있도록 도와야 한다.
- 노인도 프라이버시에 대한 욕구가 있음을 살펴야 한다.
- 노인 개인의 역사를 이해해야 한다. 당시의 역사적 사건에 대한 이해를 바탕으로 노인의 경험을 존중하여야 한다. 예를 들어 노인 시대의 음악, 영화 등을 이해하는 것이 좋다.

② 노인의 강점을 파악한다.

노인을 병리적으로 보기보다 능력의 관점에서, 부정보다는 긍정적으로 파악하는 것이 중요하다. 사회복지사는 문제를 해결해 주는 사람이 아니라 노인 스스로가 자신의 문제를 해결해 가도록 도와주는 사람이고 정답을 제시하는 사람은 아니다. 노인에게 있어 강점은 다음과 같은 것이 될 수 있다.

- 인생을 오래 산 지혜 : 인간에 대한 깊은 이해, 사회적 관계에 대한 지식, 삶의 불확실성에 대한 이해 등이다. Erikson(1963)의 통합의 시기가 여기에 해당된다.
- 탄력성과 적응력 : 어려운 상황에 대한 대처 능력과 극복 능력이다.
- 통제감 : 노년기는 모든 인생 경험이 결합된 중요한 시기로 이에 대한 통제 능력이다.

③ 대부분의 노인은 자신의 독립성을 유지하고자 한다.

노인이 되면서 주위의 중요한 많은 사람들을 잃게 된다. 이때 노인들은 대처기제로 완전하게 독립적이 되고자 함으로써 서비스 제공에 대한 저항을 느낄 수 있다. 사회복지사는 이러한 상황을 이해하고 노인 클라이언트가 최대한 통제력을 가지고, 독립성을 유지할 수 있도록 도와야 한다. 치료적 관계 형성 이전에 노인을 친구로서 비공식적 관계를 통해 대화의 문을 여는 것이 중요하다. 이때 주의할 점은 사회복지사가 전문가인지 친구인지 존재의 경계가 모호해질 수 있으므로 주의해야 한다.

④ 시력과 청각 손실로 인한 어려움을 고려하여 가능하면 메시지를 명확하게 반복적으로 말하는 것이 중요하다.

비언어적 의사소통은 특히 청각을 손실한 클라이언트에게 보충적 방법으로 매우 중요하다. 면접의 보조는 점차 늦어지는 것을 감안해야 한다. 또한 노인의 에너지 한계로 면접 시간에 제한을 받을 수 있으므로 시간 조절에 주의해야 한다.

⑤ 노인학대와 방임, 특히 자기방임의 지표에 주의를 기울인다.

학대와 방임의 지표에는 모호하거나 방어적인 태도로 설명하는 화재, 절단, 치료받지 않은 상처, 타박상 등이 속한다. 날씨에 맞지 않는 옷차림을 하거나, 적절하지 않은 시간이나 위험한 장소에서 방황하고, 우유, 신문, 그 밖의 배달물을 수거하지 않고, 비정상적 행동 혹은 이동의 흔적이 전혀 없으며, 주거 환경에서 불쾌한 냄새가

나는 것 등이다. 정신질환을 가진 보호자와 함께 있고, 기본적 욕구가 충족되지 않은 것에 대해 주의를 기울여야 한다.

2. 노인복지 실천의 과정

1) 접수 면접과 관여

사회복지사와 노인 클라이언트의 첫 대면에서 무엇보다 중요한 것은 신뢰관계의 형성이다. 사회복지 실천의 질은 사회복지사와 클라이언트의 접촉의 강도(intensity of contact)에 의해 좌우되므로, 일반 사회복지 실천에서와 마찬가지로 관계는 매우 중요한 역할을 하게 된다(Johnson, 1995). 따라서, 사정 단계에서부터 클라이언트와 관계 형성을 원활하게 해나갈 필요가 있다. 클라이언트와 사회복지사 간의 관계 형성과 관련하여 Strupp(1995)은 관계의 질이 긍정적 변화를 가져오는 요소임을 재확인하였으며, 관계에는 주로 연령, 성별 등의 개인적 특성이 영향을 끼치는 것으로 보았다. 단기 면접의 경우 이러한 특성이 영향을 미치지만 장기적 개입을 해야 하는 클라이언트의 경우 사회복지사와 클라이언트의 특성 차이가 크게 영향을 끼치지 않는다. 무엇보다 신뢰감을 형성하는 것이 가장 중요한 요소로, 긍정적 라포가 형성될 수 있도록 사회복지사는 클라이언트가 마음을 편하게 갖고 이야기할 수 있는 환경을 마련해 주어야 한다. 예를 들어, 사회복지사는 노인이 경험했던 시대의 사건이나 이야기, 노래 등을 회상하게 하여 이야기를 유도할 수 있다. 클라이언트의 기대와 관심을 확인하고, 면접 과정 동안의 상호 역할과 책임성, 상담과 원조의 방법, 한계 등에 대해 논의해야 한다. 노인복지 실천의 출발점은 '무엇이 이 노인 클라이언트를 다르게 만들 것인가?'이다.

처음으로 노인과 만날 때 사회복지사는 왜 노인과의 면접이 시작되었는지, 사회복지사와의 만남이 어떻게 느껴지는지에 대해 파악해야 한다. 따라서 현재 노인 자신의 상태에 대한 느낌, 또는 현재 노인의 가장 중요한 관심사가 무엇인지 등의 대화로 시작한다.

2) 자료 수집과 사정

노인 클라이언트에 대한 사정은 객관적 정보를 수집하고, 노인 클라이언트의 욕구를 파악하여 문제를 사정하는 단계이다. 사정(assessment)은 노인 클라이언트의 건강, 사회심리적 기능, 인지 능력, 재정, 환경, 사회적 지지, 욕구 등을 사정도구를 통해 구체화하는 과정이다(Holt, 2000). 사정을 위한 자료 수집은 과학적 방법에 의해 이루어져야 하며, 객관적 자료가 수집되어야 한다. 이를 위해 문제 체크리스트나 다양한 척도, 검사 도구 등을 활용하거나, 직접 혹은 간접 관찰 방법을 활용할 수 있다. 노인의 경우 관련된 그림이나 가계도 등의 간편한 도구, 비디오 등을 활용하거나, 회상적 대화를 통해 사회복지사는 클라이언트의 표면적 문제와 정서적 문제를 인지해야 한다. 이때 사회복지사는 경청과 공감, 나 전달법(I - message) 등의 기술을 사용할 수 있다. 여기서 기억해야 할 중요한 점은 사정이 사회복지 실천에서 첫 단계로 끝나는 것이 아니라 사회복지사가 클라이언트를 다루는 동안 지속적으로 진행되는 과정이라는 점이다.

사정은 어떤 서비스를 제공할 것인지를 결정하는 단계이다. 임상적 사정은 클라이언트에게 제공될 서비스의 유형과 양을 결정한다. 주기적 사정을 통해 치료의 계속, 중단, 전환을 결정해야 한다. 노인에 대한 사정은 오랜 기간 동안의 삶의 경험으로 인해 매우 복잡하고, 하나의 측정 도구만으로 판단하기 어려운 점이 있다. 따라서 노인에 대한 사정은 여러 측면을 다양하게 고려하는 다양한 측면의 사정(multidimensional assessment)이 되어야 한다([그림 3-1] 참고).

일반적으로 노인 클라이언트에 대한 사정의 영역은 다음과 같다.

첫째, 클라이언트의 능력과 대인서비스 욕구에 대한 사정으로, 교육 정도와 취업 경험, 사회 활동 정도, 문제 해결 능력과 의사 결정 능력, 개인적 자질과 성격, 물리적 · 재정적 자원 소유, 문제 해결에 대한 동기와 의지 등에 대한 영역이다. 이에 더해 클라이언트의 영양 상태, 신체적 활동 능력 등의 건강 상태에 대해서도 파악하여야 한다. 이때 노인이 과거의 경험을 통해 형성해 온 지혜 등 강점을 파악하기 위한 노력도 필요하다.

둘째, 클라이언트의 사회적 망과 이러한 망 구성원들이 클라이언트의 욕구에 부응하는 능력에 대한 사정이다. 여기에서는 비공식적 원조자들을 발굴하는 노력과 더불어 클라이언트들이 관계하고 있는 사회적 지지체계에 대한 사정이 이루어져야 한다. 특히 사회적 망에 대한 사정은 환경 속의 인간(person-in-environ-ment)을 강조하는 사회복지 실천에서 매우 중요한 영역으로 간주된다. 이 시기 노인 클라이언트의 배우자, 형제, 다른 동료 등의 상실에 대해서도 주의를 기울일 필요가 있다.

셋째, 대인서비스 제공자에 대한 사정과 이러한 제공자들이 노인 클라이언트의 욕구에 부응하는 능력에 대한 사정이다. 노인 클라이언트의 욕구와 자원 제공자의 욕구가 일치하는지를 파악하여야 하며, 만일 일치하지 않는다면 이러한 욕구들을 일치시킬 수 있는 방법들을 사정하는 것이 중요하다.

넷째, 1차적 보호의 제공자에 대한 사정이 동시에 이루어져야 한다. 특히 1차적 보호의 제공자가 직장을 갖고 있거나 아동을 양육해야 할 환경에 있다면 이들의 부양 부담에 대해 파악하여야 한다. 여기서 주의해야 할 점은 노인의 가족과 노인이 함께하고 있는 사람들에 대한 사정으로, 노인 자신에 대해서만이 아니라, 이들이 배우자와 부부의 기능을 수행하고 유지하고 있으며, 심리사회적으로는 쇠약하지 않은 시에 대해 주의를 기울여야 한다(Sheafer et al., 1998: 404). 이상과 같은 사정의 영역은 결론적으로 다각적 측면에서 사정이 이루어져야 함을 나타내는 것으로 [그림 3-1]에서와 같다.

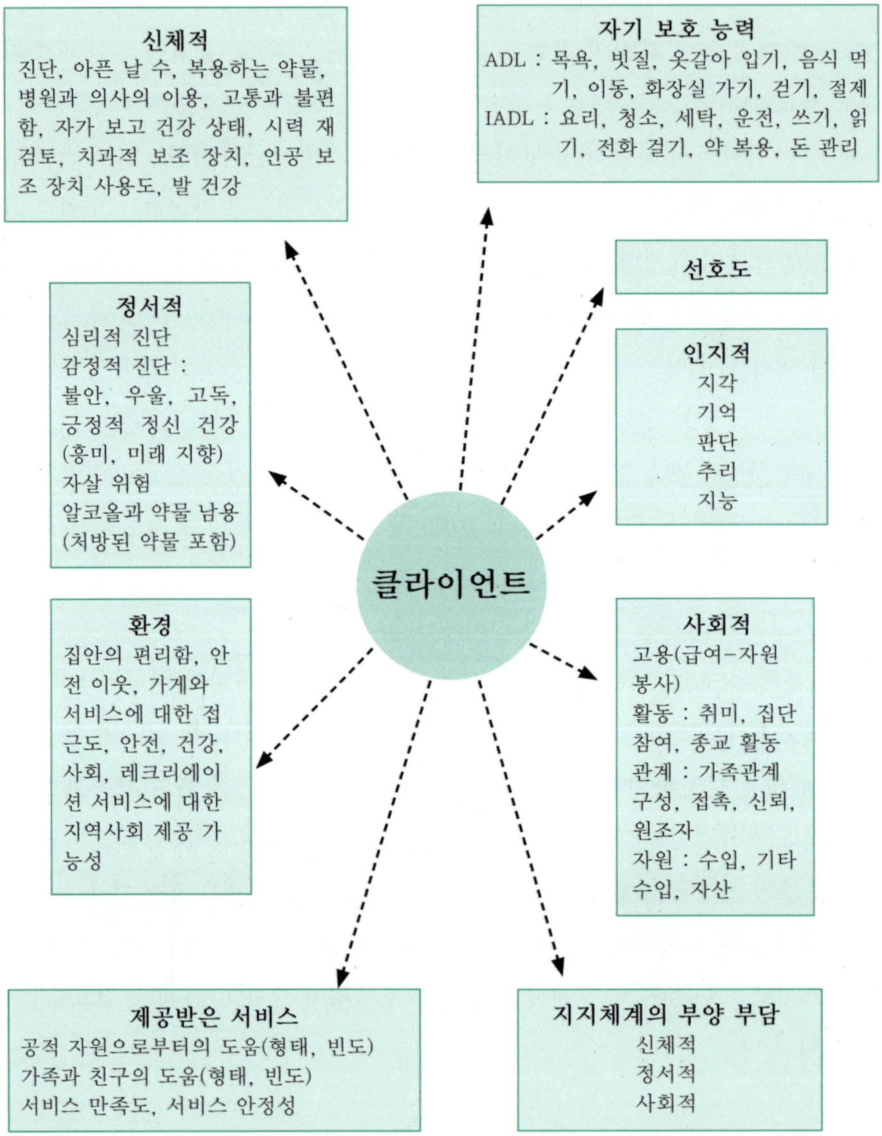

〔그림 3-1〕 노인복지 사정 영역

3) 서비스 계획 및 실행

서비스 계획은 클라이언트의 욕구 충족을 위한 목적을 발전시키는 과정이며, 이러한 목적을 성취하기 위한 서비스를 구체화하는 과정이다(Holt, 2000: 49). 즉, 드러난 문제들 가운데 해결할 수 있는 표적 문제를 정하고, 이에 대한 대안을 클라이언트와 함께 모색하는 단계이다. 이때 문제를 풀어 가기 위해서는 사회복지사와 노인 클라이언트가 함께 일하는 과정이 강조된다. '지금, 여기에서' 다룰 수 있는 문제인지에 대해 합의해야 하며, 노인의 역할이 충분히 반영될 수 있도록 해야 한다. 따라서 서비스 계획은 사정과 서비스 전달을 이어주는 중요한 역할을 하게 된다.

서비스 계획은 사회복지사의 전문적 판단과 실천적 경험에서 수립되며, 욕구사정이 이루어진 후 특정한 서비스 목표를 정립하게 되면서 이루어진다. 대개의 경우 목표는 장기와 단기로 나누어 수립하고, 장기 목표는 단기 목표의 달성 하에 궁극적으로 희망하는 상태를 나타내게 된다. 따라서 단기 목표는 클라이언트의 현재 욕구 충족이나 위기 상황을 해결하기 위한 직접적 목표가 된다. 클라이언트와 사회복지사는 장기 목표 또는 단기 목표 중 어디에 초점을 둘 것인지를 결정해야 한다. 대개의 경우 클라이언트는 빨리 문제 상황에서 벗어나기를 원하기 때문에 단기 목표에 초점을 두게 되는 경우가 많지만, 실제로 클라이언트의 문제는 단기 문제의 해결로 끝나지 않는 경우도 많다. 사회복지사는 단기와 장기 목표의 달성을 위해 시간과 노력을 어떻게 배분해야 하는지에 대한 면밀한 검토가 필요하며, 필요에 따라서는 목표를 수정하기도 해야 한다.

서비스 계획 과정에서 목표를 설정하기 위해 주의해야 할 점을 살펴보면 다음과 같다.

첫째, 목표는 명료하게 세워져야 한다는 것이다. 목표가 명확하지 못하면 노인 클라이언트의 진전 상황을 보고할 수 있는 근거가 없어지게 된다.

둘째, 실현 가능한 목표를 세워야 한다. 서비스 제공 시간, 서비스 종류, 양, 횟수 등에 대해 구체적으로 설정해 주는 것이 필요하다. 목표를 세울 때 자주 범하기 쉬운

실수 가운데 하나가 바로 사회복지사가 클라이언트의 능력을 과대평가함으로써 발생하게 되는 것이다. 즉, 실현 가능한 목표를 설정하기보다는 달성할 수 없는 범위의 목표를 설정함으로써 결과적으로 서비스가 성공하지 못하게 되는 요인이 된다. 따라서 목표를 세울 때 달성 가능한 범위 내에서 현실적 목표를 세우는 것이 중요하다.

셋째, 클라이언트와 목표에 대한 동의가 이루어져야 한다. 사회복지 실천 활동자체가 전문가에 의한 일방적 결정보다는 클라이언트의 능력을 배양하고, 클라이언트로 하여금 스스로의 문제를 해결하는 데 있으므로 어떤 수준에서 문제가 해결되기를 원하는지에 대한 합의가 필요하다.

서비스 계획에 따른 개입은 다음과 같은 점을 고려하여 이루어진다.

첫째, 노인의 신체적 기능 정도(functional ability)에 따라 서비스를 제공한다. 대개 신체적 기능 정도는 ADL(Activities of Daily Living)과 IADL(Instrumental Activities of Daily Living)에 따라 손상 정도를 판단하게 된다.

- 손상 없음(unimpaired) : ADL과 전혀 불편이 없는 경우
- 미미한 손상(minimally impaired) : IADL 중 2개 정도에 불편이 있는 경우
- 중간 정도 손상(moderately impaired) : ADL 중 일부 기능이 어려울 때
- 심한 손상(severely impaired) : ADL 기능이 전혀 되지 않을 때

둘째, 퇴직에 적응하는 인성 유형에 따라 서비스를 제공한다.

- 퇴직에 잘 적응함(well-adjusted)
  - 성숙(mature) : 갈등이 없고, 과거 후회 안 함.
  - 흔들의자 유형(rocking chair) : 퇴직 이후의 상황을 즐김, 만족
- 책임에서 벗어난 것을 즐김
  - 무장(armored) : 자원 감소에 불안하지만, 공격적 행위로 이를 상쇄
- 퇴직에 적응 못함(poorly-adjusted)

- 분노(angry) : 절망
- 자아혐오(self-hating) : 실패감, 자기비하, 우울, 소외, 무가치

4) 종결

사회복지 실천의 마지막 과정은 공식적 종결 과정이다. 클라이언트의 정서가 안정되었다고 느낄 때, 표적 문제의 객관적 해결이 성취되었을 때, 혹은 클라이언트의 문제가 상담자의 능력을 벗어난다고 판단될 때 사회복지사와 노인 클라이언트는 관계를 종결하게 된다.

종결(termination)은 사회복지사와 클라이언트의 관계가 끝나게 됨을 의미한다.

이 용어는 최근에는 상황에 대한 자유 상태(disengagement)라는 용어로 대체되고 있는데, 이는 종결이라는 마지막에 대한 이미지를 탈피하기 위한 노력에서 비롯되었다고 할 수 있다. 사례 종결은 클라이언트에게 더 이상 서비스가 필요 없게 되었을 때 이루어지게 되는 것으로 클라이언트의 상태가 개선되었음을 의미한다. 그러나 종결은 자원의 한계로 클라이언트의 조건을 더 이상 개선시키기 어려울 경우에도 발생한다. 즉, 현재의 프로그램이나 사회복지기관으로서는 클라이언트를 보호하기 위해 더 이상 충분한 서비스를 제공할 수 없을 때에도 종결이 이루어진다. 또한 종결은 사회복지사가 클라이언트와 관계 형성이 원만하게 이루어지지 않아 상호간에 신뢰할 수 없는 경우에 나타나기도 한다. 이러한 경우 사례관리자는 클라이언트에게 다른 사회복지사를 연결해 주기도 한다.

종결에 대한 결정은 사회복지사와 클라이언트 양자 간에 이루어지는데, 사회복지사가 종결을 위해 가장 먼저 해야 할 일은 사례에 대한 재사정(reassessment)을 실시하는 것이다. 클라이언트의 상황은 시간이 지남에 따라 바뀌기 때문에 서비스 종결을 위한 재사정은 필수적인 것이다. 종결이 일어난 후에도 사회복지사는 다시 클라이언트를 도울 수 있다는 것을 알려야 하며, 클라이언트는 다시 서비스 수혜에 대한 허가를 받을 권리가 있다.

사회복지사는 종결을 위한 클라이언트의 진전 정도와 종결 후에 발생할 수 있는 위험 요소에 대한 평가를 해야 한다(Raiff & Shore, 1993: 62). 많은 경우 사회복지사는 종결 후에도 3달, 6달, 1년 정도의 간격으로 서비스가 다시 필요한지에 대한 사후 조사를 한다(Holt, 2000: 76). 따라서 사후 조사를 할 것인지를 결정하는 것도 종결 단계에서 해야 할 중요한 과업이다(Frankel & Gelman, 1998: 53). 특히 사회복지서비스를 제공받고 있는 클라이언트들은 장기간에 걸쳐 서비스를 제공받는 경우가 많아 서비스에 의존적이 되기도 하기 때문에 사회복지사는 종결이 발생했을 때 클라이언트의 상황에 미칠 영향에 대해 충분히 고려해야 한다. 또한 사람과의 관계를 종료하는 데 대해 클라이언트가 받을 정신적 분리불안과 우울에 대해서도 고려해야 한다. 이러한 심리적 원인으로 인해 때로는 클라이언트들이 자신이 사회복지사로부터 전혀 도움을 받지 않았다고 불만을 제기하기도 하며, 또는 자신들이 가지고 있는 다른 문제를 제기하여 아직 종결이 일어나서는 안 된다는 점을 강조하기도 한다.

다른 한편으론 사회복지사 역시 종결로 인해 많은 심리적 문제를 경험하게 된다. 어떤 클라이언트는 좀처럼 종결을 원하지 않고, 사회복지사의 지속적 보살핌을 요구하기도 한다. 따라서 종결을 위한 전문가적 목표는 클라이언트가 다른 사람의 도움 없이도 살아갈 수 있도록 클라이언트 역량강화라는 것을 깨닫도록 요청한다. 종결의 최종 과정은 클라이언트에 대한 모든 서류 정리를 완료하는 것이며, 다른 서비스 제공자들에게도 이를 알리는 것이다.

Chapter 4

노인상담

1. 노인상담의 개념 및 목적

노인상담은 "도움이 필요한 노인이 상담자와 전문적 원조관계를 형성하여 은퇴문제, 개인 및 가족문제, 경제 및 건강상의 문제를 해결하고 감정, 사고, 행동 측면의 성장을 도모하여 성공적인 노후생활을 영위하기 위하여 노력하는 과정"이다(김태현, 2000). 따라서 노인상담이란 노인의 다양한 문제에 대해 포괄적이고 통합적인 전문서비스가 요구되는 과정이라고 해석할 수 있다.

우리사회에서 다양하게 전개되고 있는 노인상담의 개념적 정의를 토대로 노인상담이 지니고 있는 독특한 특성을 정리하면 다음과 같다(현외성 외, 2001).

첫째, '노인상담'은 도움이 필요하거나 노인문제를 경험하고 있는 노인과 가족이나 가족원(家族員)이 그 주요 대상이 된다.

둘째, '노인상담'은 전문적인 교육과 훈련을 받은 전문가가 주체가 되어 서비스를 전개한다.

셋째, '노인상담'은 노인 자신과 노인 가족의 제반 복합적인 문제를 해결하고 노인과 가족 구성원들의 심리 · 사회적 기능을 증진시키려는 목적을 지닌다.

넷째, '노인상담'은 전문적인 서비스 원조 관계 하에 이루어지는 일련의 구체적이고 실제적인 서비스 과정을 의미한다.

노인상담은 노인들의 다양한 문제를 해결하여 행복한 노후생활을 영위하도록 돕는 것을 주요한 목적으로 두고 있으며, 노인상담이 지향하는 궁극적인 목적은 다음과 같다(이병록, 2017; 조추용 외, 2015).

첫째, '노인상담'은 노인이 필요한 의료적 · 사회적 · 정서적 지원을 효과적으로 동원하고 이용할 수 있도록 원조한다. 노인상담의 과정에서 상담자는 노인에게 적절한 의료적 검사와 치료 그리고 필요한 서비스 등을 받도록 돕는 것이 바람직하다.

둘째, '노인상담'은 노인 스스로가 약해지는 자신의 건강상태에 적응하고 잔존하는 신체적인 강점을 강화하도록 돕는다. 노인은 다양한 노화현상으로 신체적 기능과 건강수준이 현저히 떨어져 기존에 가능했던 활동들이 상대적으로 어려워지게 된다. 따라서 노인의 신체기능을 잘 파악하여 재활이나 운동을 통해서 건강수준을 회복하도록 지원할 필요가 있다.

셋째, '노인상담'은 노년기의 신체적 · 재정적 상태와 변화 등에 따른 노인의 보호와 주거시설에 대한 욕구를 잘 파악하여 적절한 조치를 취할 필요가 있다. 노인들이 건강상태가 좋지 않고 경제적 수준이 낮은 경우에 요양원 등 필요한 주거서비스를 연계시킬 수 있다.

넷째, '노인상담'은 지역사회에서 노인이 새로운 역할을 할 수 있도록 지원한다. 상담자는 노인들이 지역사회에서 소속감을 느끼고 자신의 가치를 인정받을 수 있는 역할들을 담당하고 활발한 교류활동을 할 수 있도록 지원한다,

다섯째, '노인상담'은 가족, 친인척, 지인들과의 관계를 원활하게 조정하도록 돕는다. 노인들은 이러한 사회적 관계에서 상당한 갈등과 어려움을 경험할 수 있기에 노인 상담자는 이러한 원조과정에서 매개자로서의 역할을 주로 담당한다.

여섯째, 노인은 가족, 친인척, 지인들과의 사별을 경험하면서 상당한 심리적 어려움에 처하게 된다. '노인상담'은 노인이 친밀한 관계를 유지하던 사람들과의 사별을 수용하고 심리적으로 고통을 극복하도록 원조한다.

일곱째, 노인은 은퇴와 경제 상태의 변화로 인해 다양한 문제들을 경험하게 된다. '노인상담'은 은퇴 이후의 여가생활 방법, 새로운 부부관계의 적응, 심리적 소외감의 극복, 필요한 경제적 지원이나 일자리 제공 등의 지원을 할 수 있다.

여덟째, '노인상담'은 노인들이 자신의 생활에서 자기결정권을 유지하면서 중요한 결정을 하도록 지원한다. 상담자는 이와 관련된 정보들을 제공하고 중요한 의사결정에 필요한 대안들을 제시한다.

2. 노인상담의 필요성

노년기는 생물학적 · 심리적 · 사회적 노화로 인해 자립적인 일상생활능력이 감퇴되며, 노인과 가족 및 사회관계망과의 정서적 유대감이 약화되어 고독과 소외를 경험할 가능성이 높아지게 된다(권중돈, 2017). 특히 현대 산업사회가 지니고 있는 도시화, 핵가족화 등의 사회변화는 더욱 더 노인상담의 필요성을 대두시키고 있다. 노인복지적 관점에서 노인상담의 필요성은 다음과 같이 나타나고 있다(서혜경 외, 2013;이병록, 2017).

첫째, 노인은 생물학적 노화를 겪으면서 신체적 기능의 저하와 이로 인한 심리와 성격의 변화를 경험하게 된다. 노인들은 노화로 인해 자연스럽게 신체기능이 약해지고 외모가 변화되며, 각종 노인성 질환과 만성질환에 걸릴 확률이 증가한다. 이로 인해 젊음을 잃었다는 상실감, 질병과 죽음에 대한 두려움, 사회관계의 약화, 의존성의 증가 등으로 인해 다양한 심리사회적 변화들을 경험할 수밖에 없다. 노인상담을 통해 노인들은 이러한 변화들을 수용하고 이해하여 가족과 사회에 대한 적응과 통합에 도움을 받을 수 있다.

둘째, 우리사회의 산업화가 진행되면서 생산방식의 대대수가 기계화되어 필요한 노동력이 많이 감소하게 되었다. 이 과정에서 노인은 젊은 세대와의 경쟁에서 밀려나 직업적 역할을 상실하게 된다. 그리고 노인은 경제 · 건강 · 심리적인 측면의 문제로 인해 직업역할 이외의 다양한 사회역할에서도 역할상실을 경험한다. 노인의 역할상실은 노인들을 사회적으로 고립상황에 처하게 하기 쉽기 때문에 노인들은 은퇴 전후의 심리적 준비에 대한 상담이 필요하다. 그리고 노인들은 은퇴 이후의 휴식과 여가생활을 활용하는 방법과 경제문제에 대한 상담도 필요로 한다.

셋째, 상담은 노년기에 직면하는 다양한 문제들을 예방하고 사후에 효과적으로 해결할 수 있도록 하는 기능을 한다. 이러한 상담서비스를 통해 노인들은 사회적응력을 향상시킬 수 있고 성공적인 노후생활을 보낼 수 있다.

3. 노인상담의 유형

상담자가 노인과 상담을 진행하게 되는 유형은 다양하며, 사회복지현장에서 주로 많이 전개되는 유형을 중심으로 살펴보고자 한다(이병록, 2017; 정상수 외, 2014).

1) 상담 영역별 유형

노인기라는 생애주기에 위치하게 되면서 나타나는 노인의 '4苦(고독, 빈곤, 질병 및 부양케어, 소외 및 역할상실)'를 토대로 다음과 같이 영역으로 구분하여 상담 내용을 알아보고자 한다.

(1) 정서적 영역(고독)

- 배우자 상실, 자녀와의 애정적 교류 단절
- 노인의 가족 내 지위의 하락, 가치관 및 생활양식 변화에 따른 세대 간 갈등
- 성격의 변화 : 우울성향, 완고함, 내향성 및 수동성, 조심성, 친근한 사물과 사람에 대한 과잉 애착 증가, 유산을 남기려 하는 성향

- 이성교제 또는 노년기 성생활에 관한 문제
- 정서 서비스 욕구 증가(말벗 서비스 등)

(2) 경제적 영역(빈곤)

- 은퇴 전후의 재정 관리의 어려움
- 소득 감소 또는 상실로 인한 생계유지의 어려움
- 사회보장제도의 욕구 증가
- 유산 배분의 욕구 증가
- 경제활동 참가 욕구 증가(취업알선 및 부업알선 등)

(3) 건강 영역(질병 및 부양케어)

- 노인성 질환 및 질병 예방 욕구
- 의료비 지원 욕구 증가
- 사회복지시설 및 노인전문 요양시설 연계 욕구
- 가족부양체계 조성 욕구

(4) 사회참여 영역(소외와 역할상실)

- 종교 활동, 사회 단체, 비공식 모임 참여 욕구
- 노년기 친구 및 이웃관계 욕구
- 가족 내 역할 부적응에 관한 욕구
- 은퇴 이후 사회적 관계 욕구

2) 주거환경별 유형

노인이 거주하는 환경이 어디인가에 따라 노인상담을 통합적으로 진행하기 위해 노인의 인적 및 물적 자원 등을 고려한 상담의 진행방법은 다음과 같다.

(1) 재가(在家) 노인상담

재가(在家) 노인상담은 '노인이 거주하는 가정에서 진행되는 상담'으로 노인의 신체적인 거동상의 어려움으로 인해 진행되는 경우가 많다. 둘째, 노인이 가정에 거주하면서 '지역사회 내 이용시설 등의 해당기관에서 필요한 상담 서비스를 제공받는 상담'을 의미한다. 재가 노인상담의 초점은 노인이 지역사회 내 다양한 자원을 이용하여 자립적인 삶을 최대한 영위하면서 살아갈 수 있도록 지속적 및 통합적인 서비스를 지원해야 한다는 것이다.

(2) 시설(施設) 노인상담

① 시설 유형 및 특징

시설(施設) 노인상담은 요양원 등 일정한 주거공간에서 집단으로 함께 생활하는 노인들에게 제공되는 상담을 의미한다. 노인복지법 제32조, 제34조에 의거 노인주거시설 및 노인의료 복지시설의 유형, 시설의 특징은 다음과 같다.

<노인복지법>

제32조(노인주거복지시설) ① 노인주거복지시설은 다음 각 호의 시설로 한다.

1. 양로시설 : 노인을 입소시켜 급식과 그 밖에 일상생활에 필요한 편의를 제공함을 목적으로 하는 시설
2. 노인공동생활가정 : 노인들에게 가정과 같은 주거여건과 급식, 그 밖에 일상생

활에 필요한 편의를 제공함을 목적으로 하는 시설

3. 노인복지주택 : 노인에게 주거시설을 임대하여 주거의 편의 · 생활지도 · 상담 및 안전관리 등 일상생활에 필요한 편의를 제공함을 목적으로 하는 시설

제34조(노인의료복지시설) ① 노인의료복지시설은 다음 각 호의 시설로 한다.

1. 노인요양시설 : 치매 · 중풍 등 노인성질환 등으로 심신에 상당한 장애가 발생하여 도움을 필요로 하는 노인을 입소시켜 급식 · 요양과 그 밖에 일상생활에 필요한 편의를 제공함을 목적으로 하는 시설
2. 노인요양공동생활가정 : 치매 · 중풍 등 노인성질환 등으로 심신에 상당한 장애가 발생하여 도움을 필요로 하는 노인에게 가정과 같은 주거여건과 급식 · 요양, 그 밖에 일상생활에 필요한 편의를 제공함을 목적으로 하는 시설

② 시설 노인상담의 원칙 및 내용

시설(施設) 노인상담은 재가(在家) 노인상담과는 달리 집단생활을 하는 특징으로 인해 노인 개인의 개별성과 다양성을 고려하지 못한다는 제한점을 지니고 있다. 그러나, 우리 사회의 고령화 현상으로 노인의 질환 등으로 인해 가정 내 노인을 장기간 케어할 수 있는 적절한 보호자의 부재로 시설 노인의 수는 갈수록 증가하고 있다. 시설 노인상담이 지니는 기본원칙은 다음과 같다.

첫째, '개별성'은 시설이 단체 생활을 하는 장소이기에 노인 각자의 개별성을 고려하지 못한다는 제한점을 지니고 있다. 따라서 노인상담에서는 노인의 이러한 욕구를 최대한 고려하여 인간이 지니는 개별성과 다양성을 토대로 상담을 진행해야 한다.

둘째, '비밀보장'은 시설에서 생활하는 노인과 그 가족에 대한 상담 정보는 규정에 의한 상황을 제외하고는 외부에 절대 노출해서는 안 된다는 것이다. 이러한 비밀보장의 원칙은 시설 노인이 퇴소한 이후에도 지켜져야 한다.

셋째, '객관적인 정보의 확인'은 시설에서 생활하는 노인의 대다수는 경제적으로 어려운 경우에도 불구하고 좋은 환경에 있는 것으로 말하는 경우가 많기 때문에 상

담자는 노인과의 대화 내용에 대해 객관적으로 실제 정보를 확인하여 상담을 진행해야 한다는 것이다.

넷째, '서비스의 선택권 보장'은 노인이 시설에서 제공하는 다양한 서비스를 일방적으로 받아들이지 않고 노인 스스로의 자기결정권에 의해 진행될 수 있도록 보장해야 한다는 것이다.

다섯째, '형평성'은 시설 노인은 집단생활에서 발생하는 적응상의 문제나 함께 생활하는 동료 노인들과의 갈등으로 어려움을 겪게 되는 경우가 많기 때문에 상담자는 노인 클라이언트 당사자, 다른 동료 노인들, 기관 담당 직원 등 다양한 주변 상황을 고려하여 형평성있는 상담을 진행해야 한다는 것이다.

③ 시설 노인상담의 과정

시설 노인상담의 과정은 크게 세 영역인 입소 전 상담, 입소 생활 상담, 퇴소 상담 등으로 구분하여 진행한다.

첫째, 상담자는 '입소 전 상담'에서 노인의 시설입소에 대한 불안감과 긴장감을 없애고 안정적인 시설 생활을 준비하는 것에 초점을 두는 것이 바람직하다. 상담자는 노인이 해당 시설에 입소하기 전 입소에 필요한 자격조건이 되는지, 입소 절차과정은 무엇인지, 시설에서 준비된 서비스 내용과 시설환경, 시설 이용에 필요한 비용 등에 대해 자세하게 노인과 보호자에게 알려주어야 한다.

둘째, 상담자는 '입소 생활 상담'에서 초기 입소과정에는 시설 적응에 초점을 두고 안정적으로 생활할 수 있도록 상담을 진행한다. 입소 중간 과정에는 노인이 어느 정도 시설에 적응이 되었다고 하더라도 시설생활에서 나타날 수 있는 스트레스, 대인관계의 어려움 등에 대해 신속하게 개입할 수 있어야 한다. 또한 시설에서 진행되는 다양한 서비스 내용이 노인에게 만족되는지, 혹은 불만 요소들은 무엇이 있는지에 대해서도 상담할 필요가 있다.

셋째, 상담자는 '퇴소 상담'에서 노인이 가정으로 귀가하거나 다른 시설 또는 병원으로 의뢰, 사망하는 경우가 발생하면 퇴소 상담을 진행하게 된다. 퇴소 상담 시 상담자는 노인과 보호자들에게 필요한 정보와 사후관리 등에 관련된 상담을 성의 있게 진행해야 한다.

4. 노인상담의 방법

1) 면접상담

면접상담은 상담자와 노인 클라이언트가 대면(對面)하여 이루어지는 상담으로 대다수 노인상담의 과정에서 가장 많이 이루어지는 방법이다.

첫째, '개별 면접상담'은 상담자와 노인 클라이언트가 1:1의 형태로 진행하며, 노인의 정서와 신체적 및 정서적 상태 등을 파악하고 노인의 욕구를 토대로 보다 삶의 질을 향상시킬 수 있는 방안에 대해 초점을 두고 진행한다.

둘째, '집단 면접상담'은 상담자와 노인들(주로 10명 내외)의 집단으로 구성되어 상담을 진행한다. 집단 상담은 노인 상호간에 동질감과 응집력을 향상시킬 수 있으며, 노인 개개인이 지닌 불안감과 고독감을 해소하여 적극적이고 긍정적인 생활을 도모할 수 있다는 장점을 지니고 있다.

2) 전화상담

전화상담은 전화를 통해 상담을 진행하는데 노인학대 등의 긴급한 노인문제에 대해 개입하는 데 효과적인 방법이다. 특히 전화상담은 노인 클라이언트가 거동이 불편한 경우나 상담자 등 타인과의 접촉을 피하는 경우 등으로 권유되지만, 상담자와 상담을 통해 얻을 수 있는 친밀감과 신뢰감 등을 형성하기에는 제한적인 면도 지니고 있다.

3) 인터넷상담

인터넷상담은 상담자와 노인이 인터넷을 통해 상담을 진행하게 되며, 개방형 상담, 비공개 상담, 실시간 채팅 상담 등의 다양한 형태로 진행된다. 그러나 노인 대다수에게 있어 컴퓨터를 다룰 수 있는 대상들이 제한되고 있으나 최근 복지관, 주민자치센터, 노인대학 등의 기관에서 정보화교육이 활발히 전개되고 있어 컴퓨터 이용 노인들이 증가하고 있는 실태이다.

5. 노인상담의 과정

노인상담은 일반 상담과 비슷하게 전개되며, 접수 및 관계형성, 자료수집 및 사정단계, 개입단계, 평가 및 종결단계 등의 과정으로 구성된다(권중돈, 2017; 이병록, 2017; 정상수 외, 2014 재구성).

1) 접수 및 관계형성

① 내담자의 이해

노인상담에 있어서 가장 우선적으로 필요한 과정은 상담동기에 대해 잘 파악하여 노인이 지니고 있는 다양한 감정 상태를 수용하고 이해하는 작업이 선행되어야 한다는 것이다.

첫째, 상담자는 노인이 지니고 있는 감정에 대해 충분히 이해하여야 한다. 대다수의 노인은 정서적으로 깊이 있게 자신의 감정을 지지해 주기를 기대하며, 다른 연령층에 비해 상당히 감정이 억압되어 있는 경우가 많기 때문이다. 노인의 다양한 감정 가운데 분노에 대한 감정은 노인의 특성을 감안할 때 항상 부정적인 것은 아니며 자연스러울 수 있다.

둘째, 상담자는 노인의 감정 경험에 대해 충분히 파악해야 한다. 노인이 말하는 내용을 종합적으로 판단하여 노인의 현재 감정상태를 파악할 수 있어야 하며, 노인이 자신의 감정에 집중할 수 있도록 지지하며, 상담자와 노인 간의 감정적 공유를 형성하는 데 초점을 두어야 한다.

② 접수 및 라포 형성(Intake and Rapport Engagement)

노인상담은 노인 클라이언트가 지니고 있는 불안, 거부감을 없애고 상담자와 클라이언트의 전문적인 원조관계가 이루어질 수 있도록 해야 한다. 상담자와 클라이언트 간의 라포(rapport)형성을 위해서 상담자가 기본적으로 갖춰야 하는 태도는 다음과 같다.

첫째, 상담자는 끊임없이 노인을 진심으로 이해하려는 진지한 자세를 지녀야 한다.

둘째, 상담자는 모든 것을 자신의 입장이 아닌 노인의 입장에서 존중하는 태도를 지녀야 한다.

셋째, 상담자는 노인을 있는 그대로 존중하고 수용하려는 태도를 지닌다.

넷째, 상담자는 어떤 가식도 없는 진실한 태도를 지녀야 한다.

다섯째, 상담자는 노인을 진심으로 도와주고자 하는 인간적인 자세를 지녀야 한다.

이러한 상담자의 태도가 상담 초기과정부터 종결과정에 이르기까지 지속되기 위해서는 기본적인 세 가지 요소가 갖춰질 필요가 있다.

첫째, 상담자는 노인에 대해 '경청하기'를 통해 노인의 말을 단순하게 듣기만 하는 것이 아닌 노인이 전달하고자 하는 말의 내용과 그 내면에 내포되어 있는 동기와 전반적인 정서에 대한 통찰로 피드백을 줄 수 있어야 한다. 특히 대다수의 노인들은 복잡한 감정상태를 지니는데 이러한 내적 및 외적 문제를 구체적으로 분석할 수 있게 하며, 노인의 말에 폭넓은 이해를 갖게 하는 데 도움을 준다.

둘째, 상담자는 노인에 대해 '공감적 이해하기'를 통해 상담자가 노인을 수평적으로 동등하게 대하는 인격적인 자세로서의 대화방식을 갖게 한다. 대다수의 노인들은 상대방에게 존중받기를 희망하는 특성을 지니기에 상담자가 노인이 주장하는 의견에 대해 동의하지 않는 상황에 직면하더라도 노인을 끝까지 존중하는 태도를 지녀야 한다.

셋째, 상담자는 노인에 대해 '반영하기'를 통해 상담자가 노인의 말을 판단하기에 앞서 거울처럼 그대로 반사해 주도록 하는데 이러한 대화 방식의 '반영하기'는 노인이 지니고 있는 감정, 생각, 의도 등을 좀 더 명확하게 확인할 수 있게 한다.

2) 자료수집 및 사정 단계(Data gathering and Assessment)

자료수집과 사정 단계에서는 노인이 지니고 있는 다양한 문제를 정확히 규정하기 위해 노인이 현재 위치하고 있는 상황 및 강점, 제한점 등에 대한 파악이 필요하다.

① 문제의 정의

상담자는 노인이 지니고 있는 문제를 파악하여 보다 더 해당 문제를 객관화하려는 노력이 필요하다. 이를 위해 노인에 대한 객관적인 자료의 수집, 예를 들어 가계도, 생태도, 가족조각 등의 기술을 활용하여 문제를 명확하고 종합적으로 파악해야 한다.

② 탐색 및 자각하게 하기

상담과정을 통해 노인이 스스로 자신의 문제를 관찰하려고 하는 과정을 '탐색'이라고 하며, '자각'은 탐색을 하는 과정에서 경험하게 되는 새로운 발견을 의미한다. 노인은 이러한 탐색과 자각의 과정을 통해 자신의 문제를 둘러싼 자신과 그 주변에 대해 고찰하며 객관적으로 보는 힘을 통해 변화를 위한 모색을 시도하게 된다.

③ 대안의 탐구

상담자는 노인 상담과정에서 '탐색과 자각하기'를 통해 노인 스스로 바람직한 변화를 위해 다양한 대안을 탐색하고 선택하도록 지원한다. 대안을 탐구하는 방법에 주로 사용되는 기법은 다음과 같다.

첫째, '브레인스토밍(brain storming)'은 창의적인 아이디어를 생산하기 위한 학습기법으로 주변의 어떠한 제재조건이 없이 주어진 주제에 대해 생각나는 대로 자유롭게 의견을 개진하는 방법이다. 따라서 노인의 문제와 욕구에 대해 그것을 해결하기 위한 방법에 대해 스스로 생각나는 것에 대해 모두 이야기할 수 있는 기회를 제공하는 것이다.

둘째, '과거의 성공경험 탐색'은 노인의 문제와 욕구에 대해 과거에 본인이 시도했던 성공적인 경험을 떠올리면서 자신감을 회복하고 성공적인 대처전략을 모색할 수 있는 기반을 조성할 수 있다.

셋째, '예외의 탐색'은 클라이언트인 노인은 자신이 문제라고 규정하는 일들을 항상 존재하는 것으로 인식하는 경우가 매우 강하다. 따라서 노인이 그 문제들이 언제 일어나며, 언제 일어나지 않는가에 대해 분석을 하는 경험을 하게 한다. 즉 상담자는 노인에게 문제라고 규정되는 상황이 언제 일어나지 않았는가라는 예외적인 상황을 탐색하는 과정을 경험하게 하여 자연스럽게 문제를 해결해나갈 수 있는 객관적인 대처 방안을 탐색하게 한다.

④ 사정과정

상담자는 노인 사정과정에 노인의 신체적, 심리적, 사회적인 전반적인 기능에 대해 포괄할 수 있도록 해야 한다. 첫째, '노인의 신체적 기능에 대해 사정하기'는 노인의 전반적인 건강상태와 일상생활 및 동작능력 등에 초점을 둔다. 둘째, '노인의 심리적 기능에 대해 사정하기'는 노인의 성격과 인지 및 정서 기능에 초점을 둔다.

셋째, '노인의 사회적 기능 사정하기'는 사회적 지원망, 사회활동 참여정도, 주거환경 및 재정상태 등에 초점을 둔다. 특히 노인의 지니고 있는 사회 지원망에 대한 사정에서는 노인 스스로의 문제해결능력, 그 문제해결에 필요한 자원과 한계점 및 노인이 지니는 성격과 취약점 등에 대해 객관적이고 심층적인 조사가 필요하다.

3) 개입 단계(Intervention)

개입단계는 자료조사와 개입단계를 거쳐 실제적인 노인의 문제해결 계획을 구체적인 행동과정으로 실천하는 단계이다. 자료수집과 사정에서는 노인이 지니고 있는 다양한 문제를 정확히 규정하기 위해 노인이 현재 위치하고 있는 상황 및 강점, 제한점 등에 대한 파악이 필요하다.

개입단계에서는 그 무엇보다 노인의 자신의 문제에 대한 자각이 늘어나면서 실제로 대두되고 있는 문제 행동이 완화되어 스스로 문제 해결을 위한 동기가 강해져 타인에 대한 수용기능과 상호작용이 증가하게 하는 것을 목적으로 한다.

개입단계에서 상담자인 사회복지사는 노인 클라이언트의 변화를 촉진하는 역할과 문제해결능력을 습득하도록 지원하는 역할 등에 초점을 둔다. 또한 개입과정에서 노인의 저항에 직면하게 되는 경우가 많으므로 최소한으로 저항을 줄이면서 상담할 수 있는 방법에 대해 고민하는 노력이 필요하다. 노인 스스로가 변화에 대한 동기를 고취하면서 상담과정에 참여할 수 있도록 지지하고, 개입 단계에서 나타난 변화가 고정되고 지속적으로 유지될 수 있도록 정기적으로 평가하는 역할이 우선시된다.

4) 평가 및 종결 단계(Evaluation and Termination)

평가 및 종결 단계에서는 개입단계를 통해 노인의 욕구가 해결되었을 때 이루어지는 단계이다. 이 단계는 노인이 처음 제기하였던 문제가 이루어졌다 하더라도 급격히 진행하기보다는 노인과의 상담을 통해 충분한 서비스 과정을 거친 후 평가 및 종결 단계에 돌입할 필요가 있다.

대다수 노인들은 평가와 종결 단계에서 상담자인 사회복지사와 헤어지는 것에 대해 매우 섭섭해하며, 이제는 스스로 본인의 문제를 혼자서 해결해나가야 한다는 사실에 대해 주저하고 불안해하는 경향이 매우 강하다. 따라서 사회복지사는 이러한 노인의 감정이 일반적인 감정이며 종결된 이후에도 상담 서비스는 요청할 시에 다시 시작될 수 있다는 사실을 정확히 알릴 필요가 있다.

노인의 상담과정에서 평가 및 종결 단계에 해당하는 경우는 다음과 같다.

첫째, 노인의 욕구가 성취되었을 경우가 평가 및 종결 단계에 해당한다.

둘째, 처음 예약했던 상담 종료기간이 만료되었을 경우가 평가 및 종결 단계에 해당한다.

셋째, 노인 스스로가 더 이상 상담을 원하지 않는 경우가 평가 및 종결 단계에 해당한다.

이 과정에서 사회복지사는 노인 상담과정에서 노인 스스로가 성취했던 과업들, 성취하지 못했던 과업들, 사회복지사와 기관이 미흡했던 내용 등에 대해 점검하고 위로하는 시간을 가질 필요가 있다.

종결 단계에서 노인의 상담 내용에 대해 타 기관에 의뢰할 경우에는 의뢰할 기관에 대한 자세한 정보(기관명, 담당자명, 연락처, 위치 등)를 안내하고, 의뢰 기관에는 노인의 일반적인 사항에 대해 문서를 통해 의뢰 내용을 송부하며, 가능하다면 상담자인 사회복지사가 동행하여 기관과 노인의 상호 중개자로서 역할을 할 필요가 있다.

종결 이후 단계인 사후지도 단계에서 상담자는 노인의 상황에 대한 지지적인 피드백을 통해 자립심과 변화에 대한 긴장감을 완화시킬 수 있는 부분에 초점을 둔다.

6. 노인상담의 기술

노인상담의 기술은 노인의 문제 해결을 효과적 및 효율적으로 접근하기 위해 필수적으로 요구되는 다양한 방법적 기법을 의미한다.

1) 주의집중과 적극적인 경청

상담자인 사회복지사는 노인 클라이언트의 문제 해결을 위해 노인이 제기하는 다양한 말과 행동 등에 주의를 집중해야 한다. 상담자에게 있어서 노인 상담에 필요한 주의집중을 위한 바람직한 태도로는 단정하고 예의바른 복장을 갖춰야 하며, 상담자의 태도는 약간 노인에게 기울이며 다리를 꼬지 않고 팔짱을 끼지 않으며 노인이 나타내는 다양한 언어적 및 비언어적 의사소통의 내용에 집중해야 한다는 것이다.

또한 노인이 제기하는 다양한 욕구들을 객관적으로 분석하기 위해서는 적극적인 경청을 통해 1 · 2 · 3의 원칙을 따르도록 한다(이은희 · 박양숙, 2017). 즉 1분 동안 상담자가 얘기하고, 2분 동안 클라이언트의 의사소통을 귀담아듣고, 3분 동안 클라이언트가 한 말의 의미를 '깊이' 되새기며 어떻게 반응할지를 '깊이' 생각하는 과정을 거친다.

2) 질문기법

노인상담에서 활용되고 있는 '해결중심 단기치료'의 다양한 질문기법은 다음과 같다(권중돈 외, 2002; 이은희 · 박양숙, 2002).

① 초점질문 : 노인의 구체적 사항에 대해 질문하는 것으로 특정 사항에 집중하게 하는 기법에 해당한다.

> 예시 1) "어르신은 지금 어르신의 상황에서 가장 문제라고 생각되는 것이 무엇이라고 생각하십니까?"
> 예시 2) "어르신은 그 문제가 나타난 것은 언제부터라고 생각하시나요?"

② 해결중심질문 : 노인에게 해결에 초점을 두게 하여 문제에 집중하기보다는 해결방안에 집중할 수 있도록 변화를 유도하는 질문

> 예시 1) "어르신께서 기분이 더 좋아진다고 생각되는 때는 언제인가요?"
> 예시 2) "어르신께 좋은 일이 일어난다면 어떤 일이 일어나기를 희망하시나요?"

③ 순환질문 : 노인에게 문제와 그 문제와 관련된 부분의 상호 연관성을 파악하게 하여 객관성을 발견할 수 있게 하는 질문

> 예시) "어르신에게 그 친구분이 그런 말을 하실 때 어르신께서는 무슨 말을 하셨나요?

④ 기적질문 : 노인에게 미래지향적이며 희망적인 사고를 갖게 할 수 있는 목적으로 사용되는 질문

> 예시) "어르신께서 내일 아침 일어나셨더니 그 문제가 해결되었다면 무엇이 달라져 있을까요?"

⑤ 대처질문 : 노인이 처한 고통스러운 상황에서 생존하기 위해서 스스로 하고, 시도해봤고, 앞으로 할 수 있는 일이 무엇인지에 대해 초점을 맞추게 하기 위한 질문

> 예시 1) "어르신께서 그 상황을 벗어나기 위해 앞으로 어떤 시도를 해보시겠어요?"
> 예시 2) "어르신께서 과거에 그 상황에 맞서기 위해서 하셨던 경험에 대해 들려 주세요"

3) 인지적 행동수정 기법

노인들이 상담과정에서 가장 많이 표출하게 되는 감정은 지나친 자기비하, 주변인들에게 가지는 과도한 비현실적인 요구, 자신의 신체적 및 정신적 상태를 정확히 인지하지 못하는 비현실적인 기대, 주변인을 고려하지 않는 자기 중심성, 양극적인 우울증상 등이다. 이러한 노인들의 욕구와 감정 상태는 노인이 지니고 있는 비합리적

인 인지상태를 직면하여 건강한 행동으로 나타날 수 있도록 원조하는 기법들이 많이 활용되고 있다(이은희 · 박양숙, 2017).

① 인지적 재구조화 기법(Cognitive Restructuning Techniques)

- 노인이 지니고 있는 잘못 인식된 논리를 적극적으로 표현함으로 불합리한 자신의 사고과정에 대해 스스로 자각하여 논리적이고 합리적인 사고 유형으로 변화될 수 있도록 돕는 기법이다.
- 상담자는 노인상담 과정에서 수평적인 파트너로서 노인이 지니고 있는 불합리한 신념의 근거가 무엇인지에 대해 가장 먼저 함께 분석한 후, 현재 상황에서 스스로가 가능한 대안적인 행동과 감정이 무엇인지에 대해 계획을 수립하고 이행함으로써 노인의 왜곡된 논리를 변화시키도록 돕는 역할이 필요하다.

② 인지적 자기지시 기법(Cognitive Self-Instruction Techniques)

- 노인이 지니고 있는 자기 패배적인 사고가 깊은 경우 노인이 자신과의 내적 대화(internal-dialogues)와 자신의 속에 감추고 밖으로 내놓지 않는 감정과 생각에 대해 솔직하고 적극적으로 자기 진술을 하게 하는 기법이다.
- 상담자에게는 노인이 그동안 자기 스스로의 감정에 대해 폐쇄하고 감추었던 부분에 대해 분석하고 노인이 적극적으로 표현할 수 있도록 적극적으로 지지하고 독려하는 역할이 필요하다.

4) 회상요법

노인이 자신이 살아온 생애과정에 대해 기억하고 있는 사건이나 경험 및 생각 등에 대해 회상함으로 자신의 수고와 주변인들에 대한 고마움, 서운함 등에 대해 정리하고 자신의 삶을 소중하게 생각할 수 있도록 원조하는 기법이다. 주로 회상요법은 집단상담을 통해 진행하고 있으며, 상담자는 동료 노인들과 생애 회상을 통해 같은 생애를 살아 온 공유감, 소속감 등을 교감할 수 있으며, 생의 의미를 다독일 수 있는 기회가 되도록 독려자로서의 역할이 필요하다.

5) 정당화요법

인정요법 혹은 정당화요법(valuation therapy)은 일반인이 이해하기 어려운 노인의 독특한 감정과 행동일지라도 노인 각자 나름대로 원인과 동기가 있기 때문에 결과가 도출된다고 보는 관점에서 나온 기법이다. 특히 치매노인의 경우는 치매로 인한 비정상적인 행동을 보이는 경우가 많은데, 이 경우도 마찬가지로 주변인들의 따뜻한 지지와 이해하려는 개입이 필요하고 보는 것이 초점이다. 상담자에게는 치매 및 인지적 기능이 저하된 노인과 그 가족을 상담할 때 노인이 지니고 있는 긴장감 및 불안감, 갈등을 깊이 있게 관찰하여 원활한 의사소통을 지지하고 독려하는 역할이 필요하다.

7. 노인상담의 효과적인 의사소통기술

노인기에는 신체적, 정서적 노인성 질환으로 인해 주변인들과 원활한 의사소통을 전개하기에는 상당한 제한과 어려움이 따르게 된다. 그러나 상담자는 이러한 노인의 제한적인 특성에 대해 정확히 이해하고 노인이 현재 지니고 있는 잔존능력과 주변 보조도구(예 : 보청기 등)를 통해 노인의 욕구에 대해 접근할 수 있는 효과적인 의사소통의 기술에 대해 주변 보호자들에게 교육할 필요가 있다(이은희 · 박양숙, 2017).

1) 일반적인 노인과의 효과적인 의사소통

① 노인과 가까운 곳에서 정확한 발음으로 천천히 대화한다.

② 노인과 얼굴을 마주보고 눈높이를 맞춰서 Eye- Contact를 하며 대화한다.

③ 노인과 언어적인 의사소통 이외에 행동, 표정 등 비언어적인 의사소통을 함께 활용하여 대화한다.

④ 노인의 주장에 강하게 반대한다거나 지니고 있는 가치관에 대해 수정하고 변화시키려고 하지 않는다.

⑤ 노인의 신상에 대해 철저히 비밀보장(사생활보호의 원칙)을 해야 한다.

⑥ 노인이 현재 위치하고 있는 생활양식과 습관, 심정 등에 대해 통찰할 수 있어야 한다.

⑦ 노인이 현재 대화하는 대화를 이해하고 있는지 잘 파악하면서 이야기한다.

⑧ 노인의 이야기를 진심으로 공감하면서 이야기를 듣는다.

⑨ 노인이 먼저 말할 기회를 주고 집중하여 귀담아 듣는다.

⑩ 노인에게 질문을 할 때 하나의 질문씩 천천히 한다.

⑪ 노인에게 약속한 것이 있으면 반드시 지키고, 지키지 못할 약속은 하지 않는다.

2) 장애나 질병이 있는 노인과의 효과적인 의사소통

(1) 청각장애 노인과의 의사소통

① 청각에 장애가 있다고 하여 의사소통이 불가능할 것이라는 생각은 버린다.

② 청각장애 노인에게는 몸짓과 얼굴 표정이 중요하므로 선그라스, 커다란 챙모자 등 얼굴을 가리는 것을 삼간다.

③ 적당히 크고 일정한 소리로 천천히 분명하게 이야기한다.

④ 새로운 주제에 대해 전환하고자 할 때는 적당한 시간 차이를 두고 이야기를 전개한다.

⑤ 필담으로 의사소통을 할 경우에는 글자는 정자(正字)로 써야 한다.

⑥ 이야기 도중 다른 상황(예; 전화가 온 경우, 다른 상담자가 부른 경우 등)에

대해 자세히 설명해 준다.

(2) 시각장애 노인과의 의사소통

① 시각장애 노인과 대화를 할 경우에는 먼저 노인의 이름을 부른 후 이야기를 시작한다.
② 시각장애 노인의 바로 앞에 서서 이야기를 한다.
③ 이야기를 하기 전 먼저 자신에 대해 소개를 간략히 한다.
④ 시각장애 노인은 상대방을 만지고, 냄새 맡고, 듣는 것을 통해 상황을 인식하는 과정임을 이해해야 한다.
⑤ 시각장애 노인에게 주변 상황이나 환경에 대해 자세히 설명해 준다.

(3) 언어장애 노인과의 의사소통

① 노인에게 언어장애가 있더라도 말을 통해서 의사소통한다는 것을 항상 명심한다.
② 얼굴과 눈을 마주치며 대화에 충분히 집중하며 대화한다.
③ 조용한 장소에서 이야기할 수 있도록 한다.
④ 노인이 말하는 것이 힘들어 보이더라도 말을 마칠 때까지 끝까지 기다리며 경청한다.
⑤ 말을 완전히 이해할 때까지 귀담아듣고 함부로 추측하지 않는다.
⑥ 모호한 대화 내용이 있을 경우에는 상담자가 잘 알아들었는지에 대해 확인한다.

(4) 치매노인과의 의사소통

① 대화를 시작하기 전에 먼저 주의를 집중시킨다.

② 노인의 말을 경청하고 있는 그대로를 존중한다.

③ 노인을 혼자 내버려 두지 말고 자주 대화를 나누며 노인의 말 속도에 맞춘다.

④ 노인에게 눈높이를 맞추고 쉽게 알아들을 수 있는 단어를 사용한다.

⑤ 노인의 기억력을 테스트하기 위한 대화 "저 아세요?, 기억나세요?" 등은 피한다.

⑥ 노인의 기본적인 욕구(배고픔, 배변 및 배뇨, 졸린 상태 등)를 확인하며 대화한다.

⑦ 짧고 분명한 단어를 사용하고 명령조의 대화는 피한다.

⑧ 노인이 실수를 하거나 문제 행동을 했을 때 화를 내거나 창피를 주지 말고, 따뜻하게 격려하며 다독인다.

⑨ 언어적인 칭찬이나 즉각적인 보상을 통해 대화를 이어나간다.

⑩ 노인과의 약속은 반드시 지키고, 지키지 못할 약속은 사전에 하지 않으며, 잊었거나 지키지 못할 상황이었을 경우에는 진심으로 사과한다.

제3부

노인에 관한 주요 문제

Chapter 5

노인과 정신건강

우리나라 인구구조가 고령사회로 변화하면서 노인과 관련된 신체와 정신적 건강, 이로 인한 사회적 문제들이 증가하고 있는 추세이다(김동배 외, 2013). 실제로 노인들은 노화로 인한 질병과 사회활동의 제한으로 인한 소외, 경제적 불안 등의 문제로 정신질환까지 발생하는 복합적인 문제가 존재한다(김순은 외, 2013; 김봉균 외, 2014). 노년기 대표적인 정신적인 문제로 우울감, 이와 관련된 자살, 그리고 치매를 들 수 있다. 노인들은 노화로 인한 신체적 기능의 약화로 일상생활에 제약을 받게 된다. 이와 관련되어 우울감이 유발되고 심각한 경우에는 자살을 생각하기도 한다. 또한 은퇴로 인한 경제적 빈곤, 심리적 고독과 사회적 고립 등으로 정서적, 정신적 부적응 문제와 중복되어 우울감이 높아지는 것을 주시할 필요가 있다. 노인의 우울감은 복합적인 요인이 작용하여 자살로 연결되기가 쉽다. 1997년 외환위기와 2008년 글로벌 금융위기를 거치면서 국내 노인 자살률은 급증하기 시작하였고, 현재 우리나라 노인 자살률은 OECD 국가 중 1위를 기록하고 있다(김혜숙, 2017). 한편 노인인구 가운데 높은 유병률을 보이고 있는 치매는 치매노인뿐만 아니라 치매노인을 부양하고 있는 가족들에게 부양부담을 주는 노년기 대표적인 질환이다. 행복하고 성공적인 노년의 삶을 방해하는 노인의 정신건강 문제인 우울, 자살 그리고 치매에 대처하기 위해서는 노인들 스스로의 인식변화와 더불어 사회복지적 개입과 국가 차원의 정책적 뒷받침이 필요하다.

1. 노년기의 우울

1) 노인 우울증 문제

우울은 정서적 장애의 일종으로 일상생활에서 슬픈 감정의 정도가 심하고 의기소침한 감정상태와 생각이 나타나게 되고 활동을 위축하게 된다(Blazer, 2003). 우울증은 노인계층에서 나타나는 가장 심각한 정신질병으로(Snowden et al., 2008: 1-7), 의욕의 저하와 다양한 인지 및 정신 신체적 증상과 일상 기능의 저하를 가져온다.

노인우울증은 노년기의 약화된 심리적, 신체적, 사회적 상태와 여러 가지 상실을 경험함으로써 나타나는 다양한 문제들과 더불어 발생한다. 2014년 보건복지부 자료에 의하면, 조사대상인 10,452명 가운데 33.1%가 우울증상을 가지고 있어 노인에게 보편적으로 나타나는 질병 중 하나가 되었다(정관용, 2016). 우리나라 노인 우울증의 발생특징은 연령이 높을수록, 소득이 낮을수록, 여성노인의 우울증상이 높게 나타났다.

Peck(1968: 90-91)은 노년기에 느끼는 위기를 은퇴, 건강, 죽음 등 세 가지 측면으로 제시하고 있다. 은퇴는 노인들의 사회활동 단절로 이어져 경제적 어려움과 사회적 고립감을 초래하게 된다. 건강에 있어서 노년기로 접어들면서, 노화에 따른 건강악화로 육체적 고통을 경험하게 된다. 또한 죽음에 대한 두려움으로 인생이 얼마 남지 않았다는 상황에서 느끼는 허무감이 우울의 원인이 된다.

2012년 질병관리본부의 국민건강영양조사 보고서에 따르면 우리나라 전체 노인 중 17.9%가 우울증을 앓고 있으며, 의사 진단을 받은 노인 우울증 환자 중 73%가 60대에 진단을 받은 것으로 나타나 우울증은 노인시기에 발생하는 것으로 추정할 수 있다(한국보건사회연구원, 2014). 노인 우울증은 심각한 정신질환으로 자살, 치매, 불안장애 등 정신질환의 유발원인이 되고 있으나 실제로 우울증 치료를 받는 노인 환자는 약 15% 정도로 대부분의 노인들이 우울증을 방치하는 것으로 추정된다(보건사회연구원, 2014: 94).

2) 노인 우울증의 요인

(1) 신체적 요인

노인의 신체는 세포조직이 약화됨에 따라 근력과 힘이 현저하게 떨어지고 퇴화되는 현상이 발생한다. 신경조직의 둔화에 따라 지구력 및 속도가 점점 퇴화되며 특히 신체내부의 조직기능들이 약화되고 청력과 시력도 감퇴된다. 이로 인하여 신체적인 질병이 발생하기 쉽다. 이러한 신체적 변화가 노인 우울증에도 많은 영향을 끼친다(김양님, 2015).

노년기에는 질병에 걸리고 건강이 안 좋아질 확률, 즉 이환율이 높다. 60세 이상의 노인들 중에는 만성 환자율과 만성 이환율이 전체 연령에 비해 3~4배 정도 높다(현외성, 1998). 노인의 주관적 건강상태가 고령노인의 우울증 발병에 가장 강력한 요인이며, 만성질환을 많이 가진 노인이 만성질환을 적게 가진 노인에 비해 우울증에 걸릴 위험이 높다. 노인 우울증에 영향을 주는 대표적인 신체요인은 노인의 만성질환 보유요인이다. 한국보건사회연구원(2009)의 연구결과를 보면, 만성질환 3개 이상을 가진 노인집단이 만성질환이 없는 노인집단과 비교해볼 때 우울 정도가 2배 정도 높게 나타났다. 만성질환의 종류로는 대표적으로 고혈압(56.7%), 관절염(33.4%), 당뇨병(22.6%)으로 조사되었다.

노인이 겪는 신체적 건강상태는 우울과 직접적인 영향이 있다. 한국보건사회연구원 조사에서도 노인들은 복합적인 질환을 가지고 있는 것으로 나타는데 이로 인해 심리적으로 삶에 대한 부정적인 인식을 갖게 되어 노인 우울을 동반하고 있는 것으로 보인다.

(2) 심리적 요인

노인들은 노화와 함께 지적 능력의 쇠퇴와 문제해결능력 저하, 기억력 저하, 학습력 저하 등을 경험하며 심리적인 위기감을 갖게 된다. 이로 인하여 스트레스에 대응하는 데 현저하게 취약해지는 경우 우울증을 유발하게 된다.

노년기는 지난 시간을 반추하며 지나온 자신의 삶에 대해 만족하는 통합감을 가져야 하는 시기이다. 그러나 대다수의 노인들은 심리적으로 외로움, 노여움, 좌절감, 소외감 등을 갖기 쉽다. 노년기의 심리적인 변화는 우울감에 많은 영향을 끼친다.

한편 노년기에는 다양한 상실감을 경험하게 된다. 노인의 우울 성향은 상실과 격리에서 발생한다. 노인들은 다양한 상실을 겪으며 심리적으로 우울을 경험하게 된다. 은퇴로 인한 직장상실, 가정 경제권이나 사회적 역할의 상실, 수입 감소로 인한 경제력 상실, 사회적 고립감, 신체적 건강 수준의 하락, 친구나 가족의 죽음으로 인한 관계변화 등이 노년기의 우울 성향을 증가시킨다. 더군다나 배우자가 사망한다면 극도의 슬픔으로 인한 우울감이 심화되게 된다. 그러나 이 모든 것은 '정상적인 노화'에 해당되는 것들이다. 노인 개개인의 상실에 대한 의미나 영향력은 노년기 변화에 대해 얼마나 잘 적응하고 대처하는가를 결정한다고 보아야 한다.

(3) 사회적 요인

노화 과정에 있는 노인들은 심리, 사회, 생리적 기능이 약화되어 환경의 변화에 관한 자율적인 능력과 본인이 할 수 있는 생활능력이 현저하게 약화된다. 사회의 노인에 대한 부정적인 편견, 미래에 대한 불확실성으로 인한 불안이 자기 가치감을 떨어뜨리고, 노인들의 자아기능을 약화시킨다(권석만, 2000).

노인의 우울에 영향을 미치는 변수 중 교육수준을 들 수 있다. 초등학교 졸업이하에서 노인 우울증 정도의 점수가 가장 높은 것으로 나타났고, 중학교, 고등학교, 대학교 졸업 이상의 순으로 점점 낮게 나타났다(노병일, 2007). 이는 교육수준이 높을수록 부정적 경험들에 대하여 대처할 수 있는 더 많은 정보와 능력을 가진다는 것을 보여준다.

노인들의 은퇴 및 퇴직은 사회적 역할의 변화만을 의미하는 것이 아니라 노후의 경제적인 어려움이나 소득원의 상실과 같은 현실을 수반한다. 노인 우울증의 정도가 직업이 없는 노인에 비해 직업이 있는 노인이 적은 것으로 조사되었다. 또한 가족으로부터 부양을 받는 경우보다 경제적으로 자립한 노인의 우울증 수준이 더 낮은 것으로 밝혀졌다(노병일 외, 2007).

노인의 우울증 정도에 경제수준이 미치는 영향에 대한 연구에서는 주관적 경제수준이 높을수록 우울증 수준이 낮게 나타났고, 경제수준이 낮을수록 우울증 정도가 높은 것으로 나타났다. 또한 수입원이 본인이나 배우자일수록 우울증 수준이 낮았다(손자영, 2010). 이는 경제적 형편으로 인한 가족갈등을 경험하는 경우 우울증 정도에 유의미한 영향을 미침을 보여준다.

노년기의 사회적 지지인 사회적 접촉만족도는 노인 우울증에 간접, 직접적인 영향을 끼치는 중요한 역할을 한다. 노화로 인하여 정신적 기능이 정상적으로 발휘되지 못한 노인들은 사고의 퇴보와 고착성, 정서적 유연성이 떨어지게 된다. 사회적 접촉만족도가 클수록 노인의 심리적, 신체적 적응에 긍정적으로 작용하게 되어 우울증의 정도를 낮게 하거나 우울증으로의 전이를 사전에 방지함으로써 우울증을 억제하는 효과를 보였다(이민숙, 2005).

3) 노인 우울증의 증상

우울의 증상은 수면부족, 피곤, 식욕상실이나 과식, 무기력감, 주의 집중력 감소, 생산성 감소, 사회적 철회, 흥미상실, 활동감소, 미래와 현재에 대한 비관적인 태도, 죽음과 자살에 대한 반복적인 생각, 자주 우는 것 등이 있다.

노인 우울증은 임상 양상에 있어서 젊은 연령에서의 우울증과 특별한 차이가 없다. 그러나 각각의 증상별 빈도에 있어서는 몇 가지 차이점이 존재한다.

첫째, 노인 우울증 환자들은 다른 연령의 우울증 환자에 비해 수면 장애가 더 많이 나타나고 신체증상의 호소와 초조감을 드러내는 경우가 더 많다. 죄책감, 적대감과 자살 사고가 적은 대신 정신운동 지체와 체중감소가 더 많고, 주의 집중력과 기억력 등 인지 기능의 저하를 호소하는 경우가 더 많다(권석만 외, 2000).

둘째, 노인 우울증 환자는 정신병적 양상을 보이는 경우가 흔하다. 정신병적 우울증은 입원한 노인 우울증 환자의 20~45%에서, 지역 사회 내 노인 우울증 환자의 3.6%에서 발생하며, 특히 우울망상은 젊은 환자의 경우보다 흔하다. 우울 망상의 주된 내용으로 건강염려증, 허무주의, 피해 망상, 때로는 질투 망상이다. 때때로 우울 망상은 무가치감, 무희망감 등 소위 우울증 환자들과 다르지 않다(한창수 · 배재남, 2014).

셋째, 노인한테는 기억력이 감퇴하는 치매와 비슷한 양상이 보이므로 노년기의 우울증을 가성치매라고도 한다(김예식, 1998). 노년기 우울증에 동반된 가성치매가 임상적으로 중요한 이유는 진성치매와 달리 우울증의 치료를 통해 저하된 인지기능이 완전히 회복될 수 있다는 것이다.

넷째, 내과 및 신경계 질환이 있는 상황에서 잘 동반된다. 갑상선 질환이나 심장질환 등에서 우울증이 잘 유발됨은 이미 알려진 사실이다. 알츠하이머형 치매나 뇌혈관질환 등에서도 우울증이 잘 동반된다. 동반된 우울증은 신체질환을 더욱 악화시키고 좋지 못한 결과를 초래하기도 한다(이해영, 2006).

다섯째, 뒤늦게 발생한 알코올 의존성이다. 우울한 감정을 벗어나기 위해서 자가처방으로 알코올에 의존하게 된다.

노인 우울장애 진단은 ICD-10이나 DSM-5(Diagnostic and Statistical Manual Disorders-의 V/ 정신장애의 진단과 통계요람: 미국 정신의학회) 우울장애 진단 기준을 따른다.

아래 표에서 5개 이상이 2주 동안 지속되면 우울증 환자로 진단할 수 있다.

〈표 5-1〉 주요 우울장애 진단기준(DSM-5)

A. 아래 증상 중 5개 이상이 2주 동안 지속되어 기능의 저하를 초래하고, 적어도 한 가지 증상은 (1) 우울감 또는 (2) 흥미, 즐거움의 소실일 것
  1. 거의 매일 우울함
  2. 거의 하루종일 일상생활의 흥미와 기쁨이 감소(주관적 또는 객관적으로)
  3. 체중감소 또는 식욕변화
  4. 불면증 또는 과다수면
  5. 정신운동성 초조 또는 정신운동성 지체
  6. 피곤함 또는 기력 저하
  7. 무가치감 또는 과도한 자책감
  8. 사고능력과 집중력의 저하 또는 결정을 내리지 못함
  9. 반복적인 죽음에 대한 생각 또는 반복적인 자살사고 혹은 자살시도

B. 상기 증상이 사회적, 직업적으로 임상적으로 유의한 장애를 초래할 것

C. 약물 등의 물질이나 의학적 상태에 기인한 것이 아닐 것

다음의 〈표 5-2〉는 분당 서울대 병원에서 우울증 환자에게 나타나는 증상을 정리한 것으로 사회성 저하, 집중력 저하, 의욕상실 및 불안초조, 자아존중감 저하, 4개로 구분하여 10개 항목으로 구성되었다. 10개 항목 중 7개 이상의 증상이 2주 이상 지속될 경우 약물치료가 필요한 중등도 우울증이 의심되므로 정신과 전문의를 찾아 조기치료를 받아야 한다.

〈표 5-2〉 우울증 환자의 증상

구 분	우울증 환자에게서 나타나는 증상
사회성 저하	1. 남들은 즐거워하는데도 무표정하거나 오히려 우울해 보인다.
집중력 저하	2. 집중력, 기억력, 판단력이 현저히 떨어져 하던 일을 못한다.
의욕상실 및 불안 초조	3. 세상만사가 귀찮고 부질없다며 손에서 일을 놓는다.
	4. 세수, 식사 등 간단한 자기관리도 소홀히 한다.
	5. 식욕이 없다며 하루 종일 거의 안 먹는다.
	6. 걱정과 초조감으로 불면증에 시달린다.
	7. 불필요하게 온갖 일에 대해 부정적 생각으로 걱정을 많이 한다.
자아존중감 저하	8. 지난 일만 떠올리면서 늘 후회하고 서운해한다.
	9. 자신의 앞날엔 절대 좋은 일이 없을 거라고 말하거나 믿는다.
	10. 자신은 한심하고 하찮은 존재라고 생각한다.

출처: 분당 서울대 병원 신경정신과(http://www.snubh.org/)

4) 노인 우울증 치료 및 사회복지적 개입

(1) 노인 우울증 치료

우울증은 일반적으로 6~8주의 약물치료로 70% 이상의 호전을 보이는 치료 가능한 질환이다. WHO는 자살예방의 가장 효과적인 수단으로 우울증의 항우울제 약물치료를 제시하였다.

또한 약물치료와 함께 정신치료를 병행한다. 경증의 우울증에서는 약물치료보다 더 효과적일 수 있다. 문제해결치료(PST : problem-solving treatment), 인지행동치료(CBT : congnitive-behavioral therapy), 대인관계치료(IPT : interpersonal therapy)들이 우울증의 치료에 효능이 있다는 연구결과가 있다(노인정신의학, 2015).

(2) 사회복지적 개입

독거, 사회적 고립, 주거문제, 경제적 빈곤, 학대 또는 방임 등의 다양한 사회적 요인들이 노인들의 낮은 사회경제적 지위와 상호작용하여 무력감이나 우울증을 생기게 할 수 있다. 노인들의 낮은 사회경제적 지위는 우울증의 발견을 늦추게 하거나 적절한 치료를 어렵게 한다. 경제적 지원이나 더 나은 주거환경으로 옮기는 것, 지지적인 사회망에 연결시켜주는 것 등과 같은 사회적 요인들에 대한 적극적인 조정과 개입이 우울증 회복에 결정적인 부분이 될 수 있다(Baldwin, 2008).

사회적 지지와 지원을 받을 수 있는 기관이나 자원과 연계되어 각종 프로그램에 참여하거나 경제적 지원이나 재가서비스를 제공받는 것과 같은 사회복지적 개입이 우울증 회복과 예방에 필요한 요소이다.

2. 노인의 자살

1) 노인자살의 현황

자살은 스스로 생을 마감하는 행위이다. 세계보건기구(WHO)는 자살을 죽음에 대한 의지를 가지고 자신의 생명을 해쳐서 죽음이라는 결과에 이르는 자멸행위라고 정의하고 있다(정관용, 2016). 우리나라는 2003년 이후 OECD 국가 중 자살률 1위(WHO, 2010)라는 심각한 사회적 문제를 가지고 있다. 2014년 통계청 자료를 기준으로 살펴보면 인구 10만 명당 자살률은 남성 38.4명, 여성 16.1명이다. 같은 기간의 자료에서 65세 이상의 노인 자살률은 10만 명당 55.5로 전체 자살률의 2배이다. 외국의 자살빈도는 연령대별로 고르게 분포되어 있지만 우리나라는 55세 이상의 인구에서 급격히 증가하는 경향을 보이고 있다(OECD Health Data, 2014). 과거에도 노인 자살은 있어왔지만, 현재처럼 높은 수준은 아니었다. 1990년대만 하더라도 국내 노인 자살률은 10만 명당 8.8명으로 같은 시기 일본(17.5명)이나 독일(17.1명)의 노인 자살률의 절반에 불과하였다. OECD의 자료에 따르면 우리나라 노인 인구의 자살률은 2000년에 인구 10만 명당 60대 25.7명, 70대 38.8명, 80대 이상 51.1명에서 2010년 60대 52.7명, 70대 83.5명, 80세 이상 123.3명으로 10년 사이에 2배 이상 증가하였으며, 특히 70대 자살률은 2009년 79.0명에 비해 5.7% 증가한 것으로 보고되고 있다(김혜숙, 2017).

2014년 보건복지부 노인실태조사 자료에 의하면 전체 조사대상의 10.9%는 자살을 생각해본 적이 있다고 응답하였고, 그중 실제 자살을 시도한 응답자는 12.5%로 조사되어 노인자살 문제의 심각성을 보여주고 있다. 자살을 생각한 이유를 살펴보면, 경제적 어려움이 40.4%로 가장 높았고, 그 다음으로 건강문제(24.4%), 외로움(13.3%), 가족 친구와의 갈등 및 단절(11.5%), 배우자의 사망(5.4%)으로 나타났다.

2) 노인 자살의 위험요인

(1) 신체적 요인

노인기는 노화로 인해 신체 기능이 약화되고, 만성질환 등 다양한 질병에 쉽게 노출되는 시기이다. 그러므로 자유로운 활동에 제약을 받게 되고, 일상생활에서 어려움을 겪게 되는 경우가 빈번하다. 최정민(2014)은 신체건강의 악화가 우울감을 유발할 정도로 심각해졌을 때 자살을 생각하는 노인이 증가하며, 박현숙(2015)은 자살생각에 가장 큰 영향력을 미치는 요인으로 건강상실감에 주목하였다. 노인의 건강상태는 객관적으로는 질병의 유무와 더불어 본인 스스로 지각하는 지각된 건강상태 또한 중요한 요인으로 작용한다. 이는 노화에 따른 자기의 종합평가로 의학적인 측면이 아닌, 주관적인 건강상태에 대한 개인적인 견해이다. '2014년 노인 실태조사'에서 응답자 스스로가 자신의 건강에 대해 32.4%는 긍정적인 평가를 하고 있지만 응답자의 43.7%는 부정적인 평가를 하고 있는 것으로 조사되었다. 신체질병으로 인한 스트레스는 우울증을 유발하는 인자이며, 배우자가 없는 노인이 배우자가 있는 노인에 비해 건강문제나 가족 간의 갈등 스트레스를 더욱 많이 받고 있다. 1인 가구 노인은 다른 계층과 비교하여 스트레스와 우울 수준이 높게 나타나 자살생각과 자살에 대한 위험이 크다. 또한 질병으로 인한 건강문제도 우울과정을 거쳐 자살을 생각하게 하는 요인이다(정관용, 2016).

(2) 심리적 요인

노인기는 다른 연령층에 비해 부정적인 심리에 노출되기 쉽다. 뇌의 기능 저하로 인해 감정적인 부분에서 우울, 불안, 외로움이 나타나는데, 그중에서도 우울은 노인자살과 밀접한 상관관계가 있으며 노인자살의 가장 중요한 요인이다. 노인은 상대적으로 다른 연령대와 비교하여 스트레스 대처능력이 낮기 때문에 노인이 갖고 있는 자살생각은 초기에 적극적으로 치료되어야 한다(김정민, 2016).

김현수 · 김병석(2008)은 과도한 스트레스가 스트레스로부터의 도피욕구를 충족시켜 최종적으로 자살행동으로 연결된다고 파악하고 있다. 다른 연령층과 비교하여 노인의 스트레스에 의한 자살이 심각한 이유는 충동적인 자살행위가 아닌 심사숙고형 자살행위가 많기에 자살 성공률이 높다는 점 때문이다(보건복지부, 2010). 자살의 원인도 다른 연령층에 비해 단일요인이 아닌 만성적이거나 복합요인인 경우가 더 많다.

우리나라에서 노인 자살 원인으로 우울증이 가장 큰 요인으로 나타나고 있다. 미국의 경우도 자살을 시도하는 노인들의 과반수가 우울 증상을 가지고 있다(Conwell, 1995). 자살생각과 다양한 요인과의 상관관계에서 우울 성향, 스트레스, 자아통제감이 높은 관련성이 있는데, 특히 스트레스가 자살생각과 관련성이 가장 높은 것으로 나타났다.

(3) 사회적 요인

사회적 지지란 사회환경에서 다른 사람이 나에게 행동하는 다양한 방식의 지지를 포괄적으로 포함하는 개념이다. 사회적 지지에는 사회구성원들이 제공하는 노인에 대한 경제적 지원이나 문제해결에 필요한 정보제공, 심리적인 칭찬, 인정이 포함된다. 사회적 지지는 노인의 건강한 삶에 긍정적인 영향을 주는 것으로 보고되고 있으나 고령화되면서 이와 같은 사회적 지지가 줄어들게 된다. 사회적 지지가 줄어든 노인은 우울감과 스트레스가 증가되게 되고 이는 노인 자살에 영향을 미치게 된다.

사회적 지지가 낮을수록 스트레스 및 심리적 문제에 노출되기 쉽기 때문에 자살생각을 할 확률이 높아지게 된다. 노인들에게 있어서 사회적 지지는 건강 유지에 도움이 되며, 노화로 인한 신체적 · 정신적 질환으로 인한 어려움을 감소시킨다. 또한 사회적 지지는 정신건강을 증진시킴으로써 자살생각이나 자살에의 의지를 줄여준다. 가족과 친구들이 제공하는 사회적 지지는 노인이 경험하는 스트레스가 우울에 영향을 미치지 않도록 완충시켜주는 작용을 한다. 이러한 완충작용은 특히 여성노인들에게 효과적이며, 남성노인보다 여성노인에게서 가족과 친구의 사회적 지지 효과가 더 크게 나타나는 것으로 확인되고 있다. 이는 대인관계에 있어서 여성노인들이 남성노인들보다 자기표현에 유리한 감정과 정서를 가지고 있는 것으로 파악되고 있다(김혜숙, 2017).

(4) 경제적 요인

현대사회에서 생존과 직결된 경제력은 기본적인 의식주를 해결하는 것 이외에 사회적인 대인관계에도 영향을 미치게 된다. 우리나라의 많은 노인들은 자녀 양육과 교육, 결혼, 분가 등을 위해 자신의 노후를 미처 준비하지 못하는 경우가 많다. 이로 인하여 정작 은퇴 시기에는 노인 자신의 경제적 빈곤을 경험하게 되는데, 이러한 빈곤을 경감시켜 은퇴 이후의 삶의 질을 보호할 수 있는 외부 지원 체계는 미약하다.

외부 지원체계의 취약성은 노인의 자살 생각을 유발할 수 있고, 은퇴 이후의 노후 대책의 미비 역시 노인자살률을 높이는 원인이 된다. 소득보장제도가 갖추어져 있지 않은 경우에 경제력 상실로 인해 생활을 자녀들에게 의지해야 하는 경우 심리적인 고통까지 더해진다. 이에 연관하여 우울이 발생하는데 경제적인 빈곤은 노인의 우울을 더욱 심화시키게 된다(박정미, 2008).

IMF 경제위기 때 경제적 불안정, 조기퇴직 등의 압박적 상황 하에서 자살을 선택한 노인들이 많았음은 경제적 요인이 노인의 생명을 위협할 정도의 심각한 요인이 됨을 보여주고 있다(노병일 외, 2008). 경제적인 수입원의 단절은 노인의 무력감을 초래하게 되고, 특히 퇴직이나 은퇴가 원하지 않은 상태에서 갑작스럽게 일어날 경우 퇴직 후 새로운 생활에 적응할 수 없거나 이러한 변화에 대처할 융통성이 부족한 노인에게 위험요인으로 작용하기 때문이다.

3) 노인의 자살생각을 예방하기 위한 사회복지 실천방안

노인 자살을 미연에 방지하기 위한 예방적 차원으로 보편적, 선택적, 지시적 방면에서 사회복지 실천방안을 강구해야 한다. 보편적 예방 차원으로는 노인들의 경제적 생활 안정, 건강보호체계의 강화, 사회적 지지망의 구축 등이 있다. 선택적 예방 차원으로는 자살위험에 많이 노출되어 있는 노인집단을 대상으로 한다. 여기에는 다른 인구 집단보다 가족 없이 혼자 살고 있는 노인이나 우울증을 앓고 있거나 알코올 중독인 노인, 사별 노인 등이 해당된다. 지시적 예방차원은 자살행위를 하지는 않지만 자살생각을 가지고 있거나 우울 증상과 같은 정신건강상의 문제를 가지는 집단을 대상으로 조기개입 및 예방의 성격을 가지는 활동을 포함한다.

(1) 보편적 예방차원

① 소득보장과 일자리 창출

노인자살에의 강력한 변인인 경제상태를 안정시키기 위해서 공적 소득보장인 국민연금, 특수직역 연금 및 경로연금 등을 통한 개입이다.

연금소득은 노인의 경제력을 향상시켜 이를 통하여 자살생각을 완화시킬 수 있는 요인이 될 수 있기 때문에 노인자살예방을 위하여 연금제도의 양적이고 질적인 측면에서의 향상이 필요하다.

보건복지부는 우리나라의 급속한 노령화에 대응한 노인적합형 일자리를 2004년부터 제공하고 있다. 노인을 대상으로 한 일자리창출은 보충적 소득지원의 기능과 대인접촉을 통한 사회적 지지망을 형성하고 사회에 기여하고 있다는 정서적 만족감을 제공하는 등의 다차원적 장점을 지닌다. 보건복지부 및 지자체, 대한노인회, 시니어클럽, 재가노인복지시설, 노인복지회관 등이 수행을 담당하고 있다.

② 노인장기요양보험 제도를 통한 스크리닝 및 자살예방

2008년 7월에 실시된 노인 장기요양보험법을 통해 사회복지 및 보건의료 영역에서 다양한 서비스가 진행되고 있다. 노인장기요양보험법 중 수발인정조사와 욕구조사는 지역사회 노인과 시설 노인들의 건강한 삶에 대하여 지속적으로 관심을 기울이는 데 도움을 줄 수 있다.

노인장기요양보험법 중 요양인정조사는 신체기능(기본적인 일상수행능력) 영역, 사회생활기능 영역, 인지기능 영역, 행동변화 영역, 간호처치 영역, 재활 영역 등을 포함하고 있다. 또한 노인들의 서비스 욕구에 대한 판단 근거로 일상생활수행과 재활가능성, 수단적 일상생활 능력, 의사소통장애, 시각 기능장애, 인지기능, 문제행동, 학대, 통증간호, 지원서비스, 그리고 환경평가와 질병상태 등을 확인한다. 더불어 일반사항에 대한 특기사항을 기록할 수 있다. 이러한 조사과정에서 노인의 다양한 삶의 문제들을 확인할 수 있다. 일선에서 조사를 담당하는 요원들의 자살에 대한 기본적인 교육과 스크리닝 활동을 통해 일차적인 선별과 조사가 가능해진다.

③ 사회적 지지 강화

가. 가족 기능 강화

노인 수의 증가와 수명 연장은 가족의 부양부담을 가중시켜 노인과 가족 간의 갈등을 초래하고 있다. 이러한 가족 지지 약화는 노인자살의 직접적인 원인이 된다.

가족의 부양부담을 줄여주는 가족복지서비스가 활성화되어야 하며 이에 대한 방안으로 지역중심의 재가서비스, 즉 가정봉사원 파견이나 주간 및 단기보호시설이 강화되어야 한다. 또한 노인을 부양하는 자녀에 대한 제도적이고 정책적인 배려가 필요하다.

나. 외부지지 강화

노인들의 자살위험을 감소시키기 위한 사회적 지지망 강화방안으로 소규모 지지집단 형성, 지역사회 내 동아리 만들기 등이 있다. 특히 남성 노인은 은퇴 후 사회적 지지망이 급격히 감소하고 대인관계가 축소되어 자살에 대한 시도율과 성공률이 높기 때문에 이들에 대한 차별적인 개입전략이 필요하다. 자살생각 위험군에 속하는 고령 남성 노인이면서 독거노인인 경우 사회적 지지망 중에서 가정도우미, 식사 배달서비스, 세탁대행 서비스 등 가사보조 서비스를 제공함으로써 혼자 생활하며 느끼는 고독감이나 자기비하감을 줄여주어 자살생각을 감소시키는 사회적 지원 네트워크를 강화시키는 개입전략이 특별히 요구된다.

④ 자살인지와 자살현상에 대한 교육

노인들은 자살에 대한 징후적 증상이나 언급을 꺼려하고 가족이 아닌 타인에게 자신의 신상을 이야기하는 자체를 꺼려한다. 따라서 노인들이 쉽게 접근할 수 있도록 다양한 정신건강 네트워크를 강화시키는 것이 필요하다. 일반노인이나 그 가족을 대상으로 대중매체를 통한 노인자살징후 교육, 복지관에서의 자살에 대한 인지교육,

종교모임 · 경로당을 통해 자살현상에 대한 교육을 실시하여 노인 스스로의 자살에 대한 편견을 수정하고 자살가능자를 조기에 발견하도록 해야 한다.

⑤ 자살 편견 수정

Brent 등(1986)은 자살하는 사람들에 대해 일반인이 가지는 편견에 대해 소개 하고 있다. 그 예를 살펴보면, "자살한다고 위협하는 사람은 자살하지 않는다, 자살은 아무런 경고없이 일어난다, 자살은 특정한 사회 또는 경제적 계층에서만 일어난다, 심한 우울증상을 보이는 사람은 자살할 에너지가 없다, 자살위험에 있는 사람에게 자살문제를 직접 이야기하는 것은 자살을 부추기는 행위이다" 등이다. 이러한 잘못된 편견은 자살에 대한 부정적인 감정과 자살자를 방조하는 치명적인 실수를 저지를 수 있다. 따라서 일반인들이 자살징후나 자살현상에 대해 정확하게 인식하도록 하는 게 무엇보다 중요하다. 이는 자살자나 자살위기자를 보호하여 치명적인 자살을 미연에 방지할 수 있기 때문이다.

(2) 선택적 예방차원

① 자살징후 인지교육

노인을 자주 접하는 사회복지사나 의사, 성직자 등과 같은 특정집단을 대상으로 자살에 대한 편견을 교정하고 자살현상, 자살자들의 심리와 징후, 조기발견방법 등의 자살방지 전문교육을 받게 한다.

게이트키퍼(생명사랑지킴이, gatekeeper)를 대상으로 자살예방교육사업을 실시하며, 우울증의 조기발견, 자살 시도자 사후관리, 자살도구의 접근성 억제, 자살관련 보도 가이드라인 등의 사업을 병행한다.

② 일차 보건의료 및 다양한 의료 인력의 교육

정신보건과 관계된 정신보건센터와 보건소 등의 일차 의료 인력을 노인우울증 치료와 예방을 위해 적극 활용하는 방법이다. 현재 보건소에서 이루어지고 있는 우울증 스크리닝 사업에 가족개입이나 관련프로그램을 추가시킨다. 노인 보건사업에서도 노인을 위한 건강검진 항목에 우울증항목을 포함시키고 보건소 내·외의 다양한 프로그램으로 연계시킨다.

③ 스크리닝 프로그램

고독, 학대, 신체질환, 우울증 등 여러 가지 위험요인들을 감지할 수 있는 다양한 스크리닝 프로그램을 개발하여 위험 노인들을 적극적으로 발굴한다.

또한 노인들이 서비스를 적극적으로 이용하고 접근할 수 있도록 노인의 주변 사람들에게 정보를 제공해 주어 위험한 노인을 의뢰할 수 있는 체계를 형성한다. 여기에는 도움을 줄 정보 제공기관이나 원조, 치료 제공기관을 대중들에게 적극적으로 홍보하는 것도 더불어 필요하다.

④ 자살자 주변 인물에 대한 지지 프로그램

자살 주변 인물을 위한 가족, 친구의 지지 강화 및 지역사회 내 개인이 속할 수 있는 다양한 기관 즉, 경찰, 의료기관, 종교기관, 기타 지역사회조직의 파트너십을 강화하여 자살 주변 인물의 지지를 위해 노력한다. 우리나라의 경우, 한국자살예방협회에서 실시하고 있는 자살자 가족모임과 청소년 자살자 친구 모임과 같이 지지프로그램을 적극 활용해야 한다. 특히 노인은 주변인의 자살에 쉽게 영향을 받을 가능성이 높기 때문에 노인의 가족이나 친척, 친구가 자살했을 경우에 정신보건서비스를 포함한 사회복지서비스, 상담 등의 적극적 지지 프로그램이 필요하다.

(3) 지시적 예방 방안

① 다양한 우울증 치료

항우울제를 비롯한 약물치료, 인지행동치료(CBT)와 같은 왜곡된 인지치료, 문제

해결치료(PST), 대인관계 갈등과 상실을 극복하도록 도와주는 대인관계치료(IPT), 회상요법(remeiniscene therapy), 지지요법(supportive therapy), 단기역동요법(brief dynamic therapy), 가족치료(family intervention) 등 다양한 정신치료들을 병행한다.

② 전화 및 사이버 상담

자살예방을 위한 전화 및 사이버 상담서비스를 공급하는 기관으로 한국자살예방협회와 생명의 전화가 있다. 자살예방협회의 상담서비스에 있어서 노인의 특성을 고려한 상담방법을 개발할 필요가 있다. 외국의 tele-help와 tele-check 등 보다 적극적인 상담 및 관리체계가 필요하다.

〈표 5-3〉 노인자살 영향요인과 자살예방 실천방안

변인	예방의 차원		
	보편적	선택적	지시적
자아존중감	• 자긍심 강화훈련	• 심리사회적 상담	• 우울증 치료 • CBT, DBT • 전화 및 사이버 상담
건강상태	전반적인 건강관리 • 건강보험급여의 확대 • 맞춤형 건강검진	노인요양보험 활용 • 요양판정 및 욕구조사에 우울증 포함 • 요양관련 교육 시 노인자살/정신건강 교육 포함	
	• 의료기관 사회복지사와 정신보건전문가의 상담 서비스 활성화		
경제상태	• 국민연금, 경로연금 • 연금소득 대상자 변화 및 소득 보장 • 노인일자리 창출		

변인	예방의 차원		
	보편적	선택적	지시적
사회적 지지	• 노인 여가 프로그램 • 노인 돌보미 사업 강화	• gatekeeper p/g 확대 • 자살징후교육일시 • 노인 사회 지지망 확대	• 성직자 및 전문가교육 • 스크리닝 프로그램 • 전화 상담 및 사이버 노인전용창구 개설
	• 가족기능 강화프로그램	• 자살에 대한 가족교육	• 성직자 및 전문가교육 • 스크리닝 프로그램 • 전화 상담 및 사이버 노인전용창구 개설
생활사건	• 자살자 주변 인물에 대한 지지 프로그램	• 스트레스 통제 훈련	• PTSD 강화훈련
노인에 대한 부정적인 태도	• 지역사회캠페인을 통한 노인 • 사회적 특성 홍보 및 교육 • 노인 경로사상 홍보	• 노인학대 예방센터 강화 • 노인학대 피해자 상담	

3. 노인과 치매

1) 치매의 정의 및 현황

치매는 라틴어 'demens'에서 유래된 말로 정상적인 마음에서 이탈된 것(out of mind), '정신이 제거된 것'이라는 의미를 가지고 있다. 프랑스 의사인 Pinel은 1801년 「정신병에 관한 의학적 고찰」에서 '특수한 종류의 치매'라는 말로 치매라는 용어를 처음으로 사용하였으며 그의 제자인 Esquirol은 1838년 「정신병」에서 치매를 급성, 만성 그리고 노인성으로 구별하였다(Crawford, 1996). 그 후 1906년 독일의 정신과 의사인 Alois Alzheimer가 「대뇌피질에 의한 질환에 대하여」라는 보고서에서 기억과 인지장애로 사망한 51세 여자환자의 증례를 발표하면서 치매가 세상에 알려지게 되었다(Gorman, 1995; Davis et, al., 1999). 치매의 어원적 의미는 '정신이 나간

상태' 즉, '마음에서 벗어난'이라는 뜻을 포함하고 있다.

치매는 비가역적인 인지 및 신체기능의 손상을 동반하는 질환으로 일단 발병이 되면 만성적으로 진행하면서 악화되어 평균 10년 이상이 소요되며, 환자 개인의 삶을 불균형 상태로 만들 뿐 아니라 가족구성원이나 타인에게 대한 의존도가 높아져, 결국에는 치매노인과 가족 모두를 지치게 함으로써 일상생활의 심각한 장애를 초래하는 질환이다(주경복 · 김귀분, 2008). 또한 정상적으로 성숙, 발달된 뇌가 외상이나 질병 등 후천적인 원인에 의해서 손상되거나 파괴되어 지능과 시간, 공간 능력, 학습 능력, 언어 능력이 손상된다. 그리고 인격, 판단력, 추리력 등 고도의 정신기능이 점진적이고 비가역적으로 손상되며, 이로 인하여 사회적, 직업적 기능 또는 타인과의 관계를 유지하는 능력을 상실하는 복합적인 임상증후군이다(강임옥 · 국민건강보험공단, 2005).

세계보건기구(WHO)의 국제질병분류(ICD-10, 1992)에서, 치매는 보통 뇌의 만성 또는 진행성 질환에서 생긴 증후군이며 이로 인해 기억력, 사고력, 지남력, 이해, 계산, 학습능력, 언어 및 판단력을 포함한 고도의 뇌피질기능에 다발성 장애를 일으키는 것이며, 최소한 6개월 이상 장애가 지속될 경우 치매로 판정된다고 하였다. 한설희(2001)는 치매를 정상적으로 획득한 인지기능의 후천적인 손실이 일상생활이나 직업적 업무수행에 지장을 초래할 정도로 심하게 진행된 상태라고 하였다. 치매는 노인에게서 가장 흔하 볼 수 있으며 발생 후 10년 이후까지도 생존이 가능한 만성소모성 질환으로 치매 자체로 사망하지는 않지만 말기에 이르러서 폐렴과 요도감염, 욕창 등 합병증으로 사망할 수 있으므로 평소 각별한 관심과 주의를 요한다고 하였다(서진상, 2004). 따라서 치매는 넓은 의미로 지적 황폐화뿐만 아니라 행동이상 및 인격변화와 정서적 기능 상실로 사회적 혹은 직업적 기능에 장애를 겪게 되는 상태라고 할 수 있다.

지금까지는 치매에 대한 일치된 정의 없이 다양하게 이해되고 있지만 최근에 많은 학자들의 합의에 의하여 가장 보편적으로 인정되고 있는 치매의 정의는 첫째로 선천적이지 않고 후천적으로 나타난 현상이어야 하며, 둘째로 뇌의 국부적인 결손으로 인한 국부적인 증상이 아니라 전반적인 정신증상이어야 하며, 셋째로 기억기능 · 인격기능의 장애가 전반적으로 나타나야 하며, 넷째로 의식의 장애가 없어야 한다(김남용, 2006)는 것이다.

한편 치매의 유병률에 관한 연구는 전 세계적으로 이루어지고 있다. 우리나라의 경우 65세 이상 노인에서 11명 중 1명이 앓고 있을 정도로 흔한 질병인 치매는 2012년 약 54만 명이었으며, 2014년 61만 명을 넘어서 2030년에 약 127만 명, 2050년에는 271만 명으로 매 20년마다 2배씩 증가할 것으로 추정되고 있다(고수진, 2015).

〈표 5-4〉 65세 이상 한국노인의 치매유병률 및 치매환자 수 추이

연도	2008	2012	2014	2020	2030	2050
치매환자수 (명)	421,378	540,775	612,047	840,010	1,272,442	2,710,032
치매유병율 (%)	8.40	9.18	9.58	10.03	10.39	15.06

출처: 보건복지부(2014)

한편, 치매환자가 증가함에 따라 의료비도 증가하고 있는데 이는 사회적, 국가적 부담의 가중을 의미한다. 〈표 5-5〉는 2002년부터 2013년까지 치매환자의 진료비 추이를 보여주고 있는데 치매로 인한 전체적인 사회 · 경제적 비용은 최소 연간 3조 4천억 원에서 최대 연간 7조 3천억 원에 달할 것으로 추정되고 있다(조현 · 고준기, 2013).

〈표 5-5〉 치매환자의 진료비 추이

연도	2002	2005	2009	2011	2013
치매환자 진료인원(천 명)	48	84	217	370	405
치매환자 진료비(억 원)	531	1,306	5,567	9,631	12,740

출처: 건강보험심사평가원 진료비 통계지표

치매는 다른 질병과 마찬가지로 사전예방과 치료를 통한 호전이 가능하고, 발병하더라도 증상의 악화를 지연시킬 수 있다(권중돈, 2012). 그러나 치매환자의 절반이 아무런 의학적 치료를 받지 않는 것으로 나타난 연구가 있으며, 중증 치매에서도 절반 이상이 치매를 진단받은 적도 없고 지속적인 건강상태의 사정이나 치료를 받지 않은 것으로 드러났다(권중돈, 2012; 보건복지부, 2012). 이는 치매가 치료를 필요로 하는 질병이라고 인식되기보다 노화의 한 발현현상이라고 인식되고 있는 현실정을 반증한다.

2) 치매노인의 특성

치매노인은 뇌의 질환으로 행동심리증상들이 생겨 당사자와 가족들의 삶의 질은 심각한 문제(박건우, 2004; 조맹제 · 김진영, 2006; 한설희, 2004)를 가져오며, 신체적, 정서적인 면에 변화된 양상을 보인다. 이러한 특성들은 실제로 상호 관련되어 있다고 할 수 있으며, 치매노인에게 인지기능 장애, 성격과 인격의 변화가 발견되는데 그 특성은 다음과 같다(Roger & Gerry, 2003).

인지기능 장애는 기억장애(memory impairment)와 지남력의 상실(disorientation), 언어장애(disturbance of language), 실행증(apraxia), 실인증(agnosia), 집행기능의 장애(disturbance in executive functio) 등으로 구분할 수 있다.

첫째, 기억장애(memory impairment)는 알츠하이머병과 같은 치매에서 전형적으로 나타나는 가장 두드러진 초기증상으로 대부분의 치매환자들에서 가장 먼저 또 흔하게 나타나는 소견이다. 이로 인하여 다른 사람과 나누었던 대화 내용을 잊어버리게 되며, 물건을 잘 보관해 두었음에도 불구하고 찾지 못하는 경우가 발생하고 초기에는 물건을 자주 잊어버리거나 주요한 약속을 잊어버리는 경우가 발생하기도 한다. 질병이 진행되면 과거에는 익숙하게 처리했던 일들을 서투르게 하거나 제대로 완성하지 못하게 된다.

둘째, 지남력의 상실(disorientation)은 자신이 있는 위치, 시간의 흐름, 주변인물에 대해서 파악하는 능력을 상실하는 것으로, 날씨와 요일, 횟수 및 시간을 제대로 파악하지 못한다. 뿐만 아니라 현재 있는 장소에 대해서도 잘 알지 못하게 되고 시공간 파악능력이 감퇴하여 밤중에 일어나 집안 여기저기를 돌아다니며 급기야 밖으로 나가 배회하는 문제행동이 생긴다. 이런 행동은 환자가 배회 중에 사고를 당할 우려가 있고, 가족들의 수면을 방해하여 고통스럽게 하는 경우가 있으며, 아무데서나 옷을 벗거나, 옷을 입지 않고 집안이나 길거리를 배회하는 경우가 있다. 때로는 뇌경색이나 자위행위나 이성의 신체접촉을 시도하는 부적절한 성적행동을 하게 되는 경우도 있다.

셋째, 언어장애(disturbance of language)는 초기에는 정확한 단어들을 찾지 못하는 명칭 실어증이 흔히 발생한다. 착어증은 전혀 다른 단어와 발음이 유사한 단어나 뜻이 비슷한 단어 등을 말하기도 한다. 대화자체의 흐름은 유창하고 구음장애도 없으며 문장길이도 정상인과 비슷하나 병이 진행되면서 정확한 단어구사의 장애 및 착어증이 심해져 무슨 의미인지 전혀 파악하지 못하게 된다. 알츠하이머형 치매는 물체의 이름을 대는 데 어려움을 느낄 수 있고 반면에 혈관성 치매는 언어 능력에 영향을 주어 모호하고 부정확하고 같은 말을 반복하고 우회적이며 그 병변의 위치에 따라 여러 종류의 실어증(aphasia)이 나타날 수 있다. 치매가 진행되면서 환자는 말이 없어지고 묻는 말을 따라하는 반향 언어증(echolalia), 또는 앞서 한 말의 영향을 받아 더 이상 말이 진행되지 못하고 같은 말을 반복하게 되는 보속증(perseveration)을 보일 수 있다. 알츠하이머형 치매나 혈관성 치매와 같이 피질을 침범하는 치매는 노인의 언어능력에 영향을 주는데 언어장애는 치매초기부터 나타날 수 있는데 처음에는 그 변화를 포착하기 어렵고 신경심리학적 검사를 함으로써 발견할 수 있다.

넷째, 실행증(apraxia)은 운동 능력, 감각 기능이 온전하고 주어진 작업에 대하여 이해하였음에도 불구하고 그 행위를 제대로 수행하지 못하는 증세로 물체를 사용하는 방법(머리 빗질하기)이나 잘 알려진 동작(안녕하며 손 흔들기)을 흉내 내지 못한다. 치매환자가 음식을 만들거나 옷을 입거나 그림을 그리지 못하는 것은 실행증이 원인이 될 수 있다.

다섯째, 실인증(agnosia)은 지각 기능이 온전함에 불구하고 물체를 알아보거나 인지하지 못하는 것을 말한다. 예를 들면 환자는 정상적인 시력을 가지고 있음에도 불구하고 의자나 연필 같은 물체를 지각할 수 있는 능력이 상실될 수 있다. 결국 환자들은 가족을 알아 볼 수 없게 되고 거울 속에 있는 자신의 모습조차도 알지 못한다.

여섯째, 집행기능의 장애 (disturbance in executive function)는 치매의 흔한 증상 중 하나로, 집행기능은 추상적으로 생각하고 복잡한 행동을 계획하고 시작하고 차례대로 진행하고 감시하고 그리고 중지할 수 있는 능력을 포함한다. 집행기능의 장애는 새로운 언어적, 비언어적 정보를 산출하고 연속적인 운동 활동을 수행하는 능력의 감소로 나타난다.

성격의 변화에서, 치매노인이 보이는 가장 보편적인 것으로 무감동을 들 수 있다. 이전에는 타인에 대해 보호적인 태도를 보이던 사람이 치매에 걸린 이후 다른 사람의 욕구에 대하여 전혀 관심이 없어지고, 자기중심적으로 되어가고, 활동적인 사람이 냉담해지거나 쇠퇴하며, 깔끔하던 사람이 단정치 못하고 자신의 외모에 점점 관심이 없어진다. 게다가 치매노인은 인지능력이 떨어져서 과거에 익숙했던 환경과 주거생활에 비하여 새로운 주거환경에 부적응 현상을 보이기 쉽다.

뿐만 아니라 치매환자는 시간이 경과하면서 서서히 인격의 변화를 일으킨다. 은둔과 수동적인 경향, 외부에 대한 관심의 저하, 에너지의 감퇴 등이 심화된다. 이러한 변화가 가중되면서 치매노인들은 도덕관, 수치심, 소유 개념을 잃어 염치를 모르고 남의 물건을 자기 것처럼 태연하게 사용하거나 성적으로 추한 행동을 스스럼없이 하기도 한다. 또한 환자가 본래 가지고 있던 성격이 더욱 강화되어 나타날 수 있으며 고집스럽게 변하며 자기로 인하여 다른 사람에게 미치는 부정적 영향에 전혀 개의치 않는다. 이처럼 노인성 치매는 퇴행성 진행형으로 증상이 점점 심해지고, 혼자서 일상적인 일도 수행할 수 없게 되어 다른 사람의 도움이 반드시 필요하다. 치매노인은 최근의 기억력 감퇴로 인해 급격한 심리적 변화를 겪게 됨으로써 심리적으로 늘 불안하고 우울하며 혼돈된 상태에서 지내게 된다. 또한 치매노인에게서 발견되는 심리적 특성은 크게 우울과 감정의 변화, 피해의식 등을 들 수 있다(김기태 · 성명옥 · 박봉길 · 이경남 · 최희경, 2002: 318-379).

첫째, 우울은 치매노인 자신이 의도하지 않았음에도 불구하고 계속적인 실수를 함으로써 주위사람들, 특히 자신보다 어린사람들에게 야단을 맞아야 하고 교육을 받아야 한다는 사실을 불쾌해한다. 특히 하루 일과를 마칠 시간이 되면 불안하고 피곤해져서 주로 저녁 때 많은 증상을 나타내기도 한다. 대부분의 치매노인들은 무엇인가 제대로 되고 있지 않다는 것을 느끼고 치매초기의 경우 기억장애로 인해 우울하게 되고 무기력해지며 심해지면 자살을 기도하기도 한다. 치매증상과 우울증상은 병행되어 나타나기도 한다.

둘째, 감정변화는 치매노인의 기억력 상실로 장소와 시간에 대한 판단력이 없어지게 되므로 혼란상태에 빠지게 될 뿐만 아니라 옷 입는 방법, 목욕하고 세수하는 방법, 집안일 하는 방법 등의 일상생활 수행능력도 현저하게 저하되어 노인 본인은 이유가 있는 행동을 하더라도 일반인들은 치매노인이 문제행동만 일으키고 있는 것으로 느끼게 된다. 이처럼 치매노인의 계속적인 스트레스는 감정의 변화를 가져오게 된다. 특히 저녁 무렵이나 날씨가 나쁠 때나 환경의 미묘한 변화에도 기분이 변화하며 주의집중이 저하되어 치매노인은 자신이 생각하거나 말하고자 하는 것을 잊어버리게 된다. 즉 실어증이 생기기 쉽고 표현이 자기 뜻대로 되지 않아 화를 내거나 폭력적인 행동을 하게 되는 경우가 많다.

셋째, 피해의식은 노력으로 인한 시력과 청력의 감퇴로 분발력의 저하를 가져오기도 하는데, 치매노인은 사람들이 모여 있는 것을 보면 자기 욕을 하고 있다고 생각하기도 하고 물건을 감춰 두고 누가 가져갔다고 여기는 등 피해망상을 보이기도 한다.

3) 치매의 원인 및 특징

(1) 치매의 원인

치매는 위암, 폐암, 간암 등을 '악성 신생물' 또는 '암'이라고 부르는 것처럼, 다양한 원인에 의한 뇌손상이나 뇌 병변으로 인지기능 저하가 나타나는 기질성 정신장애를 통칭하는 용어이다. 치매는 첫째, 대뇌우축, 전두엽 기저부의 마아너트 기저핵의 손상, 노인반, 신경섬유뭉치 등의 뇌의 구조적 이상, 둘째, PS1, PS2 유전자 돌연변이와 같은 유전적 요인 그리고 셋째, 신경염증, 에스트로겐, 혈관성 질환 위험인자, 두부 외상, 교육수준 등의 환경적 요인으로 인하여 인지기능 유지에 필요한 신경세포가 소멸됨으로써 나타나게 된다. 치매를 유발하는 원인질환은 내과, 신경과 및 정신과 질환 등 60~100여 가지에 이를 정도로 다양한데, 전체 치매의 절반가량은 그 원인이 정확히 밝혀지지 않고 있다. 그러나 앞으로 치매의 분자생물학적 발생기전이 밝혀지면서 점점 더 그 수가 증가할 것으로 보이는데 현재까지 밝혀진 치매의 주요 원인은 다음과 같다(권중돈, 2007).

〈표 5-6〉 치매의 원인성 질환

구분	원인 질환
퇴행성 뇌질환	알츠하이머병, 픽병, 파킨스병, 헌틴톤병, 루이소체치매, 진행성 핵상마비
뇌혈관진환	다발성 뇌경색, 열공성 뇌경색, 빈스방거병, 만성경막하 출혈, 측두 동맥염
뇌염증 및 감염 대사장애	AIDS, 크로이츠펴트-야곱병, 헤르페스성 뇌염, 뇌막염 후유증, 신경매독, 뇌종양, 경막하혈종, 정상압뇌수종
내분비장애	간성 뇌병증, 요독증(만성신부전), 저혈당, 저산소증, 갑상선 기능저하증
결핍성 장애	비타민 B_{12} 결핍, 엽산 결핍
중독성 장애	약물중독, 알코올 중독, 중금속중록(납, 망간, 수은 등), 유기용매중독

출처: 노인복지론(2007, 권중돈)

치매를 일으킬 수 있는 원인들은 아직까지 확실하게 밝혀진 것은 없지만 그중 일부는 원인이 밝혀진 것도 있다. 현재까지 알려진 치매를 일으킬 수 있는 원인을 살펴보면 크게 여섯 가지로 나눌 수 있다.

① 뇌혈관장애 : 뇌출혈이나 뇌경색으로 인하여 발생하는 장애

② 신체상의 영양부족 : 무리한 다이어트로 인하여 비타민 B_{12}가 부족하여 치매에 걸린다는 내용이 보고된 바 있다. 그러나 이런 때에는 비타민 B_{12}를 투여하면 회

복이 가능하기 때문에 치유 가능한 치매현상이라고 볼 수 있다.

③ 독극물의 침입 : 농약, 신나, 살충제, 일산화탄소(연탄가스)등의 중독으로 인하여 치매에 걸릴 수 있다.

④ 외상 : 교통사고나 권투선수 등의 머리 외상으로 인해 수막(뇌를 싸고 있는 막) 밑에서 일어나는 만성 경막 하출혈이 원인이 되어 나타난다.

⑤ 다른 질병으로 인한 2차감염 : 알코올중독-알코올성 뇌증, 간경변, 고혈압, 당뇨병으로 인한 2차 감염으로서 술과 치매의 관계는 매우 밀접하다고 볼 수 있다.

⑥ 뇌의 변화와 변성 : 나이가 들어 발생하는 치매와는 달리 50세 전후에서 60세 사이에 나타나는 치매에는 알츠하이머형 치매가 있다. 최근에는 노년의 치매 중에서 뇌혈관 장애와 상관없이 나타나는 변성치매를 알츠하이머형 치매라고 부른다(권중돈, 2007).

(2) 치매의 구분

① 치매의 분류

치매는 치료의 가능성에 따라서 치료가 가능한 가역성 치매와 불가능한 비가역성 치매 그리고 증상이 약간 호전되는 반가역성 치매로 분류할 수 있다.

가. 가역성 치매

우울증, 약물, 알코올 및 화학물질 중독에 의한 정신과적 증상이나 전해질 불균형, 갑상선 질환, 비타민 결핍증(B_{12}), 감염성 뇌질환, 두부외상, 뇌수종 등과 같이 회복이 가능한 유형이다.

나. 비가역성 치매

뇌의 신경세포나 신경섬유가 파괴되거나 손상되어 유발한 알츠하이머, 피크병, 헌팅턴씨병, 파킨슨씨병과 같이 치료와 회복이 불가능한 유형이다.

다. 반가역성 치매

다발성 뇌경색증과 같이 치료를 받으면 증상이 호전되거나 개선되는 유형이다.

② 치매의 유형

다음에서는 주요 치매의 종류인 알츠하이머 치매, 혈관성 치매, 알코올성 치매, 특정 뇌질환 또는 전신성 질환에 의한 치매에 대하여 알아본다.

가. 알츠하이머 치매

알츠하이머병(Alzheimer's disease)은 치매를 유발하는 가장 흔한 퇴행성 신경질환이다. 1906년 독일 정신과 의사이자 신경병리학자인 알로이스 알츠하이머(Alois Alzheimer)에 의해 처음 보고되었으며 노년기 치매의 대표적인 원인 질환으로 알려져 있다.

고령은 알츠하이머병의 가장 일관되고 강력한 위험인자이다. 또한 여성은 남성에 비해 높은 알츠하이머병 유병률을 보인다. 이는 여성이 남성보다 장수하기 때문이기도 하지만 생존기간 이외 남녀 간 호르몬의 차이와 같은 생물학적 차이에 기인한다. 저학력 역시 치매 발병위험을 증가시킨다. 이는 학력이 높은 사람들은 생물학적인 행동적인 측면에서 인지적 예비력(cognitive reserve)이 많은 것으로 추정되기 때문이다(노인정신의학, 2014).

알츠하이머병은 기억장애를 포함하여 여러 영역을 포함하는 진행성 인지기능장애를 특징적으로 보이면서, 무감동, 우울, 불안, 환각, 이상행동, 수면장애 등 다양한 증상을 나타내고, 말기에는 신경학증 이상과 신체적인 문제를 보이면서 사망에 이르게 되는 대표적인 퇴행성 신경정신 질환이다.

나. 혈관성 치매

혈관성 질환에 의한 치매는 뇌출혈, 뇌경색 등 뇌혈관질환이 누적되어 나타나는 치매이다. 혈관성 치매는 알츠하이머병에 이어 두 번째로 흔한 치매이다. 고혈압,

당뇨, 고지혈증, 심장질환, 뇌경색, 흡연, 음주, 비만 등의 혈관성 위험인자들이 발병요인이다.

혈관성 치매는 알츠하이머병과 달리 치매의 진행을 막을 수 있고 치료효과를 기대해 볼 수 있다. 임상증상으로 주의력, 자기조절 능력, 계획능력 등 주로 인지기능과 관련된 장애이다. 뇌혈관의 문제로부터 발생되는 혈관성 치매의 예방과 치료는 빠르면 빠를수록 좋고, 가능하다면 치매에 이르지 않은 단계에서 시작해야 한다. 갑작스런 인지기능의 저하가 뇌혈관 질환과 함께 시작되었다면 혈관성 치매를 의심할 수 있다. 예방을 위해서는 고혈압, 당뇨, 고지혈증, 비만, 흡연 등의 위험인자를 조절하는 것이 중요하다. 발생한 경우 약물치료와 함께 인지기능 감퇴와 행동증상들을 대증적으로 치료해 나가야 한다.

다. 알코올성 치매

알코올성 치매는 비타민 B_1(티아민)의 흡수를 방해하는 알코올을 지속적으로 흡수함으로써 만성과음에 의해 유발된다. 주 증상으로는 기억장애, 사지경련, 보행실조, 지적 능력 저하가 나타난다.

라. 특정 뇌질환 또는 전신성 질환에 의한 치매

치매는 다음과 같은 특정 뇌질환에 의해서도 발병된다. 퇴행성 뇌질환인 파킨슨병(Parkinson's disease), 헌팅턴병(Huntington's diseases), 픽병(Pick's disease). 크로이츠펠트 야코프병(Creutzfeldt-Jacob disease) 등이다. 또한 두부외상에 의한 뇌출혈, 뇌종양 등이 치매를 일으킬 수 있는데 서서히 진행되어 종종 알츠하이머병으로 오인되는 경우가 있다. 치매질환의 또 다른 원인으로 전신성 질환을 들 수 있다. 대개는 내과적 질환으로 악성빈혈, 만성 간질환, 갑상선 기능 이상, 매독 혈관염 등이 원인이 될 수 있다(이해영, 2006).

4) 치매의 치료와 예방, 사회복지적 개입

(1) 치매의 진단

정상 노화과정과 치매를 구별하는 것이 우선시 된다. 정상 노화과정은 일정하게 신체 및 뇌기능의 감퇴를 가져온다. 정상적인 노화과정에서 나타나는 경미한 기억장애는 초기 치매와 구별하기 어렵다. 사회적 기능이 적절하게 보존되어 있는 노인인 경우에는 치매 진단을 섣불리 내리지 말고 시간적 여유와 함께 규칙적인 재평가가 필요하다.

한편 우울증, 정신분열증, 알코올 중독, 약물남용 신경증이 노인에게 발생할 경우 나타나는 급격한 인지장애 및 행동장애와 치매를 구분할 필요가 있다. 노인성 치매와 혼동하기 힘든 것으로는 섬망, 가성치매 및 건망증 등을 들 수 있다.

① 섬망

전신감염, 대사장애, 전해질 불균형, 수술 후 상태 등에서 흔히 볼 수 있으며 주 증상은 급성적인 의식의 혼탁이다. 집중력과 지각 장애가 오며 착각이나 환각을 일으키고 헛소리를 하거나 안절부절 못하는 행동이상을 보인다. 치매와 유사해 보이지만 치매에는 의식장애가 없는 것이 특징이다.

② 가성 치매

가성 치매는 기질적 뇌병변이 없는 기능성 장애로 대부분 우울증일 때 나타나고 드물게 히스테리성인 경우도 있다. 기억력 감소를 포함한 여러 가지 인지 기능 장애로 표현되는 경우가 많아 가성 치매라고 불린다. 급성으로 발병되고 유발인자가 뚜렷하고 경과가 짧다. 치매처럼 기억장애 등의 인지장애를 보이지만 사회생활 및 대인관계에 적응을 잘한다. 항우울제에 의해 치료가 잘되어 인지장애가 현저하게 좋아진다.

③ 건망증

의식 혼탁이나 지적 기능의 장애 없이 정상적인 의식상태에서 장기 및 단기 기억력의 장애를 나타내는 경우이다. 건강한 노인의 건망증은 생리적 뇌와 조화를 이루고 있다. 또한 건망의 빈도는 자주 오며, 건망증을 자각하고 일상생활에 장애를 일으키지 않지만 치매노인의 건망증은 판단력의 저하와 함께 진행된다. 치매노인의 경우 본인이 건망증이 있다는 것을 자각하지 못하여 일상생활에 장애를 가져온다(맹익균, 2008).

(2) 치매의 치료

치매에 대한 확실하고 보편적인 치료법은 없다. 하지만 가역적인 치매는 적시에 치료만 해주면 부분적이거나 완전한 증세호전이 나타날 수 있다. 이러한 질환으로 뇌졸중, 수두증, 경막하뇌출혈, 뇌감염질환, 약물중독, 영양결핍질환, 내분비질환 등이 있다.

또한 알츠하이머병이나 다른 퇴행성 뇌질환에 의한 노인성 치매에 대한 치료 역시 가역성 치매와 마찬가지로 약물치료와 정신사회적 치료를 통한 행동 개입 등을 통한 증상 개선 방법 등이 있다.

① 약물치료

알츠하이머병과 기타 치매로 인한 인지기능 감퇴를 항치매 약물로 회복시키려는 시도를 말한다. 치매증상이 아세틸콜린이라는 신경전달물질의 결핍과 관련이 있다는 이론에 근거를 두고 아세틸콜린 수준을 높이는 약물치료이다. 항정신성 약물, 항불안제, 수면제 등의 약물치료로 치매에 동반되는 증상인 공격성, 동요, 놀람, 적개심, 환각, 섭식장애, 수면곤란, 부적절한 성행동, 과도한 배회행동 등을 완화시키고 행동수정을 가한다.

② 정신사회적 치료

치매노인을 위한 정신사회적 치료는 행동지향적 치료, 감정지향적 치료, 인지지향적 치료, 자극지향적 치료로 구분한다. 행동지향적 치료는 문제행동이 언제, 어떻게, 어디서 일어났는지를 정확히 기술하여 그 행동의 유발요인과 결과를 평가하고 이에 따른 치료적 개입을 결정한다. 감정지향적 치료는 지지적 정신치료, 화상치료, 조정치료, 감각통합 치료 등이 포함된다. 인지지향치료는 현실지남력과 기술훈련이 포함되며 인지적 결손을 교정하는 데 목적이 있다. 자극지향적 치료는 오락치료와 예술치료를 통하여 문제행동을 줄이고 감정을 개선시키는 치료이다(권중돈, 2007).

(3) 치매 예방법

치매의 원인은 매우 다양하고, 아직까지 정확한 원인이 밝혀지지 않는 치매가 절반 이상을 차지하고 있기 때문에 확실한 치매예방법을 찾기 어렵다. 그렇지만 다음과 같은 예방적 조치를 꾸준히 실행하게 되면 일부 치매는 예방이 가능하며, 그렇지 않은 경우에는 치매의 발병을 최대한 지연시킬 수 있다. 치매의 예방에 도움이 되는 방법을 제시하면 다음과 같다.

- 나이가 들수록 책을 읽고 쓰고 이야기하는 등 머리를 많이 쓰고 적극적으로 살아간다.
- 항상 새로운 정보를 접하고 무언가를 배운다.
- 지나친 음주나 흡연을 삼간다.
- 젊어서부터 꾸준히 운동을 하고 적정체중을 유지한다.
- 우울증은 치료받고 많이 웃으며, 밝게 살도록 노력한다.
- 기억장애, 언어장애가 있을 때는 빨리 검사를 받는다.
- 매일 일기를 쓰는 것이 큰 도움이 된다.
- 스포츠와 같이 신체적, 정신적 긴장과 이완이 반복되는 취미생활을 즐긴다.

- 혼자 지내기보다는 친구를 많이 만들고 자주 만나서 즐겁게 지낸다.
- 고혈압, 당뇨병, 동맥경화증, 고지혈증, 심장질환, 갑상선 기능저하 등 성인병을 사전에 관리하고 적극적으로 치료한다.
- 성병에 걸리지 않도록 한다.
- 어떤 일을 할 때 주의를 집중해서 하는 습관을 들이고 반복해서 기억하도록 한다.
- 중요한 약속이나 일은 메모하거나 기록해 둔다.
- 걷거나, 손을 많이 쓰는 일은 뇌를 자극하여 뇌의 위축을 방지하는 효과가 있다.
- 소리를 내서 노래를 부르거나 다른 사람과 대화를 하는 것이 좋다.
- 균형 있는 영양 섭취와 노화방지에 도움이 되는 음식을 섭취하되 먹을 수 있는 양의 80% 정도만 섭취하고 충분한 수분을 섭취하는 것이 도움이 된다.
- 스트레스가 누적되지 않도록 한다.
- 추운 겨울이나 새벽운동, 환절기의 급격한 기온 변화를 피한다.
- 깊게 호흡을 하여 폐활량을 늘리는 것은 심신의 안정에 도움을 준다.
- 안전운전과 방어운전을 하며, 공사장 등에서의 안전사고에 유의한다.
- 실내공해나 환경오염 지역 등에서 독성물질에 오래 노출되지 않아야 한다.
- 여성일 경우 폐경기 이후 필요하다면 호르몬 치료를 받는 것도 도움이 된다.
- 적당량의 비타민제, 은행잎 추출제와 아스피린을 복용하는 것이 도움이 될 수 있다.
- 여러 가지 약을 동시에 복용하는 것은 피한다.
- 충분한 수면을 취하고 열심히 일한다.
- 알루미늄, 아연, 구리 등 금속이 많이 들어 있는 음식이나 공기 등을 장기간 섭취, 흡연하지 않는 것이 좋다.
- 난청과 시력장애가 있으면 치매로 오인 받을 수 있으므로 적절한 치료를 받는다.
- 노후대책을 미리 세워 놓고 노인이 되어서는 외부 활동에 적극적으로 참여한다.

이상에서 열거한 사항은 일반적인 노화예방과 치매예방을 위한 방법에 불과하다. 치매는 오랜 기간의 삶의 이력과 깊은 관계가 있기 때문에 위에 열거한 사항들을 젊었을 때부터 주의하고 꾸준히 생활에서 실천하는 것이 무엇보다 중요하다(권중돈, 2007).

(4) 치매노인과 부양가족을 위한 사회복지적 개입

치매노인과 가족을 위한 서비스체계는 다양하게 구축되어 있다.

첫째, 치매노인 부양가족이 사회복지공무원을 통하여 보건소의 치매상담센터에 등록하여 관리받거나 상담을 받는 체계이다.

둘째, 치매협회나 치매가족회같은 관련단체나 자조모임에 참여함으로써 서비스를 받는 체계이다.

셋째, 노인전문병원을 통해서 진단, 치료 및 재활서비스를 받는 체계이다.

넷째, 노인장기요양보험제도에 의하여 노인요양시설이나 노인요양공동생활가정에서 보호서비스나 재활서비스를 받는 체계이다.

다섯째, 노인장기요양보험제도에 의하여 방문요양, 방문목욕, 방문간호, 주·야간보호 및 단기보호서비스를 받는 체계이다.

마지막으로 중앙 치매관리센터와 광역 및 지자체의 치매관리센터를 이용하여 상담 및 관리를 받는 체계이다(조추용 외, 2017).

그러나 늘어나는 치매노인과 부양가족을 위한 사회복지서비스는 다음과 같은 제도보완이 필요하다.

① 치매전문 요양시설 및 치매지원 노인재가서비스 기관 확충

노인 인구수에 비해 서비스 제공시설이 절대적으로 부족하므로 요양시설, 치매시설에 대한 확충이 필요하다. 손쉽게 이용할 수 있도록 저렴한 시설의 확대가 필요하다. 그러나 치매노인은 시설입소보다 익숙한 환경에서 치료 및 관리를 받는 것이 효과적이기 때문에 지역사회 내에서 치매전문 노인재가서비스를 이용하는 것이 바람직하다. 또한 재가노인 대상 인지기능 향상 프로그램을 개발하여 조기 치매인 경도 인지기능 장애부터 다양한 인지기능 개선을 위한 사회서비스를 강화한다.

② 치매상담센터 강화

치매상담센터의 양적 · 질적 측면에서의 강화가 필요하다. 치매전문상담사와 치매사례관리사를 채용하여 활동하도록 한다. 이들은 등록된 치매노인을 대상으로 사례관리 및 행동치료를 수행하고, 치매노인 부양가족에 대한 교육을 실시한다.

③ 전문적 상담교육개입

현재 치매상담센터에서 실시하는 MMSE 위주의 선별검사는 조기 치매 진단률이 떨어지기 때문에 건강보험공단의 노인 건강 검진에 정기적인 인지기능 검사를 의무 검진 항목으로 포함시킨다. 치매환자로 등록된 치매노인들이 지역사회 내에서 잘 적응하고 기능을 유지할 수 있도록 전문적인 치료 상담 프로그램 및 기능 유지 전문 프로그램을 운영, 지원한다. 또한 부양가족을 위한 소진방지 서비스를 개발하고 운영하여 치매노인 케어를 위한 지속적인 피드백과 부양 스트레스를 덜어주기 위한 상담을 실시하여야 한다(임병우 외, 2015).

Chapter 6

노인학대

1. 노인학대의 개념과 유형

유럽에서 처음 노인학대가 사회문제로 언급된 것은 영국에서 '매 맞는 여성노인(granny bashing)' 이라는 용어를 사용한 것에 연유한다(Baker, 1975). 1975년 영국에서 노인학대에 대한 첫 사례가 발표되면서 영국과 미국, 서구 등에서 노인인구의 급증과 함께 노인학대 문제에 대한 관심이 증가하였다. 그 이전에는 사회적 존경의 대상이라는 인식으로 관심의 대상에서 벗어나 있었다. 우리나라에서는 1970년대 이후 재가노인을 중심으로 연구가 시작되었다. 최근의 발표들에서 노인학대는 고의적으로 사회적 약자인 노인을 폭행하거나 압력을 행사하는 좁은 의미에서 노인에게 불필요한 고통과 곤란을 야기하는 신체적 심리적 물리적 손상을 주는 행위와 부당한 대우를 포함하는 행위, 그리고 방임과 같은 마땅히 해야 할 것으로 기대되는 행위를 하지 않는 부작위를 포함하는 넓은 의미로 확대되고 있다(안홍순, 2013). UN에서는 1991년 '노인을 위한 UN의 행동강령'에 노인의 인권에 대해 제시하였고, 인권차원에서 독립성, 참여, 돌봄, 자아실현, 존엄에 대해 원칙을 제시하였다. 그리고 돌봄 영역에서 적절한 수준의 시설돌봄서비스를 이용할 수 있어야 한다고 명시하였다(UN, 1991). 노인학대에 대한 학계와 정부의 관심으로 2004년 1월에는 「노인복지법」을 개정하여 노인학대 방지를 위한 법적 장치가 마련되었다. 「노인복지법」이 개정되면서 노인학대의 방지를 위한 구체적인 법적 장치로, 학대받는 노인을 보호할 수 있도록 긴급전화 1389 및 노인보호전문기관을 설치하도록 명문화하였고, 노인학대에 대한 신고의무와 조치사항을 규정하였다(유성호 외, 2015). 노인보호전문기관은 2004년 노인복지법이 개정됨에 따라 법적 근거를 마련하고 노인의 인권보호와 노인학대 예방을 위해 설치 · 운영되고 있다. 2016년 기준, 전국 16개 광역 시 · 도에 1개의 중앙노인보호전문기관과 29개 지역노인보호전문기관이 운영되고 있으며, 노인학대 신고접수부터 현장조사, 학대피해노인 및 가족에 대한 통합적 지원, 노인학대 예방교육 및 홍보, 학대피해노인을 지원하기 위한 지역사회 네트워크 구축 등 학대받는 노인의 인권 향상을 위한 지속적인 활동을 펼치고 있다.

1) 노인학대의 정의

「노인복지법」 제1조의2 제4항의 정의에 따르면 '노인학대라 함은 노인에 대하여 신체적 · 정신적 · 정서적 · 성적 폭력 및 경제적 착취 또는 가혹행위를 하거나 유기 또는 방임을 하는 것을 말한다.' 라고 규정하고 있다. 노인학대는 일반적으로 'elder abuse'라는 용어를 많이 사용하고 있다. 노인학대를 정의하는 기준은 사회문화적 차이로 다양하게 정의되고 있으며, 단순히 누군가가 의도적으로 노인에게 해를 가하는 소극적이고 협의적인 개념에서부터 노인의 인권보호를 전제로 하는 적극적이고 광의의 개념에 이르기까지 매우 다양하다. 이와 같이 노인학대에 대한 학자 간의 개념적 합의가 이루어지지 않고 있지만, 광의의 개념을 따르는 것이 시대적 추세가 되고 있다(김미혜, 2001). 노인학대란 노인 스스로 혹은 노인의 부양이나 수발을 담당하고 있는 자가 의도적 또는 비의도적으로 노인에게 신체적 · 정서적 · 성적 · 재정적 손상을 가하거나 부양의무를 소홀히 하는 것이라고 정의할 수 있다. 또한 미국의 노인법은 노인학대를 '학대(abuse)', '방임(neglect)', '착취(exploitation)'의 세 가지 개념으로 나누어 정의하며 방임은 타인에 의한 방임, 자기 스스로의 방임, 의도적 방임 및 비의도적 방임으로 나뉜다(고수현 · 윤선오, 2010). 권중돈(2004)은 노인자신이나 노인의 가정 혹은 전문노인시설의 모든 관계에서 발생되는 노인에게 해가 되거나 장애를 일으킬 수 있는 일회성이거나 반복적 행동 또는 적절한 행동 부족으로 정의하고 있다. '학대행위자'라 함은 노인복지법 제39조의9(금지행위)에 해당되는 행위 및 그 외 학대행위 사실이 의심되어 노인보호전문기관에 신고 · 접수되어 학대행위자로 판정된 자를 말한다.

2) 노인학대의 유형

노인학대의 유형은 학대 발생 공간과 학대의 형태에 따라 분류하고 있다(중앙노인보호전문기관, 2017). 먼저, 학대가 발생되는 공간에 따라 분류하면 가정학대와 시설학대로 분류할 수 있다.

첫째, 가정학대는 노인과 동일가구에서 생활하고 있는 노인의 가족구성원인 배우자, 성인자녀뿐만 아니라 노인과 동일가구에서 생활하지 않는 부양의무자 등 그 밖의 친족에 의한 학대를 말한다.

둘째, 시설학대는 노인에게 비용(무료포함)을 받고 제공하는 요양원 및 양로원 등의 시설에서 발생하는 학대로서 시설관련 종사자 등에 의해서 발생하는 학대를 말한다. 단, 학대발생장소가 노인복지생활시설이라 해도 학대행위자가 가족 구성원인 경우에는 '가정학대'로 분류한다.

셋째, 기타 학대는 가정 및 시설 외의 공간 및 기타 학대행위자에 의해 발생하는 학대로 구분할 수 있다.

생활시설학대는 노인복지법 제31조의 제1호, 제2호에 따른 양로시설, 노인공동생활가정, 노인복지주택 등 노인주거복지시설과 노인요양시설, 노인요양 공동생활가정 등의 생활시설에서 발생한 노인학대를 말한다. 이용시설학대는 노인여가복지시설로서 노인복지관, 경로당 등과 재가노인복지시설인 방문요양서비스, 재가노인지원서비스, 단기보호서비스 등과 같은 이용시설에서 발생한 노인학대를 말한다. 병원학대는 의료법 제3조에 따른 의원, 병원, 요양병원, 종합병원 등에서 발생한 노인학대를 말하며 공공장소학대는 사람들이 공동으로 이용할 수 있는 장소나 여럿이 함께 있는 장소에서 발생한 노인학대로 나누어 볼 수 있다. 노(老)-노(老)학대는 60세 이상의 고령의 학대행위자가 노인을 학대하는 것을 의미하는 것으로, 주로 고령의 부부 간의 배우자 학대, 고령의 자녀 및 며느리 등에 의한 학대, 고령의 노인이 본인 스스로를 돌보지 않는 자기방임 유형의 학대 등을 말한다.

학대발생 장소에 따른 '2016년도 노인학대 현황'을 살펴보면 다음과 같다.

전체 학대사례 4,280건 중 노인학대 발생장소는 가정 내 학대가 3,799건(88.8%)으로 가장 높게 나타났다. 가정 내 3,799건(88.8%), 생활시설 238건(5.6%), 공공장소 94건(2.2%), 병원 24건(0.6%), 이용시설 16건(0.4%), 기타 109건(2.5%) 등으로 나타나고 있다. 매년 가정 내 학대 신고건수는 가장 큰 비중을 차지하고 있어 가정 내 학대발생 예방과 더불어 사례 발굴 강화를 위한 노력이 필요함을 알 수 있다. 2012년~2014년 6% 이상을 상회하던 생활시설 학대추이는 점차 감소하여 2016년 5.6%로 나타났다.

〈표 6-1〉 연도별 전체 생활시설 학대 추이

(단위: 건, %)

구 분	2012년	2013년	2014년	2015년	2016년
전체사례	216	251	246	206	238
비율	6.3	7.1	7.0	5.4	5.6

출처: 중앙노인보호전문기관(2017)

중앙노인보호전문기관에서는 행위에 따른 노인학대 유형을 다음과 같이 규정하고 있다.

첫째, 신체적 학대이다. 물리적인 힘 또는 도구를 이용하여 노인에게 신체적 혹은 정신적 손상, 고통, 장애 등을 유발시키는 행위를 말한다.

둘째, 정서적 학대이다. 비난, 모욕, 위협 등의 언어 및 비언어적 행위를 통하여 노인에게 정서적으로 고통을 유발시키는 행위를 말한다.

셋째, 성적 학대이다. 성적 수치심 유발행위로 기저귀 교체 시 가림막 미사용 등이 해당된다. 또한 성폭력 행위로서 성희롱, 성추행, 강간 등 노인의 의사에 반하여 강제적으로 행하는 모든 성적행위를 말한다.

넷째, 경제적 학대이다. 노인의 의사에 반하여 노인으로부터 재산 또는 권리를 빼앗는 행위로서 경제적 착취, 노인 재산에 관한 법률 권리 위반, 경제적 권리와 관련된 의사결정에서의 통제 등을 하는 행위를 말한다.

다섯째, 방임이다. 부양의무자로서의 책임이나 의무를 거부, 불이행 혹은 포기하여 노인의 의식주 및 의료를 적절하게 제공하지 않는 행위로서 필요한 생활비, 병원비 및 치료, 의식주를 제공하지 않는 행위를 말한다.

여섯째, 자기방임이다. 노인 스스로가 의식주 제공 및 의료 처치 등의 최소한의 자기보호 관련 행위를 의도적으로 포기 또는 비의도적으로 관리하지 않아 심신이 위험한 상황이나 사망에 이르게 하는 행위를 말한다.

일곱째, 유기이다. 보호자 또는 부양의무자가 노인을 버리는 행위를 말한다,

여덟째, 중복학대이다. 신체적 학대, 정서적 학대, 성적 학대, 경제적 학대, 방임, 자기방임 유형이 두 가지 이상 복합적으로 발생한 학대 유형을 말한다.

노인학대의 형태에 따라 분류하면 신체적 학대, 정서적 학대, 성적학대, 경제적 학대, 방임, 유기로 분류할 수 있다.

(1) 신체적 학대

〔그림 6-1〕 신체적 학대

① 노인을 폭행한다.

- 노인을 밀치거나 넘어뜨린다.
- 노인을 발로 찬다.
- 노인을 주먹으로 폭행한다.
- 노인의 몸을 벽에 박거나 바닥에 내리치는 행위 등을 가한다.
- 노인의 머리나 목 또는 몸을 강하게 잡거나 흔든다.
- 노인의 목을 조른다.
- 노인을 손 또는 몸으로 강하게 억압하며 짓누른다.
- 노인의 몸을 발로 밟는다.
- 노인을 질질 끌고 다닌다.
- 노인의 머리채를 잡아당기거나 움켜잡아 뽑는다.
- 노인을 할퀴거나 꼬집는다.
- 노인을 입으로 물어뜯는다.
- 몽둥이, 빗자루 등의 도구로 노인을 폭행한다.
- 물건을 던져 노인에게 상해를 입힌다.

- 칼이나 흉기를 사용하여 노인에게 상해를 입힌다.
- 담뱃불 또는 도구를 이용하여 노인에게 화상을 입힌다.

② 노인을 제한된 공간에 강제로 가두거나, 노인의 거주지 출입을 통제한다.

- 노인을 집 안의 제한된 공간에서 나가지 못하게 통제한다.
- 노인을 집 밖으로 나가지 못하게 통제한다.
- 노인을 제한된 공간에 장치(자물쇠 등)를 설치하여 출입을 통제한다.
- 노인을 집 밖으로 끌어낸다.
- 노인을 집 밖으로 쫓아낸다.
- 노인을 집에 들어오지 못하게 한다.
- 노인의 거주지 주변 출입을 통제한다.

③ 노인의 신체를 강제로 억압한다.

- 노인을 침대 등에 묶어 움직이지 못하게 한다.
- 노인의 신체 일부 또는 모두를 사용하지 못하게 장치(예: 끈으로 묶어두기, 수갑 채우기, 손 · 발목 묶기 등)를 설치한다.

④ 신체적 해를 가져올 위험성이 큰 행위로 노인을 협박하거나 위협한다.

- 칼이나 가위 등 흉기를 사용하여 노인을 협박하거나 위협한다.
- 물건을 던지거나 기물파손을 하는 등의 행위로 노인을 협박하거나 위협한다.

⑤ 노인의 신체적 생존을 위협할 수 있는 행위를 한다.

- 노인을 기본 생존 유지에 필요한 장치(가스, 난방, 전기, 수도)로부터 단절시킨다.
- 노인을 기본 생존 유지에 필요한 식사 또는 음료를 보관하는 물품(밥통, 냉장고)으로부터 단절시킨다.

- 노인을 기본 생존 유지에 필요한 식사 또는 음료로부터 단절시킨다.
- 노인을 치료 및 생존 유지에 필요한 약물(심장관련, 당뇨, 혈압 등)으로부터 단절시킨다.

⑥ 약물을 사용하여 노인의 신체를 통제하거나 저해한다.

- 노인에게 의료적으로 불필요한 약물이나 주사를 강제로 복용·투입하게 한다.

⑦ 노인이 원하지 않거나 수행하기 어려운 노동을 하게 한다.

- 노인이 원치 않는 의사를 보였음에도 불구하고 일(노동)을 하도록 강요한다.
- 노인을 강제로 수감하거나 위협하여 일(노동)을 강요한다.
- 노인이 일을 수행하기 어려운 정신 및 신체적 상황임에도 불구하고 일(노동)을 하도록 강요한다.
- 노인에게 정신 및 신체적 악화를 가져올 수 있는 일 또는 조건에서 일(노동)을 하도록 강요한다.

(2) 정서적 학대

〔그림 6-2〕 정서적 학대

① 노인과의 접촉을 기피한다.

- 노인을 쳐다보지 않고 무시한다.
- 노인에게 말을 걸지 않거나 대화를 하지 않는다.
- 노인의 말과 행동을 지속적으로 무시하고 반응을 보이지 않는다.
- 노인의 일상생활(식사, 일상물품 사용 등)을 타가구원과 별도로 하게 한다.

② 노인의 사회관계 유지를 방해한다.

- 노인이 친구나 친지들과 만나거나 연락하는 것을 방해한다.
- 노인의 친구나 친지 등이 방문하는 것을 싫어한다.
- 비방이나 폭력적 행동 등으로 타인이 노인과의 관계를 유지하는 것을 싫어하게 만든다.
- 노인의 일상적인 사회활동이나 종교 활동을 노골적으로 방해한다.
- 비방이나 유언비어로 노인의 경제활동을 저해한다.
- 노인의 이성교제를 방해한다.

③ 노인을 위협 · 협박하는 언어적 표현이나 감정을 상하게 하는 행동을 한다.

- '죽이겠다'고 협박한다.
- '시설로 보낸다' 또는 '집에서 나가라' 등의 위협 · 협박을 한다.
- 노인의 요구를 무조건 무시한다.
- 노인에게 고함을 지르거나 욕을 한다.
- 노인에게 혐오스러운 말을 한다.
- 노인이 수치심을 느끼게 하는 모욕적인 말을 한다.
- 자존심을 상하게 하는 말을 한다.
- 노인에게 창피를 준다.
- 노인을 비웃거나 조소를 한다.
- 노인을 재앙을 가져오는 사람으로 취급한다.

④ 노인과 관련된 결정사항에 대해서 의사결정 과정에서 소외시킨다.

- 노인의 거취 결정에서 노인을 배제시킨다.
- 노인의 소지품 처분을 결정할 때 노인의 의사를 반영하지 않는다.
- 노인을 집안 경조사에 참여시키지 않는다.

(3) 성적 학대

〔그림 6-3〕 성적 학대

① 노인에게 성폭력을 행한다.

- 노인이 원치 않음에도 불구하고 강제적으로 성관계를 갖는다.
- 노인이 원치 않음에도 불구하고 강제적으로 성관계를 강요 또는 시도한다.
- 노인이 원치 않음에도 불구하고 입맞춤, 애무 등을 요구한다.
- 노인이 원치 않음에도 불구하고 가슴이나 엉덩이 등 신체 일부를 만진다.
- 판단능력이 없거나 의사표현을 할 수 없는 노인을 성폭행한다.

② 노인에게 성적 수치심을 주는 표현이나 행동을 한다.

- 노인의 신체를 빗대어 혐오감을 주는 언행을 한다.
- 성적 언행 등으로 노인에게 굴욕감이나 혐오감을 느끼게 한다.

- 사람들이 보고 있음에도 불구하고 노인의 성적 부위를 드러내고 옷 또는 기저귀를 교체한다.
- 사람들이 보고 있음에도 불구하고 노인을 알몸으로 목욕시킨다.
- 원하지 않거나, 판단능력이 부족한 노인임에도 불구하고 성적 신체부위를 몰래 촬영한다.
- 노인이 원치 않음에도 불구하고 학대행위자의 성기 및 자위행위를 보게 한다.
- 노인이 원치 않음에도 불구하고 포르노 잡지나 비디오를 보게 한다.
- 원하지 않거나, 판단능력이 부족한 노인임에도 불구하고 노인의 성적 신체부위 전체 또는 일부를 노출시켜 놓는다.

(4) 경제적 학대

① 노인의 소득 및 재산, 임금을 가로채거나 임의로 사용한다.

- 노인의 허락 없이 임금, 연금, 임대료, 재산 등을 가로챈다.
- 의사표현 능력이 없는 노인의 연금, 재산 등을 가로챈다.
- 노인의 허락 없이 저축, 주식 등을 임의로 사용한다.
- 공적 부조(예: 국민기초생활보장 수급자 생계비) 급여를 가로채거나 임의로 사용한다.

〔그림 6-4〕 경제적 학대

- 노인의 허락 없이 노인명의의 은행계좌로부터 현금을 인출하여 사용한다.
- 노인의 허락 없이 노인 소유의 귀중한 물건을 빼앗는다.
- 노인 소유의 귀중한 물건을 파괴하는 등 재산적 피해를 준다.
- 노인에게 빌린 돈을 갚지 않거나 귀중한 물건을 돌려주지 않는다.
- 노인의 노동에 대한 대가를 정당하게 지급하지 않는다.

② 노인의 재산에 관한 법률적 권리를 침해하는 행위를 한다.

- 노인 소유의 부동산을 노인의 동의 없이 임의로 사용하거나 강제로 명의 변경한다.
- 노인의 허락 없이 수표 및 기타 금융·법적 서류에 서명을 날조한다.
- 노인의 허락 없이 노인의 신용을 이용하여 이익을 취한다(명의 도용).
- 노인의 허락 없이 노인명의로 은행 등에서 대출을 받는다.
- 노인의 허락 없이 노인명의의 은행계좌, 보험 등을 해약한다.
- 사기나 강압, 부당한 위력으로 유언장, 계약서, 위임장 등에 서명을 허위로 작성하거나 변조한다.
- 대리권을 노인이 원하지 않는 방법으로 악용한다.
- 노인부양을 전제로 재산 상속을 약속 또는 증여하였으나, 부양의무를 이행하지 않는다.

③ 노인의 재산 사용 또는 관리에 대한 결정을 통제한다.

- 노인이 희망하는 재산 사용을 이유없이 제한하거나 강요한다.
- 노인 자신의 돈을 일상생활에서 마음대로 사용하지 못하게 한다.
- 노인의 재산을 노인이 원하지 않는 방법으로 사용하도록 강요한다.
- 노인의 재산관리 관련 결정을 제한하거나 강요한다.
- 노인 명의의 재산을 불법적으로 소유하려고 협박한다.
- 수표 및 기타 금융·법적 서류에 서명을 강요한다.

(5) 방임

〔그림 6-5〕 방임

① 거동이 불편한 노인의 의 · 식 · 주 등 일상생활 관련 보호를 제공하지 않는다.

- 스스로 식사하기 힘든 노인을 방치한다.
- 스스로 배변처리가 어려운 노인을 방치한다.
- 노인 스스로 청결유지(목욕, 빨래 등) 또는 환경관리(청소 등)가 불가능함에도 불구하고 이를 방치한다.
- 심각한 질환(치매 등)이 있는 노인을 홀로 거주하게 한다.
- 노인에게 안정된 주거공간을 제공하지 않고 떠돌게 한다.
- 노인이 부적절한 주거공간(컨테이너 등)에 거주하는 것을 방치한다.

② 경제적 능력이 없는 노인의 생존을 위한 경제적인 보호를 제공하지 않는다.

- 경제적 능력이 없는 노인의 기본적 생존을 위한 생활비를 지원하지 않거나 중단한다.
- 경제적 능력이 없는 노인의 생활관련 업무(세금 및 각종 요금납부)를 방치한다.
- 경제적 능력이 없는 노인의 사회적 활동(용돈, 종교 활동비, 경조사비 등)을 위한 경제적 지원을 제공하지 않는다.

③ 의료 관련 욕구가 있는 노인에게 의료적 보호를 제공하지 않는다.

- 노인에게 필요한 보장구(틀니, 보청기, 돋보기, 지팡이, 휠체어 등)를 제공하지 않는다.
- 노인에게 필요한 의료적 처치를 제공하지 않거나 거부 · 방해하거나 혹은 소홀히 한다.
- 질병으로 인해 거동이 불편한 노인의 간병을 소홀히 한다(악취, 욕창, 염증 등 발생).

④ 자신을 돌보지 않거나, 돌봄을 거부함으로써 노인의 생명이 위협받는다(자기방임).

- 노인 자신이 의료처치 또는 약복용 등 의사의 지시에 따른 치료 행위를 거부한다.
- 건강, 생활, 환경 등의 위험한 상황에서 노인이 도움을 요청하지 않거나 거부한다.
- 노인 스스로 생존을 위해 필수적인 의 · 식 · 주 관련 행위를 거부함으로써 생명이 위협받는다.
- 일상생활 수행을 위한 신체적 · 정신적 능력을 상실한 노인이 돌봄을 거부함으로써 생명이 위협받는다.
- 건강에 치명적임에도 불구하고 노인이 약물이나 알코올 남용을 지속한다.
- 노인이 자살을 시도한다.

(6) 유기

① 의존적인 노인을 유기한다.

- 노인과 연락을 두절하거나 왕래를 하지 않는다.

〔그림 6-6〕 유기

- 노인을 시설, 병원에 입소시키고 연락과 왕래를 두절한다.
- 인지기능을 상실한 노인(치매, 약물중독, 알코올중독, 정신질환 등)을 고의적으로 가출 또는 배회하게 한다.
- 노인을 낯선 장소에 버린다.
- 배회하는 상태에서 발견된 노인에 대하여 부양의무자가 부양의무 이행을 거부한다.

2. 노인학대의 원인

노인학대는 다양한 요인들에 의하여 발생한다고 할 수 있다. 유성호 등(2015)은 노인학대의 원인을 가정에서의 노인학대 원인과 시설에서의 학대 원인으로 나누고 있다. 가정에서의 노인학대 원인은 다음과 같다.

첫째, 부양부담(스트레스)이다. 일반적으로 노인학대는 부양부담으로 인해 발생되는 스트레스와 밀접한 관계가 있다.

둘째, 부양자와 피부양자의 주거상태이다. 부양자와 피부양자와 동거할 때 부양자는 집안 살림과 경우에 따라 직장 생활을 하면서 피부양자를 수발해야 한다는 상황에서 부양자는 취미생활, 모임과 같은 개인생활의 유지가 곤란하여 발생하는 신체적 · 정신적 스트레스가 학대로 이어지기 쉽다는 것이다.

셋째, 부양자의 개인적 특성이다. 노인을 부양할 때 스트레스가 생긴다고 부양자 모두가 학대에 가담하지는 않는다. 부양자가 자신에 대한 자부심이 결여될수록 피부양자에게 학대를 한다고 설명하고 있어, 경제적으로 부모에게 의존하고 알코올이나 마약에 중독되어 있어서 자부심이 결여된 젊은 부양자일수록 학대를 자행한다고 볼 수 있다.

넷째, 부양자의 학대 경험이다. 폭력의 학습이론을 설명하는 것으로 어렸을 때 부모로부터 학대를 받은 아동은 폭력적인 행동이 사회화 과정상 내면화되기 때문에 나중에 자기의 가족에게 학대를 한다는 것이다.

다섯째, 세대전이이다. 세대전이는 학대의 원인을 가해자와 피해자의 관계로 설명해 주는 이론으로 부양자가 어렸을 때 피부양자로부터 학대를 당한 경험이 있는 경우 부양자가 성장하여 역으로 나약해진 피부양자에게 학대를 행하게 된다는 이론이다.

노인학대 중 시설에서의 학대 원인은 다음과 같다.

첫째, '시설종사자에 대한 입소노인 및 그의 가족학대'로 시설에서 입소노인에게 제공하는 각종 서비스 질에 대한 불만, 요구사항에 대한 처리 지연 및 주거환경의 불만족으로 입소노인이 직접 또는 그의 가족이 시설종사자에게 취하는 폭언이나 폭행을 의미한다.

둘째, '입소노인 간 학대'다. 이는 신체적 · 정신적 기능상 어느 정도 문제가 있는 입소노인이 일정한 공간에서 함께 공동생활을 해야 하는 요양시설의 특성상 입소노인 간의 갈등으로 발생하는 학대를 의미한다.

셋째, '입소노인에 대한 시설종사자의 학대'로 요양시설에서 발생하는 학대로 가장 많은 관심을 받고 있는 내용으로 시설종사자가 입소노인에게 행하는 방임과 신체적 · 정서적 · 성적 · 재산적 착취 행위가 포함된다.

〈표 6-2〉 연도별 전체 생활시설 학대 추이

(단위: 건, %)

구 분	2012년	2013년	2014년	2015년	2016년
전체사례	216	251	246	206	238
비율	6.3	7.1	7.0	5.4	5.6

출처: 중앙노인보호전문기관(2017)

2017년 중앙노인보호전문기관에서 발표한 「2016년도 노인학대현황보고서」에 따르면, 학대행위자 원인으로 2016년 한 해 동안 신고접수된 학대사례 중에서 학대 발생 원인이 학대행위자에게서 발견된 경우 그 세부원인에 해당되는 것을 모두 표시하게 했을 때 총 7,856건 중 개인의 내적 문제가 2,670건(34.0%), 개인의 외적 문제가 1,546건(19.7%)으로 나타났으며, 행위자 개인의 내적 · 외적 기질적 특성으로 인한 학대행위자 원인이 53.7%로 나타났다. 개인의 내적 문제는 학대행위자의 성격문제를 의미하는 것으로 분노, 고집, 자신감 결여, 폭력 및 충동성 등의 조절 또는 통제에 어려움을 갖는 경우가 해당되며, 학대피해노인 부양부담은 부양의무감 및 책임감으로 느끼게 되는 정신적, 경제적 부담감을 의미하고, 개인의 외적 문제는 학대행위자의 이혼, 재혼, 부부갈등, 스트레스, 실직 등의 문제로 나타났다.

〈표 6-3〉 학대행위자 원인

(단위: 건, %)

학대행위자 원인	건수	비율
개인의 내적문제	2,670	34.0
개인의 외적문제	1,546	19.7
경제적 의존성	869	11.1
과거 학대 받은 경험	147	1.9
신체적 의존성	331	4.2
알코올 및 약물 사용 장애	806	10.3
정신적 의존성	816	10.4
피해자 부양부담	671	8.5
계	7,856	100.0

출처: 중앙노인보호전문기관(2017)

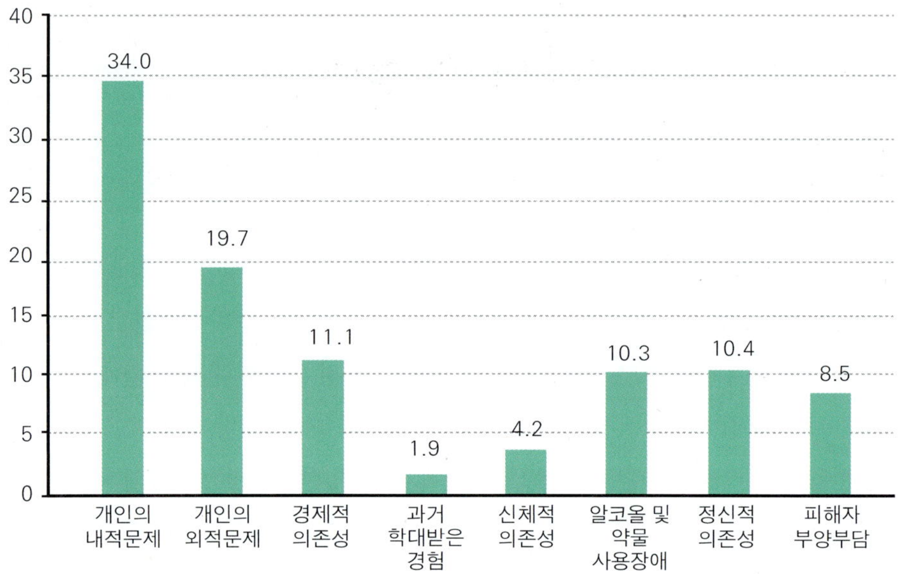

〔그림 6-7〕 학대행위자 원인 비율

출처: 중앙노인보호전문기관(2017)

가족환경적 측면에서의 발생 원인을 살펴보면, 학대피해노인 학대행위자 갈등, 가족 구성원 간의 갈등(자녀 간, 형제 간, 친족 간), 가족의 경제적 어려움 등이 해당된다. 가족환경 원인으로 학대 발생 원인이 가족환경 원인에 있는 경우는 총 4,223건으로 피해자 학대행위자 갈등이 2,376건(56.3%)으로 가장 높고, 가족구성원과의 갈등이 1,112건(26.3%), 가족의 경제적 어려움이 735건(17.4%)으로 나타났다. 학대피해노인 학대행위자 갈등은 학대피해노인과 학대행위자 두 사람 사이의 갈등관계를 의미하며, 가족구성원 간의 갈등은 부모 부양문제, 재산 문제 등으로 학대피해노인 자녀 간, 형제 간, 친족 간의 갈등으로 여러 사람이 갈등대상이 될 수 있으며, 가족의 경제적 어려움은 학대피해노인 및 학대행위자 등의 경제적 어려움 등을 의미한다.

〈표 6-4〉 가족환경 원인

(단위: 건, %)

가족구성원과의 갈등 (자녀 간, 형제 간, 친족 간)	가족의 경제적 어려움	피해자-학대행위자 갈등	계
1,112	735	2,376	4,223
26.3	17.4	56.3	100.0

출처: 중앙노인보호전문기관(2017)

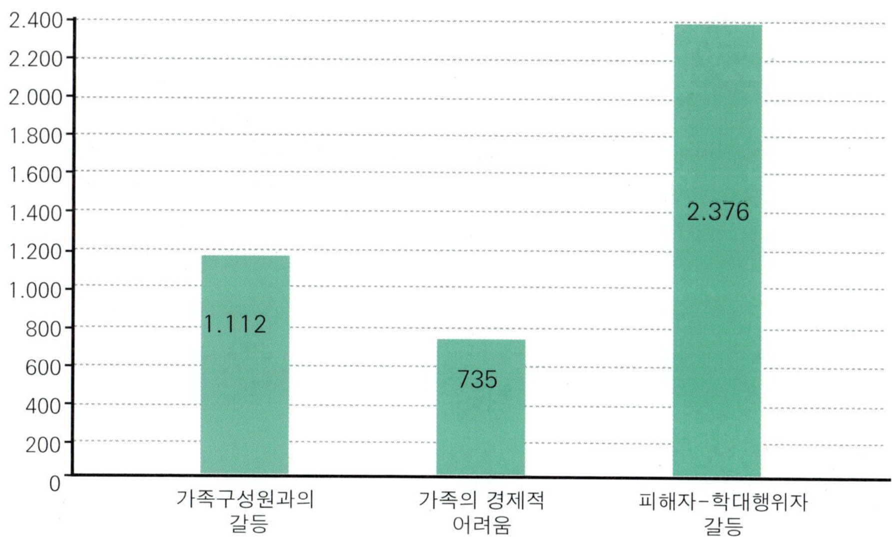

〔그림 6-8〕 가족환경 원인

출처: 중앙노인보호전문기관(2017)

3. 노인학대의 실태

2016년도 노인학대 현황보고서에 나타난 노인학대 신고접수사례를 살펴보면, 2016년 한 해 동안 전국 29개 지역노인보호전문기관을 통해 신고된 신고 건수는 12,009건으로 나타나고 있다. 신고 접수된 사례 중 단순 정보제공이나 기관 안내 등의 문의로 학대의심사례로 보기 어려운 사례와 신고접수 시 노인학대가 의심되었으나 사실관계 확인 및 현장조사 등을 통하여 노인 학대 및 학대위험요인이 드러나지 않는 사례를 의미하는 일반사례는 7,729건(64.4%)으로 나타났다. 신고접수 시 노인학대가 의심되어 현장조사를 실시한 후 사례판정 결과 학대사례(응급, 비응급, 잠재적 사례)로 판정된 사례를 의미하는 학대사례는 4,280건(35.6%)으로 나타나 전년도 대비 전체 신고 건수는 0.9% 증가(11,905건 → 12,009건)하였다. 전체 사례 중 일반사례의 비중이 매년 높아지고 있음을 알 수 있다. 일반사례의 경우 전년도 대비 4.4% 감소(8,087건 → 7,729건)되었으며, 학대사례의 경우는 전년도 대비 12.1% 증가(3,818건 → 4,280건)하였다. '연도별 노인학대예방사업 현황(2012년~2016년)'에서 노인학대 전체 사례 건수는 노인학대로 판정된 학대사례와 노인학대가 의심되었으나 사례판정이후 일반사례로 판정된 사례를 합한 것을 의미하며, 2016년 노인학대 전체사례 건수는 12,009건으로 2012년 대비 약 28.6% 증가(9,340건 → 12,009건)하였다.

〈표 6-5〉 연도별 전체 신고접수 건수 및 비율

(단위: 건, %)

구 분	2012년	2013년	2014년	2015년	2016년
전체사례	9,340	10,162	10,569	11,905	12,009
증감률	-	8.8	4.0	12.6	0.9

출처: 중앙노인보호전문기관(2017)

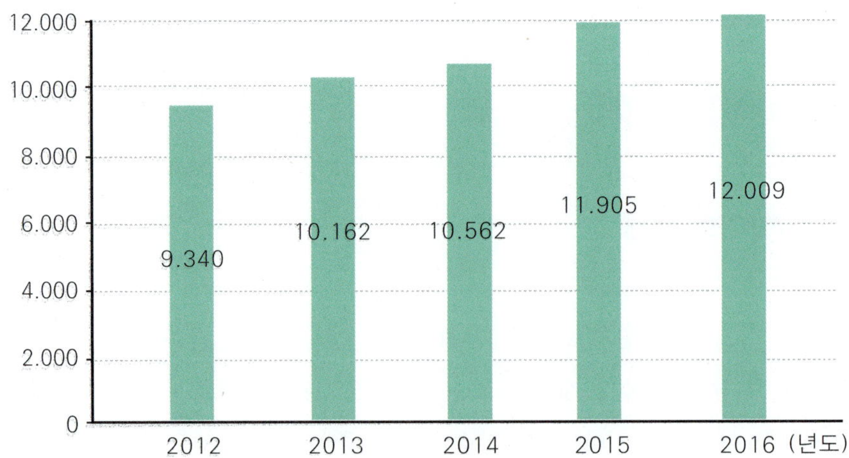

〔그림 6-9〕연도별 전체 신고사례 건수 추이

출처: 중앙노인전문보호기관(2017)

학대피해노인 성별에 대한 노인학대 유형을 살펴보면 정서적 학대가 남성 652건(36.9%)과 여성 2,078건(41.2%)으로 가장 높았으며, 공통적으로 '정서적 학대 신체적 학대 방임'의 순으로 학대 비율이 높게 나타났다.

〈표 6-6〉 학대피해노인 성별 노인학대 유형

(단위: 명, %)

피해자 성별	신체적 학대	정서적 학대	성적 학대	경제적 학대	방임	자기 방임	유기	계
남성	463	652	9	141	253	221	30	1,769
	26.2	36.9	0.5	8.0	14.3	12.5	1.7	100.0
여성	1,669	2,078	82	350	525	302	36	5,042
	33.1	41.2	1.6	6.9	10.4	6.0	0.7	100.0
건수	2,132	2,730	91	491	778	523	66	6,811
	31.3	40.1	1.3	7.2	11.4	7.7	1.0	100.0

출처: 중앙노인보호전문기관(2017)

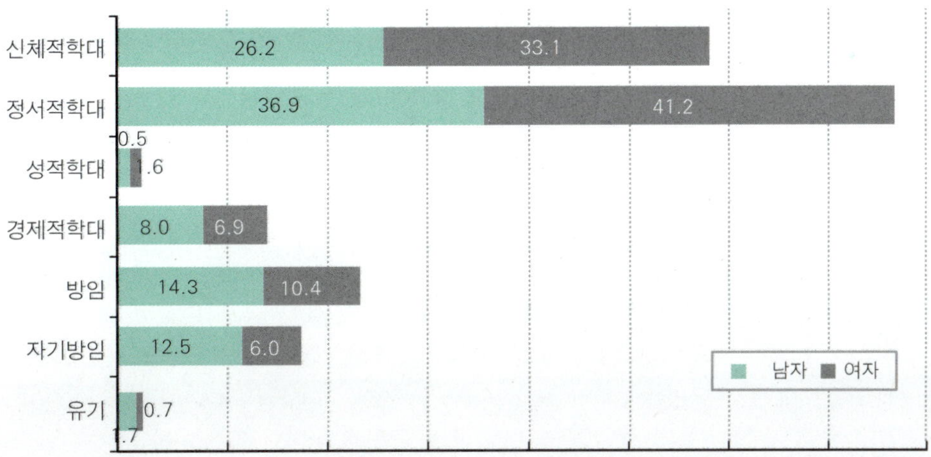

〔그림 6-10〕 학대피해노인 성별 노인학대 유형

출처: 중앙노인보호전문기관(2017)

학대행위자와 학대피해노인과의 관계를 살펴보면 크게 피해자 본인, 친족, 타인,

기관으로 분류된다. 친족은 다시 배우자, 아들, 며느리, 딸, 사위, 손자녀, 친척의 세부항목으로 분류되며, 타인은 동거인, 이웃, 친구, 기타 타인으로, 기관은 의료인, 노인복지시설종사자, 기타기관 관련 종사자로 분류된다. 2016년 접수된 학대사례의 학대행위자와 학대피해노인과의 관계를 살펴보면 친족관계인 경우가 3,502명(75.5%)으로 가장 많았다. 친족을 세부항목별로 살펴보면 아들이 1,729명(37.3%)으로 가장 높은 비율을 보였으며, 그 뒤를 이어 배우자 952명(20.5%), 딸 475명(10.2%) 순으로 나타났다. 이 중 아들의 경우는 전체 세부항목 중에서도 가장 높은 비율(37.3%)을 보였으며, 배우자의 경우도 전체 세부항목 중 두 번째로 높은 비율 (20.5%)을 보였다. 아들과 딸을 합친 자녀의 경우는 2,204명(47.5%)으로 학대행위자 중 대략 절반에 가까운 비율을 보였다.

친족 다음으로 높은 비율을 보인 것은 피해자본인으로 522명(11.3%)으로 나타났다. 이는 학대행위자가 본인인 경우로 자신을 돌보지 않거나 돌봄을 거부함으로써 노인의 생명이 위협받을 수 있는 자기방임 사례에 해당한다. 그 밖에 학대피해노인과의 관계가 노인복지시설 등의 기관 종사자인 경우가 392명(8.5%)으로 친족, 피해자 본인에 이어 세 번째로 높은 비율을 보였다. 학대행위자가 동거인 · 이웃 · 친구 등의 타인일 경우는 221명(4.8%)으로 가장 낮은 비율을 보였다.

〈표 6-7〉 학대행위자와 학대피해노인과의 관계

(단위: 명, %)

피해자본인	친족							타인	기관	계
	배우자	아들	며느리	딸	사위	손자녀	친척			
522	952	1,729	157	475	23	103	63	221	392	4,637
11.3	20.5	37.3	3.4	10.2	0.5	2.2	1.4	4.8	8.5	100.0

출처: 중앙노인보호전문기관(2017)

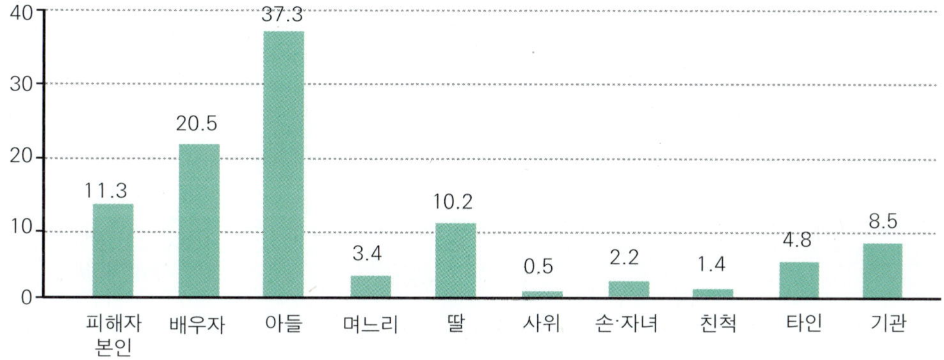

〔그림 6-11〕 학대행위자와 학대피해노인과의 관계

출처: 중앙노인보호전문기관(2017)

4. 노인학대의 예방 및 대책

1) 노인학대 예방사업 체계 및 노인학대 의심사례 업무진행

노인학대의 경우, 학대신고보다도 미신고 사례가 많을 것으로 추정되고, 고령화 현상이 지속되면 노인학대는 증가할 것으로 예상된다.

노인인권 차원에서 노인학대 예방 논의는 다양하게 진행되어왔다. EU차원에서 기본권헌장 제25조에서 노인에게 존엄하고 독립적인 삶을 영위할 권리가 있다 하였다. 또, 개정된 유럽사회헌장 제23조는 시설 내에서의 보호권에 대한 지원을 규정하고 있다(조현세 외, 2016). WHO(2016)에서도 노인학대 문제에 대해 국제적인 대응기준이 필요하다고 제안하였다. 우리나라의 노인학대예방사업 체계도를 살펴보면 다음과 같다.

〔그림 6-12〕 노인학대 예방 포스터

(1) 업무체계도

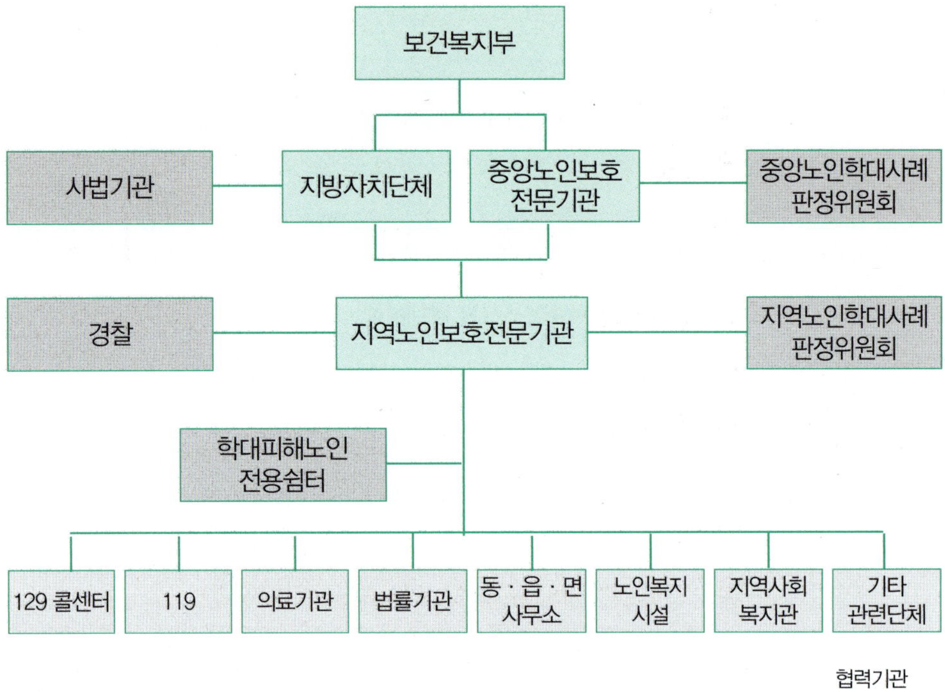

〔그림 6-13〕 업무체계도

① 학대피해노인전용쉼터(숙식 및 쉼터생활 지원)

② 지역노인보호전문기관(노인학대 신고접수 및 현장조사 등)

③ 행정기관 및 협력기관

가. 보건복지부(노인보호업무와 관련한 법 · 제도적 정책 수립 등)

나. 광역시 · 도(지방노인보호전문기관 지정 운영 및 분관 설치 지원 등)

다. 시 · 군 · 구(전문적 서비스 지원이 필요한 자에 대해 시 · 도 노인보호전문기관과 연계하여 적극 지원 등)

라. 사법경찰(노인보호전문기관과 노인학대사례 개입을 위한 협력체계 구축 등)

마. 의료기관(노인학대 판정을 위한 의학적 진단, 소견 및 증언 진술 등)

바. 법률기관(노인에 대한 최선의 이익 우선 원칙에 따른 사법적 소송 진행 등)

(2) 노인학대 의심사례 업무진행도

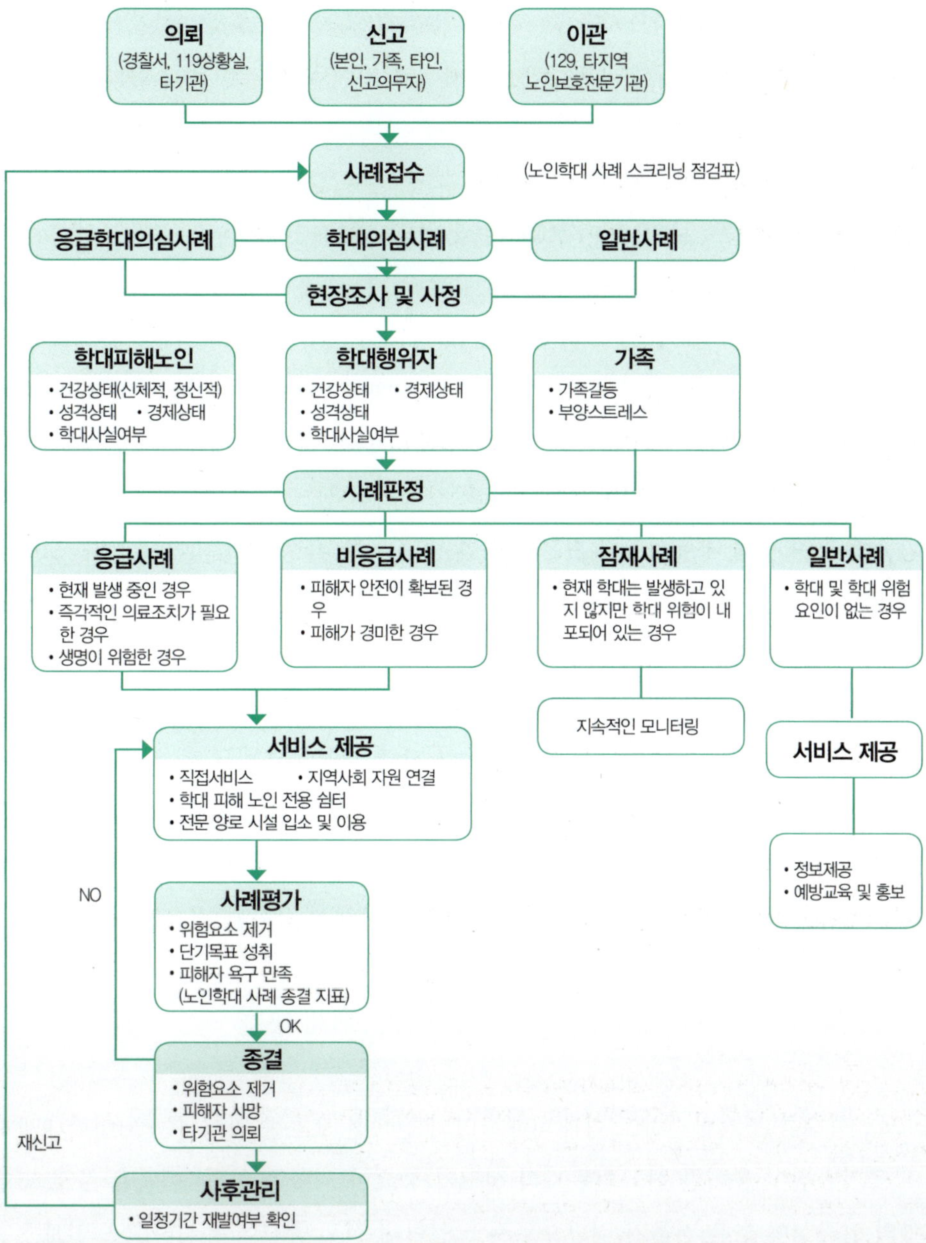

〔그림 6-14〕 노인학대 의심사례 업무진행도

2) 노인학대 예방대책

노인학대의 예방을 위한 예방대책으로서 정책적인 제언은 다음과 같다(중앙노인보호전문기관, 2017).

(1) 지역사회 중심의 노인학대 사례 발굴 체계 강화

2016년 노인학대 전체 신고 건수는 12,009건으로 2015년 대비 0.9% 증가하였다. 매년 신고접수 건수가 증가하고 있지만 노인학대에 대한 인식과 국민적 관심은 여전히 낮은 수준이다. 가정사라는 이유로 은폐되거나, 시설의 폐쇄성으로 인해 발견하기 어렵기 때문에 주변인과 주변기관의 적극적인 신고가 필요하다.

첫째, '지역사회 네트워크를 활용한 사례 발굴 체계 활성화'가 되어야 한다. 노인학대 건수는 매년 증가하고 있지만, 노인실태조사 등에 따른 노인학대 경험율 등을 고려해 보면 아직까지 우리 주변에 은폐되어 있는 노인학대가 많을 것으로 추정된다. 이처럼 은폐된 노인학대 사례를 발굴하고 신속한 대응을 하기 위해서는 주변의 관심과 함께 지역사회 자원 등을 활용한 좀 더 적극적인 사례 발굴 체계가 필요하다.

둘째, 지역사회 네트워크를 통한 학대피해노인 서비스 지원체계가 강화되어야 한다. 학대피해노인의 경우 국민기초생활수급자인 경우가 많아 학대피해노인의 경제적 어려움을 극복할 수 있는 실질적인 서비스 지원체계 강화가 필요하다.

(2) 학대피해노인 조기발견 및 신속한 대응체계 구축

노인학대를 조기발견하고 학대피해노인의 신속한 보호를 위해서는 노인학대사례의 조기발견이 용이한 신고의무자의 신고가 중요한 역할을 한다. 이들은 주로 노인과의 접근성이 높은 전문가 집단으로서 노인학대 징후 발견이 용이하고 노인보호전문기관과의 상호협력을 통해 피해상황에 대한 신속한 대응이 가능하다. 이를 위해서는 첫 번째로 신고의무자 협력체계 강화, 두 번째로 경찰과의 업무 공조체계 강화, 세 번째로 노인보호전문기관의 인프라 확충 등이 필요하다.

(3) 학대피해노인 보호 및 학대행위자 개입 강화

정부차원에서는 매년 증가하는 노인학대 문제에 대해 보다 효과적인 대응체계를 구축하기 위하여 노인학대를 사회문제로 인식시키고, 학대피해노인 및 가족을 위한 지원을 제공하는 등 다양한 예방책을 시행해 왔다. 그러나 이러한 노력에도 불구하고 가정 및 시설 내에 숨겨진 학대사례가 여전한 과제로 남아있다. 첫 번째로 원가족 복귀가 어려운 학대피해노인에 대한 지원 강화, 두 번째로 노인학대 금지행위의 체계화 및 벌칙조항 강화, 세 번째로 학대행위자 상담 · 교육과정 개발 및 현장적용 확대, 네 번째로 고령사회에 따른 대책 마련이 필요하다.

(4) 생활시설 학대 예방 대책마련

2016년 생활시설 학대 건수는 전체 학대사례 4,280건 중 238건(5.6%)으로 2012년 216건(6.4%) 대비 10.2% 증가하였다. 시설 내에서 발생하는 학대는 은폐의 가능성이 높아 발견이 어렵고 장기화될 경우 심각성이 크기 때문에 조기발견과 신속한 대응이 필요하다. 첫 번째로 시설학대 행정처분 절차의 체계화, 두 번째로 노인장기요양기관 시설학대 신고체계 개선 추진, 세 번째로 국민건강보험공단 연계 노인학대 예방 사업 협조체계 강화, 네 번째로 전국 노인복지시설 노인인권 실태조사가 실시되어야 한다.

(5) 노인학대 인식 개선 교육 및 홍보 활성화

'노인학대에 대한 전국민 관심제고를 위한 홍보를 강화'하여야 한다. 우리나라는 매년 '세계 노인학대 인식의 날(World Elder Abuse Awareness Day)'을 기념하기 위해 보건복지부 및 중앙노인보호전문기관과 협력하여 기념식과 캠페인 등을 실시해 왔다. 지난 2015년에는 보다 범국민적인 노인학대 인식제고 및 노인인권 의식 확산을 위하여 매년 6월 15일을 '노인학대 예방의 날'로 지정하는 법(「노인복지법」 제6조 제4항)이 신설되었다. 노인학대 예방의 날이 국가기념일로 지정됨에 따라, 국가와 지방자치단체 차원에서 노인학대에 대한 예방 및 관심 촉구를 위한 홍보와 행사 등이 진행됨으로써 범국민적 관심과 인식제고를 기대할 수 있겠다.

Chapter 7

노인과 여가생활

1. 노인과 여가

1) 노인 여가의 개념 및 필요성

여가(餘暇)란, 생리적인 필수시간을 제외한 시간을 의미하며 개인에게 주어진, 자신의 의지로 자유롭게 이용할 수 있는 시간을 의미한다(이은희 · 박양숙, 2017). 특히 노인에게 있어서는 은퇴와 자녀 양육 등 역할의 상실과 사회참여의 기회가 상대적으로 과거에 비해 적어지므로 노인의 건전한 여가 선용 욕구는 갈수록 증가하고 있다. 여가는 노인에게 있어서 한가하게 보내는 무료한 시간이 아니라 자기 발전을 위해 창조적인 활동에 참여하는 시간을 의미하며, 노인에게 필요한 여가에 대한 정의는 다음과 같다(신용주 · 김혜수, 2016; 이은희 · 박양숙, 2017).

첫째, '시간적 개념으로서의 여가'는 1일의 생활시간에서 구속 시간과 생활 필요시간을 제외한 나머지 시간을 의미한다. 구속시간은 노동시간, 생활 필요시간은 생리적 의미의 기본시간을 의미한다. 여가의 시간적 개념이란 1일 24시간 중 8시간은 수면시간, 생계 유지 기간, 나머지 8시간은 자유 재량적으로 사용할 수 있는 여가시간을 의미한다.

둘째, '활동적 개념으로서의 여가'는 여가시간 중에 행하는 활동 그 자체로 해석하는 방법이다. 여가는 활동 자체에 목적을 갖는 것으로 의미는 매우 복잡하며, 시간과 활동을 포함하고 있다. 자유롭게 선택할 수 있는 시간만이 아니라 그 시간에 의미 있는 활동이 있어야 여가로 정의할 수 있다는 의미이다.

셋째, '주관적 개념으로서의 여가'는 마음의 상태와 경험으로 여가를 보는 개념이다. 여가는 항상 주관적인 마음의 상태 혹은 느낌의 질을 가리킨다는 것이다. 마음의 상태를 측정하는 것은 복잡하고 미묘하지만 여가의 질적인 측면을 연구할 때 사용하는 개념이다

위와 같이 노인에게 있어 여가가 주는 의미는 다른 생애주기에서 느끼는 의미보다 다양하고 복잡한 개념으로 작용하고 있으며, 노인은 여가활동의 참여를 통해서 노인의 건강을 증진시키고 삶의 만족과 동료들과의 공유를 통해 사회적 소속감을 확인할 수 있는 기회를 갖게 된다.

2) 노인 여가활동의 영향요인

현대 우리사회에서 노인 여가활동에 영향을 미치는 다양한 요인은 다음과 같다(신용주 · 김혜수, 2016; 최성재 · 장인협, 2010).

(1) 자녀의 성장 및 독립상태

학령기의 자녀가 장성하게 되면 부모의 역할이 상대적으로 축소되며, 자녀의 독립 후 맞이하게 되는 '빈 둥지 증후군(empty nest syndrome)'은 별다른 부모의 역할이 필요없게 됨으로써 발생한다. 따라서 노인기에는 자녀의 양육으로 인해 소홀했던 부분을 이제는 적극적으로 자신을 위한 여가생활의 기회로 인식하고 사회활동에 적극 참여할 필요가 있다.

(2) 은퇴

은퇴는 의무적인 직장 일에서 벗어나 여유롭고 자유롭게 활동할 수 있는 양적인 시간을 제공해 준다. 그러나 우리 사회에서 고령화 현상에 의해 인간의 수명은 상당히 길어진 반면, 은퇴 시기는 과거와 크게 차이가 없이 50대 중반부터 시작되기에 은퇴를 맞이하는 심리적인 위기감을 해소할 수 있는 건전한 여가활동의 참여가 필요하다.

(3) 경제적 상황

노인기는 은퇴 이후의 시기에 해당하므로 대다수의 노인들의 경제적 상황은 여유롭지 않은 상황이다. 여가활동을 유지하기 위해서는 기본적으로 교통비, 참가비, 용돈, 준비비 등과 같은 비용이 소비되기에 경제적 상황이 좋은 노인들이 상대적으로 더 다양한 여가활동을 즐길 수 있다.

(4) 건강상태

건강한 여가활동을 유지하기 위해서 노인의 건강상태는 필수적이다. 건강은 여가활동에 참가할 수 있는 기회를 제공하며 여가활동의 참여 빈도를 높이는 데 기여할 수 있다.

(5) 여가활동에 대한 사회화

여가활동에 대한 사회화는 노인들의 여가활동 능력을 향상시켜 노년기의 다양한 여가활동을 유지할 수 있도록 하는 중요한 요소이다. 노인기의 여가활동에 대한 적절한 사회화는 여가활동을 통해 얻는 즐거움을 더하여 여가시간을 유용하게 활용할 수 있게 한다.

(6) 개인 생활목표의 다양성

노인들 개개인의 생활 목표가 많을수록 여가활동의 수가 많아지게 된다. 하나의 생활목표를 가진 노인들보다는 둘 이상의 생활목표를 가진 노인들이 목표를 달성하기 위해 더욱 많은 활동에 참여하기 때문이다. 따라서 개인 생활목표가 얼마나 다양한가는 노인의 여가활동에 영향을 미치는 요인이 된다.

(7) 주거환경의 변화

노인기에 거주하는 주거환경에 따라 여가활동의 참여 기회가 다양해질 수 있다. 특히 노년기에 거주하는 지역에 노인복지시설이 많은 곳으로 이사하게 되면 노인의 여가활동 참여 기회가 다양해질 수 있다. 또한 노년기에 요양원, 병원 등에 입소하게 될 경우는 여가활동의 범위는 좁아질 수 있다.

2. 노인의 여가활동 유형 및 시설

1) 여가활동 유형 분류

(1) 여가활동 장소

노인의 여가활동 장소에 따라 첫째, 가족 내에서의 활동, 자녀와의 대화 등과 같은 '가족 중심형 여가활동', 둘째, 가족 외부에서의 취미, 오락, 학습, 단체활동 등에 참여하는 '가족 활동형 중심 여가활동'으로 분류할 수 있다(권중돈, 2017; 박재간, 1997).

노인의 여가활동 장소가 갖는 중요성은 노인의 성향과 노인의 지니고 있는 사회적 자원 교류망 정도를 파악할 수 있는 자료가 될 수 있다.

(2) 여가활동 사회관계 범위

노인의 여가활동 사회관계 범위에 따라 첫째, 혼자서 미술, 음악 감상, 서예, 사진, 수집, 독서 등의 활동을 하는 '단독 충실형', 둘째, 친구들과 어울려 회식, 대화를 나누고 관혼상제에 적극 참여하는 '우인(友人)교류형', 셋째, 가족 단위의 외식, 소풍, 집안의 정원 손질, 미화, 집수리 활동 등에 적극 참여하는 '가족 충실형', 넷째, 지역사회활동, 동창회, 향우회, 친목회, 정치단체 활동에 참여하는 '사회 참여형'으로 구분할 수 있다(권중돈, 2017; 김태현 · 김양호 · 임선영, 2011).

(3) 여가 활동목적과 표현적 관여 정도

노인의 여가 활동이 지니는 목적과 표현적 관여 정도에 따라 첫째, 휴식, 수면 등의 긴장해소 활동, 둘째, TV시청, 독서, 영화, 스포츠 관람 등의 기분전환 활동, 셋째, 학습, 심미활동, 여행, 사회단체 참여 등의 발전적 활동, 넷째, 요리, 집수리, 토의, 창작활동 등의 창의적 활동, 다섯째, 게임, 사냥, 운동, 춤과 술 등의 감각 쾌락 활동으로 구분할 수 있다(권중돈, 2017; 최성재 · 장인협, 2010).

(4) 여가 활동의 목적과 관계범위

노인의 여가 활동의 목적과 관계범위는 첫째, TV시청, 놀이, 장기, 화투, 바둑, 쇼핑 등의 소일형, 둘째, 수집, 서예 등의 취미활동, 영화, 전시회, 음악회 등의 문화 활동. 등산, 골프, 낚시 등의 운동을 포함하는 취미 · 문화 · 운동형, 셋째, 가족, 친구, 이웃과의 만남, 방문, 경로당, 노인복지회관 등의 참여 등의 우인 교류형, 넷째, 교양

강좌 수강 등의 학습활동, 교회, 사찰, 성당 등에서의 종교 활동, 사회봉사활동 등의 사회단체 활동형으로 구분한다(권중돈, 2017; 모선희, 2004).

2) 여가활동 시설 종류

(1) 노인복지관

노인복지관에 대한 정의는 노인복지법 제36조의 제1항 1호에 의거 "노인의 교양 · 취미생활 및 사회참여활동 등에 대한 각종 정보와 서비스를 제공하고, 건강증진 및 질병예방과 소득보장 · 재가복지, 그 밖에 노인의 복지증진에 필요한 서비스를 제공함을 목적으로 하는 시설"로 규정되어 있다. 따라서 지역사회 내에 위치하여 노인의 건전한 여가생활을 위한 장소로 활용되고 있다.

(2) 경로당

경로당에 대한 정의는 노인복지법 제36조의 제1항 2호에 의거 "지역노인들이 자율적으로 친목도모 · 취미활동 · 공동작업장 운영 및 각종 정보교환과 기타 여가활동을 할 수 있도록 하는 장소를 제공하는 것을 목적으로 하는 시설"로 규정되어 있다. 경로당의 이용 연령은 만65세 이상으로 활용되고 있으며, 지속적으로 경로당의 수는 아파트 수의 증가에 따라 늘어나고 있다.

(3) 노인교실

노인교실에 대한 정의는 노인복지법 제36조의 제1항 3호에 의거 "노인들에 대하여 사회활동 참여욕구를 충족시키기 위하여 건전한 취미생활 · 노인건강유지 · 소득보장 기타 일상생활과 관련한 학습프로그램을 제공함을 목적으로 하는 시설"로 규정되어 있다. 특히 최근의 평생교육 사업의 전개에 따라 노인의 건강한 교육적 욕구를 충족시키는 역할을 하고 있다.

3. 노인의 사회참여

노인의 사회참여 활동의 대표적인 예는 노인 자원봉사 활동과 노인 사회활동 지원사업으로 나뉜다. 노인의 건전한 여가활동의 촉진을 위해 앞으로 더욱 활성화되어야 할 노인의 사회참여 활동에 대해 살펴보고자 한다(이은희 · 박양숙, 2017).

1) 노년기 자원봉사 활동의 필요성

노인에게 자원봉사 활동이 갖는 의미는 다양한 여가활동에 있지만 보다 여가시간을 의미있게 활용하고 지역사회 내 산재되어 있는 사회문제를 적극적으로 참여하여 사회통합을 도모하는 데 일익을 담당함으로 노후에 발생할 수 있는 고독과 소외감을 해소할 수 있다는 데 의의를 둔다.

은퇴 이후 자신의 자아정체성에 대해 재확인하며, 가정과 사회에서 적절한 역할을 찾는 과정에서 자원봉사가 지니는 의의는 상당히 있다. 오늘날의 노인복지는 과거의 자선(慈善)적, 시혜(施惠)적 의미에서 벗어나 인간으로서의 기본적인 욕구를 충족시키고 가정과 사회에서 건강한 역할을 영위하는 것이다.

노년기에 적극적이고 자발적인 자원봉사 활동이 더욱 중요해지는 이유는 노인 자원봉사 활동은 여가의 적극적인 활용과 사회참여의 매개체의 역할을 담당하기 때문이다. 산업화에 따른 평균수명의 연장, 조기 퇴직으로 확대된 노년기의 삶의 의미와 보람 추구에 대한 필요를 자원봉사활동으로 활용할 수 있다. 노인은 자원봉사 활동을 통해 타인에게 도움을 줄 수 있고, 사회발전에 공헌할 수 있는 생산적인 활동을 계속하게 되어 노후생활에서 경험할 수 있는 열등감과 소외감을 극복하여 지역사회에서 사회통합된 생활을 도모할 수 있게 만든다.

따라서 노인의 자원봉사 활동이 가지는 중요성이 우리사회 저변에 정착되기 위해서는 정부의 적극적인 지원 정책과 서비스 전달체계 마련이 필요하다.

2) 노년기 자원봉사 활동의 내용

노년기 자원봉사 활동은 자원봉사가 이루어지는 장소에 따라 개인과 가정 중심의 자원봉사, 그리고 지역사회에서의 자원봉사로 나눌 수 있는데 이에 대하여 살펴보고자 한다(이은희 · 박양숙, 2017; 이인수, 1999).

(1) 개인과 가정 중심의 자원봉사

노년기 자원봉사 활동 중 대다수는 개인 클라이언트와 가정을 대상으로 하는 자원봉사 활동이다. 세부적인 자원봉사 내용은 다음과 같다.

첫째, '가사 보조 자원봉사'는 클라이언트 가정 내에서 필요한 조력 서비스로 청소, 세탁, 식사보조 및 반찬서비스, 난방 관리 등이 있다.

둘째, '의료 및 재활서비스 자원봉사'는 병원 이동 및 안내보조, 물리치료 보조, 운동 및 마사지 보조, 임종 간호 등이 있다.

셋째, '사회적 보호'는 지역사회 내 위험에 처한 아동, 노인 등 취약계층을 돕는 활동으로 한부모 및 저소득 맞벌이 가정의 아동 돌보기, 어린이 놀이터 청소 및 관리, 소년소녀가장 지원, 미혼모 및 가출 청소년 상담 및 지원, 재가 장애인 및 노인의 말벗 서비스 등이 있다.

특히 최근 노인 자원봉사 내용 중 같은 또래의 취약 노인을 대상으로 하는 활동이 활발히 전개되고 있어 같은 시대를 살아온 또래로서 공감대를 형성할 수 있다는 점에서 의미 있는 활동이라고 볼 수 있다. 그러나 자원봉사를 받는 노인의 입장에서 본다면 상대적인 박탈감을 느낄 수 있기에 충분히 동의를 받은 경우 전개하는 것이 바람직하다.

(2) 지역사회에서의 자원봉사

노년기 자원봉사 활동 중 향후 활발하게 전개될 수 있는 영역은 지역사회에서의 자원봉사라고 할 수 있다. 노인이 거주하는 지역사회 안에서 자원봉사의 손길이 필요한 대상과 시설은 매우 다양하기에 노인 스스로가 지니는 가치관과 성향에 따라 봉사의 영역을 선택할 수 있기 때문이다.

① 노인 입소시설

지역사회 내 노인 입소시설은 대부분 요양원, 요양병원, 주간보호 및 단기보호시설 등이 해당된다. 노인 입소시설의 자원봉사 활동 영역은 식사 보조, 목욕 보조, 산책 안내, 말벗 서비스, 레크레이션 보조 등 다양하다. 특히 전문 자원봉사 활동으로는 이 · 미용 서비스, 교육 및 치료 프로그램 진행 등이 해당된다.

② 복지관 및 센터 등의 이용기관

지역사회 내 종합사회복지관 및 노인복지관 등의 자원봉사 활동은 전화상담, 직업훈련 및 취업알선 보조, 각종 프로그램 보조, 재가복지사업의 가정방문 보조, 청소 및 행정 보조 등 다양하다. 특히 노인 이용기관의 자원봉사 활동은 거동이 가능한 노인과 재가복지서비스를 받는 노인으로 구분되기에 자원봉사자 노인의 선택권이 다양하다는 장점을 지니고 있다.

③ 교통 및 안전관리

지역사회 내 초등학생 등 · 하교 시 사고 예방 및 교통안전 지도, 지하철 안전 지도원, 건널목 교통정리 등 다양하게 진행되고 있다.

(3) 노인일자리 및 사회활동 지원사업

노인일자리사업은 노인복지법 제23조2와 저출산 · 고령사회기본법 제11조에 의거하여 법적인 근거를 두고 있으며, 세부적인 내용은 다음과 같다.

〈노인복지법〉

제23조의2(노인일자리전담기관의 설치 · 운영 등) ① 노인의 능력과 적성에 맞는 일자리지원사업을 전문적 · 체계적으로 수행하기 위한 전담기관(이하 '노인일자리전담기관'이라 한다)은 다음 각 호의 기관으로 한다.

1. 노인인력개발기관 : 노인일자리개발 · 보급사업, 조사사업, 교육 · 홍보 및 협력사업, 프로그램인증 · 평가사업 등을 지원하는 기관

2. 노인일자리지원기관 : 지역사회 등에서 노인일자리의 개발 · 지원, 창업 · 육성 및 노인에 의한 재화의 생산 · 판매 등을 직접 담당하는 기관

3. 노인취업알선기관 : 노인에게 취업 상담 및 정보를 제공하거나 노인일자리를 알선하는 기관

② 국가 또는 지방자치단체는 노인일자리전담기관을 설치 · 운영하거나 그 운영의 전부 또는 일부를 법인 · 단체 등에 위탁할 수 있다.

③ 노인일자리전담기관의 설치 · 운영 또는 위탁에 관하여 필요한 사항은 대통령령으로 정한다.

④ 제1항 제2호의 노인일자리지원기관의 시설 및 인력에 관한 기준 등은 보건복지부령으로 정한다.

〈저출산·고령사회기본법〉

제11조(고용과 소득보장) ① 국가 및 지방자치단체는 일할 의욕과 능력이 있는 고령자가 최대한 일할 수 있는 환경을 조성하여야 한다.

② 국가 및 지방자치단체는 연금제도 등 노후소득보장체계를 구축하고 노인에게 적합한 일자리를 창출하는 등 국민이 경제적으로 안정된 노후생활을 할 수 있도록 필요한 조치를 강구하여야 한다.

〈표 7-1〉 노인일자리 및 사회활동 지원사업 내용

구분	유형	내용	성격
노인 사회 활동	공익 활동	노인이 자기만족과 성취감 향상 및 지역사회 공익 증진을 위해 자발적으로 참여하는 봉사활동	봉사
	재능 나눔 활동	재능을 보유한 노인에게 재능나눔 활동 기회를 부여하여 사회참여를 통한 노후 성취감 제고, 건강 및 대인관계 개선 유도	
장형 (취창업)	시장형 사업단	참여자 인건비를 일부 보충지원하고 추가 사업소득으로 연중 운영하는 노인일자리	근로
	인력 파견형 사업단	수요처의 요구에 의해서 일정 교육을 수료하거나 관련된 업무능력이 있는 자를 해당수요처로 파견하여 근무기간에 대한 일정 임금을 지급받을 수 있는 일자리	
	시니어 인턴십	만 60세 이상의 노인에게 일할 기회를 제공함으로써 노인의 직업능력 강화 및 재취업기회를 촉진	
	고령자 친화 기업	고령자가 경쟁력을 가질 수 있는 적합한 직종에서 다수의 고령자를 고용(최소 30명 이상)하는 기업 설립 지원	
	기업 연계형	기업이 적합한 노인일자리를 창출하고 유지하는 데 필요한 직무모델 개발, 설치 구입 및 설치, 4대 보험료 등 간접비용을 지원	

출처: 보건복지부(2017) 노인복지사업안내

① 참여자

첫째, 공익활동 참여자 : 만65세 이상의 기초연금 수급자가 해당된다.

둘째, 시장형 사업단, 인력 파견형 사업단 : 만 60세 이상의 사업 특성에 적합한 노인이 해당된다.

셋째, 노인일자리사업 참여를 신청하는 자는 사업수행기관에 참여 신청서, 해당 활동 관련 자격증 사본(해당자에 한함), 개인정보 수집 · 이용에 관한 동의서(자필서명 후 제출)를 제출하면 된다.

② 공급기관

해당 지방자치단체는 노인일자리 및 사회활동지원 사업위원회를 거쳐 수행기관을 선정하게 되어 있다. 주로 한국노인인력개발원[1], 사회복지관, 노인복지관(회관), 시니어클럽[2], 대한노인회 취업지원센터[3], 지역자활센터, 노인전문보호기관 등이 참여하고 있다.

③ 지원내용

첫째, 활동시간 : 연중 9개월, 12개월로 구분, 월 30시간 이상 활동, 개인당 1일 3시간 이내

둘째, 활동비 : 1인당 월 20만 이내

셋째, 시장형 사업단 : 근로자서 연중 활동하며, 급여 및 시간은 사업장 사정에 따라 다양하게 진행

---

1) 한국노인인력개발원은 노인일자리사업지원, 노인자원봉사사업지원, 인적자원 개발 연구 등을 담당하고 있는 기관으로, 한국노인인력개발원 홈페이지(https://kordi.go.kr)에서 확인할 수 있다.

2) 시니어클럽은 지역사회 내에서 일정한 시설과 전문 인력을 갖추고 지역의 자원을 활용하여 노인의 일자리를 창출 · 제공하는 노인일자리전담기관으로, 시니어클럽과 각 지역별 시니어클럽 운영현황에 대한 자세한 내용은 한국시니어클럽협회 홈페이지(www.silverpower.or.kr)에서 확인할 수 있다.

3) 대한노인회 취업지원센터는 지역 사회에서 구직을 희망하는 노인의 취업 상담 · 알선 등을 통해 노인의 소득 보장 및 사회 참여 기회를 확대하기 위한 업무를 담당하고 있으며, 대한노인회 취업지원센터에 대한 자세한 내용은 대한노인회 홈페이지(www.koreapeople.co.kr)에서 확인할 수 있다.

3) 노인교육

우리나라는 고령화사회에 진입하게 되면서 노인의 다양한 욕구에 대해 적극적으로 대처하는 노력이 필요하다. 특히 노인기에는 사회와 가정에서의 역할의 상실에 의해 의미 있는 시간을 보내고 싶어하는 욕구가 갈수록 증가하고 있다.

최근 우리나라 평생교육의 보급과 지원 정책 속에서 노인교육에 대한 정책과 프로그램 개발이 더욱 현실적으로 노인의 욕구에 접근할 수 있도록 전개될 필요가 있다.

(1) 노인의 교육 욕구

노인이 지니는 교육적 욕구에 대해 다음과 같이 구분하여 설명하고자 한다(윤진, 1984; 이은희 · 박양숙, 2017).

① 대처능력 욕구

노인기에는 자신의 신체적 · 정신적 노화 현상에 의해 일상생활과 사회생활이 어려움에 처하게 됨에 따라 정상적인 기능을 유지하기 위해 교육을 받고자 한다.

예) 읽기, 쓰기, 생활법률, 경제 상식, 시사 이슈 등

② 표현적 욕구

노인기에는 사회활동의 감소에 따라 집단 및 단체 활동 등에 참여하고 싶은 욕구를 표현하게 된다. 특히 노인은 은퇴 이후 기존의 직장생활의 억압에서 벗어나 여유로운 시간을 통해 자신의 취미, 특기 등 교육을 받고자 한다.

예) 신체활동, 사회적 활동, 취미 및 예술 활동 참여 등

③ 공헌적 욕구

노인기에는 주변의 어려움에 처해 있는 이웃을 위해 배려와 헌신을 하고자 하는 욕구를 지닌다. 특히 노인은 이러한 공헌적 욕구를 통해 자신의 역할을 재확인함으로 이전의 사회적, 가정적 지위를 회복하고자 한다. 새로운 교육을 통해 자신의 에너지를 쏟아 부을 방법에 대해 정보를 획득하고 사회참여 활동에 필요한 지식과 기술을 습득하게 된다.

예) 자원봉사활동, 이웃봉사 활동 참여 등

④ 영향력 욕구

노인기에는 지역사회의 친목, 봉사단체, 노인 관련 단체, 종교단체, 정치단체 등을 통해 영향을 주고자 한다. 이는 인간은 누구나 사회 속에서 사회의 변화와 흐름에 대해 적극적으로 영향을 주고자 하는 욕구를 지니기 때문이다.

예) 사회적 역할, 집단 및 단체 활동을 위한 기술 훈련 참여 등

⑤ 초월적 욕구

노인기에는 죽음을 대비하면서 인생의 의미를 더욱 깊게 생각하려는 욕구를 가진다. 이는 매슬로우(Maslow)의 자아실현의 욕구와 연관되며 자신의 생애를 되돌아보고 정리하려는 욕구이다.

예) 죽음준비교육, 생애정리교육 등

(2) 노인의 교육 욕구 방해 요인

노인이 적극적으로 교육적 욕구를 충족시키기 위해서는 주변의 방해 요인을 제거하여 삶의 질을 높일 수 있도록 지원하는 노력이 필요하다. 따라서 사회복지사는 노인의 이러한 방해요인에 대해 숙지할 필요가 있다(이은희 · 박양숙, 2017).

첫째, '개인의 상황적 요인'으로 교육 경비, 이동 및 교통편의, 건강 악화 요인 등

둘째, '개인의 성향적 장애요인'으로 노인 스스로가 교육활동 자체에 흥미를 느끼지 못하거나 교육을 배우기에 자신이 너무 늙었다고 생각하는 요인 등

셋째, '제도적 장애요인'으로 교육기관과 관련 제도가 노인교육의 필요성과 노인이 지니는 교육에 대한 욕구에 접근하지 못하므로 지원을 소홀히 하여 발생하는 요인 등

(3) 노인 교육의 영역

노인교육은 아동, 성인, 노인의 연령에 따른 대상 구분이 아닌 연령, 지위, 성에 관계없이 각자의 관심과 이해에 따라 여러 세대가 한데 모이고 상호작용함으로 서로 간에 정보를 교환하고 새로운 지식을 만들어 내는 적극적인 과정으로 제3의 교육학, 초세대적인 교육의 의미를 갖는 '트라이고지(trigogy)'를 의미하며, 아동교육, 성인교육, 노인교육의 특성은 다음의 표와 같다(한정란, 2015).

〈표 7-2〉 아동교육, 성인교육, 노인교육의 특성 비교

구 분	아동교육(pedagogy)	성인교육(andragogy)	노인교육(garagogy)
자아 개념	타자에 대한 의존성 (교사중심)	자기주도성의 증대 (학습자 중심)	자기주도성, 노화에 따른 타자 의존성 증대
경험의 역할	학습의 자원	학습–직업생활에서 상호 환류됨	전문 경험의 축적, 교육 · 문화적 계승 혹은 치매로 인한 경험의 퇴화
학습 과제	발단단계와 과학적 연구에 기초를 둔 학습과제 (교과중심)	사회, 직업, 생활에서 요구되는 과제 (경험중심, 과제중심)	생활, 삶의 보람, 취미 등 고령화에 대응하는 과제 (생활, 교양중심)
교육 과정	공교육으로 법제화된 교육과정	위의 과제에 기초를 둔 프로그램	위의 과제에 기초를 둔 프로그램
학습 결과	학력 형성, 직업에 대한 예비 사회화	즉각적 응용, 경력 재구성	인생의 평온, 내세적 이해에 응용

구 분	아동교육(pedagogy)	성인교육(andragogy)	노인교육(garagogy)
학습 조직 · 방법	공적 교육기관 단위제 혹은 학년제	평생학습기관 재교육방식	지역사회 평생학습기관 평생학습방식
학습 동기	학문적 성과, 장래에 대한 기대	사회적 역할 기대	인생의 적응과 통합

출처: 노인교육론(2015, 한정란)

권중돈(2017)은 노인교육에 대해 다음과 같이 영역별로 구분하여 제시하였다.

첫째, '노인에 의한 교육(education by older adults)'은 노인의 지혜와 경험을 교육적으로 활용하는 노인교육의 하위 영역으로 교실학습을 통한 실질적인 교육의 제공, 다양한 경험의 제공, 대인관계의 확대, 전통의 전수, 노인의 사회 참여를 목적으로 한다. 주 교육의 내용으로는 역사적 증언과 회상, 전통적 가치와 윤리, 전통 예절, 전통적 기술과 민속 · 전통 예술, 전통 음식, 지역사회 봉사 등과 같은 직접적 교육활동에서부터 간접적인 교육 효과에 이르기까지 매우 다양하다.

둘째, '노인에 관한 교육(education about older adults and aging)'은 어린이에서부터 노인에 이르기까지 어느 연령 집단이든지 노인과 관련된 직업에 종사하는 사람들, 퇴직을 준비하는 이들과 같이 어떤 상황에 놓인 사람을 대상으로 하여 일반적인 노인이해교육과 퇴직준비교육, 노인전문교육을 실시하는 것을 의미한다.

노인에 관한 교육은 노화와 노인 이해의 확대, 세대 간 이해의 확장, 노화에 대한 준비, 노화에 대한 적응을 도모할 목적으로 실시된다. 교육 내용은 노년기의 발달과 적응, 노년기의 생물학적 · 심리적 · 사회적 변화, 고령화사회의 영향, 노화에 대한 준비, 노인과 더불어 살기, 노후생활 설계, 성공적 노화사례 탐구 등으로 구성될 수 있다. 주 교육방법은 강의, 노인 자서전 쓰기 등의 방법을 다양하게 활용할 수 있다.

셋째, '노인을 위한 교육(education for older adults)'은 노인 학습자를 대상으로 하는 연구와 실천을 통하여 노인의 역량을 강화하기 위한 교육 활동이다. 노인을 위한 교육은 노화에의 적응, 사회적응, 자기계발, 대인관계 확대, 능동적인 삶의 고취, 자립과 사회참여 촉진을 목적으로 하여 건강, 여가, 노후 경제생활 등의 노후생활 전반에 관한 내용, 생존과 일반 교양, 취업, 노인복지, 노인권리, 죽음과 영성에 대한 내용을 교육한다. 자기지향적 학습원리, 의미있는 학습원리, 융통성의 원리, 상호존중의 원리, 학습자인 노인중심의 원리 등에 근거하여 노화와 노인의 특성에 적합한 교육방법을 활용한다.

한정란(2015)은 노인교육과정의 편성원칙에 근거하여 노인교육의 교과과정을 편성할 때 다음과 같은 원칙을 제시하였다.

첫째, 교양 · 취미 등의 여가활용을 위한 문화 교육 영역

둘째, 건강관리 · 운동 등을 위한 건강 교육 영역

셋째, 오락 · 레크리에이션 등을 통한 긴장 해소 교육 영역

넷째, 지역사회나 단체에의 참여와 발전에 기여하는 사회봉사 교육 영역

다섯째, 노년 세대와 젊은 세대 간의 이해증진을 위한 갈등 해소 교육 영역

여섯째, 사회적 능력과 기능의 계속적인 함양을 위한 노인 성장 교육 영역과 관련된 교육내용이 포함되어야 한다.

〈표 7-3〉 노인교육의 하위영역별 주요 교육 내용

교육 영역	목적	주요 교육 내용
노인을 위한 교육	적응	건강관리, 여가와 취미, 사회적 변화, 노년기의 심리, 노후 경제생활, 가족관계
	생존	일반교양, 취업, 노인복지
	사회참여	사회봉사, 노인의 권리
노인에 관한 교육	의미 재발견	죽음, 종교, 삶의 회고
	노화에 관한 지식	발달과정 이해, 생물학적 노화, 심리적 노화, 사회적 노화
	고령사회	노인의 의미, 고령사회의 특성과 준비
	노화에 대한 준비	노인의 역할, 노인 단체, 생애 설계
	노인의 부양	노인과의 관계, 공동체사회, 노인사례 탐구, 노인을 대상으로 한 봉사활동과 실습

교육 영역	목적	주요 교육 내용
노인에 의한 교육	역사적 증언과 회상	직접 경험한 한국 역사
	전통적 가치와 윤리	전통윤리, 전통예절
	전통적 기술과 민속	전통놀이, 전통예술, 전통음식, 전래문화
	지역사회 봉사	아동, 청소년, 노인 등을 위한 가정 및 사회봉사

4) 노인 교육 활성화를 위한 과제

우리나라는 고령화사회에 위치해 있으며, 노인 인구의 급증과 함께 노인의 욕구를 충족시킬 수 있는 실제적이고 총체적인 정책과 서비스가 마련되기 위한 과제는 다음과 같다.

첫째, 지역사회 내 노인교육을 담당하는 기관 간의 유기적인 네트워크가 구축되어야 한다. 현재 우리나라의 노인교육 담당 기관은 주로 대학 부설 평생교육원, 사회복지관, 노인복지관, 종교단체 등에서 이루어지고 있다. 그러나 각 기관이 지닌 설립 취지와 이념에 따라 노인 교육의 내용은 제각기 운영되고 있기에 노인의 교육적 욕구가 통합적 · 지속적으로 충족될 수 있기 위해서는 기관 간 네트워크 구축으로 노인교육의 사례관리 시스템을 도입하여 연속적인 교육 서비스가 제공될 필요가 있다.

둘째, 전문 노인교육 기관 육성과 노인교육 전문가 양성 대책이 마련되어야 한다. 현행 노인교육은 노인복지법과 평생교육법에 의해 제반 규정이 운영되고 있다. 그러나 관련법에 의해 노인교육기관의 시설 기준, 교육 과정 등에 대한 사항이 다르게 운영되고 있기에 정형화된 노인교육 기관의 매뉴얼이 필요하며, 노인의 신체적 및 심리적인 제반 상황에 대해 이해를 둔 전문 노인교육 전문가 양성이 시급하다.

셋째, 노인교육의 필요성에 대한 사회적 노력과 인식 개선이 필요하다. 노인의 교육은 노인 여가 영역 중 중요한 사회적 기능을 담당할 수 있는 내용이다. 따라서 노인이 노인교육을 통해 우리 사회의 생산적인 요소를 담당하고 전문 인력으로 재창출될 수 있도록 각인될 필요가 있다.

Chapter 8

노인과 실버산업

1. 실버산업의 개념

실버산업의 사전적 의미는 노년층을 대상으로 한 상품 · 서비스를 제조 · 판매하거나 제공하는 것을 목적으로 하는 산업을 말하며, 은을 뜻하는 실버라는 용어는 노인이라는 단어가 갖고 있는 부정적 이미지를 없애기 위해 민간업체에서 고안해낸 이름이다. 이같은 개념과 용어를 만들어낸 일본에서는 실버산업보다 실버비즈니스 또는 실버서비스 라는 말을 더 많이 사용하고 있으나, 우리나라에서는 일반적으로 실버산업이라는 용어를 주로 사용하고 있다. 실버산업을 다시 광의의 개념과 협의의 개념으로 나누어보고자 한다.

① 광의의 개념

노인층은 물론 비 노인층의 노후대책으로 소비에만 한정되지 않고 자산관리, 삶의 보람과 관련된 생활, 고용, 생활설계 등의 모든 상품과 서비스를 말한다.

② 협의의 개념

노인용 주택 등 주거서비스, 가사대행 · 수발 및 간호, 입욕, 주간보호, 단기보호 등의 사업 실버산업은 대가족의 기능이 쇠퇴하고 있는 현대사회에서, 65세 이상 고령자의 정신적, 육체적 기능을 향상시키거나 지속시키고, 완전한 사회활동을 할 수 있게 하기 위하여 민간이 시장 경쟁의 원리(영리추구)에 입각하여 상품이나 서비스의 공급을 행하는 사업이다.

이 외에도 실버산업에 대한 개념을 살펴보면 다음과 같다.

- 실버산업이란 노인을 대상으로 생활의 안정과 보호, 편의를 위해 민간부문에 의해 자유 시장에서 재화 및 서비스를 제공하는 일련의 경제활동이다.
- 실버산업이란 60세 이상의 노인을 대상으로 민간 기업이 시장경쟁원리에 입각하여 상품이나 서비스의 공급을 행하는 산업이다(일본후생성, 1999).
- 실버산업이란 경쟁력 있는 노인인구계층 및 노후대책을 준비하는 예비노인인구계층을 대상으로 하여 그들의 욕구에 적합한 상품과 서비스를 자유시장원리로 공급하는 산업이다.
- 실버산업이란 고령층의 정신적 · 육체적 기능을 향상시키거나 유지시키고 고령자의 완전한 사회활동을 위하여 민간이 시장경제에 입각(영리 차원)해서 상품이나 서비스 공급을 행하는 산업이다.

실버산업의 대표적인 공급의 형태는 시장공급형(순수한 상업기반)이라고 할 수 있다. 그 외 상호부조형(회원조직, 유급자원봉사자의 활용), 행정관여형(제3섹터형, 비영리단체에 위탁운영) 등이 있다.

2. 실버산업의 등장 배경

현대 과학기술의 발달로 인한 경제 · 사회발전과 의료기술의 발달은 국민 생활수준을 크게 향상시켰을 뿐만 아니라 평균수명을 점차적으로 증가시킴으로써 노인인구의 동태적 변화가 선진국형으로 바뀌어 가고 있다. 이에 따라 국내 65세 이상 노인인구의 비율이 1995년 전체 인구의 5.9%이었으나, 2000년에는 7.2%로 고령화 사회(aging society)에 진입하였고, 2018년에는 14.3%까지 증가하여 고령사회(aged society)로 진입하게 되었다.

고령화 사회로의 발전과정에서는 소득수준의 향상과 함께 인간의 생활양식도 복잡하게 변화될 것으로 예상되며, 이러한 변화는 노인들의 다양한 욕구 표출을 불러일으켜 결국 수요욕구를 상승시킴으로써 노인계층 수요창출이 이루어지게 된다.

또한 인구의 고령화, 핵가족화, 여성의 사회진출 확대로 인한 가족의 노인부양 기능 약화는 고령화 사회에 대비한 새로운 사회시스템을 요구한다. 전반적인 국민소득 수준의 향상은 고령층의 경제력을 크게 향상시킬 것으로 전망되며 앞으로 노인이 될 예비노인층은 국민연금 혜택과 함께 노후를 대비한 개인연금 등으로 현재의 노인층보다는 훨씬 경제력이 높아질 것이다. 이렇게 되면 앞으로 실버산업은 현대사회에서 중요한 역할(산업)을 차지한다고 볼 수 있다.

3. 실버산업의 특징

실버산업의 특징은 복지형 산업, 중소기업형 산업, 연계형 산업, 노동집약적서비스형 산업, 지식사업형 산업, 여성중심형 산업으로 분류할 수 있다.

- 복지형 산업 – 국가주도적인 공익성을 우선하되 수익성이 결부된 형태이다.
- 중소기업형 산업 – 상품과 서비스가 대기업과 보완적인 역할을 수행한다.

- 연계형 산업 – 보건, 의료, 복지 분야와의 연계가 필요한 산업이다.
- 노동집약적서비스형 산업 – 노동집약도가 높은 산업이다.
- 지식사업형 산업 – 노년기에는 내향성과 수동성의 증가로 이동성이 적고 정보의 한계가 발생하므로 노인에게 지식 및 정보를 제공해야 하고, 이는 주거 · 여가 · 의료 · 실버용품 · 금융 관련 분야로 나누어지기 때문에 지식사업형 산업이라고 할 수 있다.
- 여성중심형 산업 – 2010년 통계청 자료에 의하면 남자의 평균 수명이 76.15세, 여자의 평균 수명이 82.88세로 남녀 수명의 차이가 6.73년으로 나타났다. 실제로 노인전문요양기관이나 노인전문병원 등을 이용하는 대상 역시 남성 노인보다 여성 노인의 비율이 높다.

그러므로 실버산업은 남녀 구분 없이 모든 노년층이 서비스 대상에 해당되나, 여성 노인이 남성 노인보다 수명이 길며, 구전효과와 구매결정권이 더 높기 때문에 여성중심형 산업이라고 할 수 있다(서강훈, 한국형 실버타운 모델 연구 재인용, 2008).

4. 실버산업의 시장규모

한국과학기술평가원에 의하면 2000년 실버시장 규모는 약 24조 원이었고, 2010년에는 54조 원 2020년 116조 원이 예상되며, 한국은 세계에서 가장 빠른 속도로 초고령 국가가 되고 있기 때문에 실버산업은 유망한 산업이라 말할 수 있다.

〈표 8-1〉 일본의 실버시장 규모

분야	2000년	2005년	2010년
주거	6조 4,920억 원	9조 8,980억 원	14조 1,180억 원
보건, 의료	5조 4,760억 원	8조 3,490억 원	11조 9,090억 원
여가	6조 9,140억 원	10조 3,890억 원	14조 8,190억 원
생활	5조 9,960억 원	9조 1,420억 원	13조 9,300억 원
합계	24조 7,800억 원	37조 7,800억 원	53조 8,800억 원
일본	105조 9,9840억 엔	156조 7,253억 엔	228조 8,115억 엔

출처: 한국기술평가원(2010, http://www.kicttep.re.kr/, http://www.ketep.re.kr/)

일본의 경우 2000년에 106조 엔, 그리고 2010년에는 228조 엔을 넘어섰다. 일본의 실버시장 연평균 증가율은 21.5%, 민간 총소비는 23.9%를 차지하고 있다.

5. 실버산업의 유형

실버산업은 노인 수명의 연장에 따라 성장잠재력이 있는 산업으로 평가되고 있다. 사업 내용에 따라 분류하면 주거관련서비스, 케어관련서비스, 의료관련서비스, 재가관련서비스, 노인생활용품관련서비스, 금융관리서비스, 교육서비스, 여가관련서비스가 있다.

1) 주거 관련 서비스

주거 관련 서비스는 도시나 근교의 노인전용주택, 아파트, 노인촌락, 유료양로원이나 유료요양원 등 노인들의 주거와 관련한 사업이다.

주거와 관련하여 노인들은 주택을 소유하고 싶은 욕구와 주택을 관리하고 싶지 않은 욕구가 동시에 있는데 이러한 성향에 대응한 것이 노인주택이라고 할 수 있다.

연구에 의하면, 노인들은 자신이 거주하는 주택에 대해 애착을 갖고 개인적인 의미를 부여하기 때문에 자신만의 공간에서 주거 만족도가 더욱 높으며 편안함을 선호하는 경향이 있다. 따라서 이와 같은 욕구에 따라 내 집과 같은 다양한 노인 주택은 실버산업으로서의 전망이 밝은 분야이다(홍숙자, 2002).

최근 노인주택과 관련한 산업에 실버타운이라는 용어를 사용하고 있는데, 실버타운의 용어는 현재 우리나라에서 법적으로나 행정적으로 규정된 용어는 아니다.

실버타운은 원래 미국이나 호주에서 보편화된 노인주거시설의 집합 지역 유형으로 양로시설, 요양시설, 오락시설 등이 한 지역에 모여 설치되고 노인들이 이주하여 노인들의 독특한 주거지역을 형성한 것이다.

실버타운은 노인들이 의식주 및 기본의료관리를 주목적으로 체류하는 통합형 목적의 노인주거시설로 그 규모와 형태는 다양하다. 특히, 대규모 실버타운은 아파트, 공동주택 등의 독립주거시설과 연속 보호시설, 요양원, 치매센터 등의 보호시설이 집합을 이루어 상호 연계 및 협력관계를 유지하며 Community, Village, Country, Town 등의 명칭을 사용하고 있다(이인수, 2003).

〈표 8-2〉 입지유형별 장 · 단점

구분			내용
입지별	도시형	장점	• 종래 생활권의 연장으로 가족과의 교류가 가능 • 생활편의시설 등 도시기능을 활용 • 선호도가 높고, 운영측면에서 유리
		단점	• 시가가 높아 신규부지확보가 어려움 • 건물의 고층화 등 사업비 증가 • 상대적 자연조건 불량
	도시근교형	장점	• 통근이 가능 • 지역주민과의 교류가 양호 • 안정된 토지가격으로 양호한 주거환경 조성이 가능
		단점	• 개발제한구역 등 건축제한지역이 많음

구분			내용
입지별	전원형	장점	• 온천, 명승지 등 관광적 요소 활용 • 자연환경 양호 • 종합적 노인 커뮤니티 형성
		단점	• 도시적 기능 미비, 고립감 • 생활필수시설을 단지 내 설치해야 하므로 개발비용이 높음 • 운영비용의 부담

출처: 한국형 실버타운 모델 연구(2008, 서강훈)

우리나라의 경우 실버산업이 점점 커지는 시점에서 틀니 산업이 자동차 산업을 뛰어 넘는다 라고 말할 정도로 실버산업이 발전하고 있다. 우리나라 최초의 실버타운은 1988년 7월에 세워진 유료 양로시설로서 경기도 수원에 있는 유당마을이다. 유당마을은 우리나라 실버타운의 출발점이 되었다.

1980년대 국내 최초로 실버타운이 시작되었고, 1990년대에는 살기 편한 주거복합시설로 도약하였다. 2000년대에 와서는 고령 친화 실버타운으로 발전하였고, 2010년대에는 미래형 주거, 의료, 문화, 복합시설로 발전하고 있다.

실버타운은 하드웨어와 소프트웨어로 구성된다. 하드웨어는 주거시설 및 병원과 연계된 의료시설과 문화시설이고, 소프트웨어는 일상생활서비스, 건강관리서비스, 문화활동서비스 등으로 구성된다. 일상생활서비스는 급식, 생활보조, 편익서비스이고 건강관리서비스에는 응급의료체계, 건강검진사업 등이 포함되며, 문화활동서비스는 취미, 오락, 학습, 레저, 스포츠 활동 등이다.

실버타운은 입지유형에 따라 도시형, 도시근교형, 리조트형, 전원형으로 구분되며, 사업방식별로는 입주금을 일시에 지불하고 서비스 비용은 별도로 지불하는 종신형(이용권형), 연금보험의 수혜자가 직접 입주하는 종신형(연금형), 입주보증금 지불 후 임대형태로 계약하는 임대형, 입주자가 주거시설의 소득원을 취득하는 분양형으로 구별할 수 있다.

〈표 8-3〉 사업방식별 유형의 장 · 단점

분류	장점	단점
종신형 (이용권)	부동산 소유에 따른 세금이나 개보수 등의 번거로움에서 해방 입주금+월 사용료의 지불에 따른 생활보장	설치주체가 시설운영을 계속할 수 없는 경우 거주권에 대한 보장 없음 임의 계약에 불과
종신형 (연금형)	입주 후 추가비용의 부담이 없음	장래 인플레 등의 변동을 반영할 수 없고 입주자에게 추가비용 징수가 불가능해 사업상 위험이 큼
임대형	계약해제가 자유로움 입주초기에 많은 부담 없음	입주자의 소득감소 시 지속적 입주 생활이 어려움
분양형	전원풍경 만끽 화훼단지, 농원 등 경작가능	부대서비스 시설 설치 부담

출처: 노인복지정책과 사회보장제도(2013, 서강훈)

2) 케어 관련 서비스

고령이 되면서 노인은 신체적 · 정신적으로 쇠잔해지기 때문에 식사나 목욕, 세탁, 외출 등에 있어서 도움을 필요로 하게 된다. 거동이 불편한 노인들을 위한 가정방문 간호서비스, 가정방문 요양서비스, 목욕서비스, 주간보호, 단기보호 등의 재가서비스가 필요하다.

민간주도의 방문간호시설, 방문요양시설, 주간보호시설, 단기보호시설 등에 대한 체계적인 지원 방안을 강구하여 재가복지서비스의 공급을 확대하고 질적 수준을 제고할 수 있는 민간참여 활성화 정책이 필요하다.

3) 건강 관련 서비스

건강관련서비스의 종류로 노인전문병원, 노인요양시설, 노인재가시설 등의 계속적 수요증가가 예상된다. 이제는 건강의료기기(전동의자, 건강매트, 팩 등)와 편의시설(전동차, 휠체어, 전동침대 등), 건강식품(스쿠알렌, 인삼, 녹용, 상황버섯, 각종 영양제 등), 방문간호의 개발이 지속적으로 요구된다.

4) 재가 관련 서비스

노인복지시설에 입주하지 않은 노인을 대상으로 한 급식서비스, 방문서비스와 정신적 · 심리적 · 사회적 서비스이다.

5) 노인생활용품 서비스

노인을 위한 휠체어, 보청기, 안경, 지팡이 등과 같은 재활보조서비스와 노인을 위한 특수의자, 안전 도어 등의 생활의 편리를 위해 만들어 놓은 일상 용품을 제공하는 서비스이다. 이 외에도 의류, 식품, 정보, 의료품 등이 개발되고 있다.

6) 금융관련서비스

개인연금서비스, 부동산 관리 및 부동산 대출, 은행과 보험회사, 투자신탁 등에서 노후 생활에 필요한 소득관리를 위해 노후연금 등을 개발하고 있으며, 부동산 신탁 등을 통해 노인들의 재산을 관리하는 사업들이 있다.

금융 분야의 대상은 현재의 노인만이 아니라 노후를 준비하는 예비노인의 욕구도 중요하다. 우리나라 통계청에 의하면 2018년 현재 총인구의 14.3%를 차지하고 있지만 가까운 장래에 노인계층에 편입될 50~64세까지의 인구도 포함하면 약 1,100만

명으로 전체인구의 23%에 달한다.

이들 50세 이상의 금융자산 규모를 추정해 보면 2000년 말 총 개인금융자산(799조원)의 약 46%인 364조 원에 달하는 것으로 추산되고 있다. 금융자산 증가율과 노인인구 증가를 고려하여 가정할 때 2010년 약 1,036조 원, 2020년에는 약 3,225조 원에 달할 것으로 예상된다. 금융시장에 있어 노인의 상당한 영향력이 예상된다(서강훈, 2009).

〈표 8-4〉 가구주 연령별 개인금융자산 분포 추정

	30세 미만	30~39세	40~49세	50~59세	60세 이상	계
총가구수 (만)	144	379	381	251	277	1431
평균저축액 (만 원)	1194	1839	2614	3010	2917	2398
총저축액 (십억 원)	17194	69698	99974	75551	80801	343218
비율 (%)	5	20	29	22	24	100
금융자산액 (조 원)	40	162	233	176	188	799

출처: 통계청(2000, 인구주택총조사보고서) 가구소비실태조사

이들의 금융욕구를 보면, ① 노후의 생활비 및 여가생활을 충분히 할 수 있는 현금의 보장니드, ② 의료비 등 갑작스러운 목돈사용에 대비한 욕구, ③ 여유자산의 운용 및 관리욕구, ④ 자녀 등에 대한 자산상속, 증여설계와 관련된 욕구 등이 있다. 이러한 욕구에 대응한 다양한 금융관련 상품 및 서비스가 국내 금융기관들에 의해 제공되고 있으며 특히 2000년 이후 두드러지고 있다.

노인 전용 예금상품(조흥은행 경로우대통장, 외환은행 예스실버신탁 등), 역모기지상품(reverse mortgage), 즉시연금, 고령자용 건강보험(대한생명 굿모닝 실버건

강보험), 자산관리 및 상속설계 서비스(하나은행 내리사랑신탁, 우리은행 웰스피아) 등이 제공되기 시작하였고, 특히 외국계 금융사의 진출이 본격화되면서 노인용 상품의 종류 및 서비스의 다양화도 가속화되고 있다.

7) 교육서비스

고령사회로의 전환에 따른 노인인구의 질적인 변화 추세는 건강하고 경제력이 있으며 교육수준이 높은 노인들이 평생교육의 수단으로서 노인교육에 대한 수요를 창출할 것으로 기대된다. 이를 구체적으로 살펴보면 다음과 같다.

첫째, 21세기 고령사회는 개인적으로는 노인기의 연장을 의미하므로 노년기를 효율적이고 유익하게 보낼 수 있도록 노인교육의 중요성이 더욱 확대될 것으로 전망된다. 모든 고령자가 연령 · 학력 정도 · 소득 정도 등 각자의 특성에 따라 다양한 유형의 노인교육서비스에 대한 요구를 할 것으로 전망된다.

둘째, 젊은층의 부양의식의 감소로 인한 노인의 자립성 필요 및 노동력의 고령화에 따른 국가 인력자본 차원에서 고령자 인력자원화의 필요성이 증가할 것이다.

셋째, 학령인구의 감소로 고령자가 전문대학 및 대학교의 새로운 교육자원으로 등장하고 있다. 특히, 평생직업체제의 등장으로 고령자의 전문직업교육에 대한 수요는 날로 증가할 것으로 예상된다.

넷째, 고령인구의 양적인 증가로 노인의 정치세력화(gray power)로 인한 정치적 부담의 증가 및 노인 단체의 정치적 압력단체화 가능성이 증대할 것으로 예측된다. 이에 따라 노인의 학습권 보장이 사회적 관제로 대두될 것이다(허정무, 2002).

8) 여가 관련 서비스

은퇴 후의 삶이 더욱 길어지고 있는 상황에서 노인에게 여가선용기회를 제공하기 위한 노인대상상품으로 관광알선, 자원봉사자 주선, 노인문화센터(오락, 스포츠),

노인교양강좌 등의 여가상품이 홍수처럼 쏟아지고 있다. 골프 붐을 타고 골프 모임을 주선하고, 노인수영교실, 자전거 동호회, 등산, 사진촬영 동호회, 희귀식품 채집 동호회 등이 인기를 끌고 있다.

여가산업은 이용자가 찾아오도록 하는 것도 있겠지만 앞으로는 찾아가는 산업도 생각할 수 있다. 사행성이나 투기성을 배제한 여가산업의 전망은 그 어느 때보다 밝다고 하겠다.

6. 실버산업의 전망

앞으로의 실버산업은 능동적 참여를 유도할 수 있고, 참여자들에게 욕구와 만족을 줄 수 있는 프로그램이어야 한다. 따라서 시설의 제공이라는 단순개념을 탈피해야 하며, 실버 및 예비실버층의 특징적 행동과 의식에 대한 정보를 끊임없이 축적해야 하며 우리 실정에 맞는 서비스체계를 개발해 나가야 한다.

노인인구의 증가, 질 높은 서비스를 원하는 다양한 욕구 상승, 사회환경의 변화로 실버산업은 활발하게 발전할 것으로 전망된다. 실버산업의 미래는 밝다고 하겠다. 한국보건사회연구원 연구보고서에선 65세 이상 노인인구 대상 2000년대 실버산업 시장은 연평균 약 9.5% 증가, 약 24조 원 규모, 2010년대 실버산업 시장은 약 54조 원의 규모로 비대해졌고, 2020년 116조 원으로의 증가가 예상되며 증가 폭 또한 상승곡선이 예견된다. 실버산업은 노인복지뿐만 아니라 사회경제 분야에서도 전반에 걸친 큰 파급효과가 있을 것이다.

〈표 8-5〉 실버산업 육성효과의 장단점

장점	단점
• 만성질환, 치매노인을 보호함으로써 노부모 부양가족에게 생활안정 기여 • 질 높은 서비스로 노후생활 안정 • 지역사회 민간기업 참여로 국가예산 절감 • 공적 노인복지와 사적 민간부문 실버산업과의 역할분담	• 전통적 노인부양과 보호기능을 수행하던 가족기능의 붕괴 • 계층 간의 서비스 불평등 심화, 사회통합에 역행 • 대상노인 재산관리 불이익 우려 • 사적 민간기업 부실경영 우려

출처: 노인복지론(2010, 박귀영 외 5인)

Chapter 9

노인의 성

1. 노인의 성이란

개인의 인격의 중요한 한 가지 양상이 바로 성(sexuality)이다. Starr와 Weiner(1981)가 제시한 대로 성은 인간 존재의 모든 양상 속에서 표현되는 에너지라고 할 수 있다. 성은 성교나 오르가즘과 같은 생물학적인 기능만을 이야기하는 것이 아니라 관계 형성 속에서의 기쁨이나 사랑의 언어를 표현하는 것처럼 친밀한 방식으로 자아나 감정을 표현하는 것을 포함한다. 성은 남성, 여성의 존재 자체와 함께 자아정체감을 포함하는 인성의 중요한 자원이기에 개인의 삶 속에서 성은 매우 중요하게 자리잡고 있으며 이는 노인에게서도 마찬가지다.

노인들도 성적인 관계를 통하여 자신의 존재를 더욱 인식하게 되고 심리적 욕구를 충족시킨다. 노년 세대는 생식을 끝마친 상태이지만 이성과의 상호 접촉과 친밀감의 욕구는 남아 있고 이것이 중요한 요소로 떠오른다. 또한 노인의 성생활은 노인의 건강 유지에도 매우 도움이 되는 것이 사실이다. 그러나 사회에서 바라보는 노인들은 성에 관심이 없다든지 성행위가 중지된다든지 하는 고정관념이 있고, 노인의 성적 욕구 표현을 단순히 문제행동으로 치부하는 경향이 있다. 일반적으로 나이가 들면 신체적 노화로 인한 기능의 저하로 성행위 빈도는 감소하지만 성에 대한 욕구에는 거의 변함이 없고 성은 일생 동안 유지된다는 점을 인식해야 한다. 일본의 「후생백서」(2015)에 의하면 이성과의 애정이나 성관계를 희망하는 사람은 남성 94%, 여성 70%에 이른다는 결과가 있었다. 하지만 사회 속에 만연되어 있는 노인의 성에 대한 고정관념이나 농담 등은 노인의 성적 경험에 부정적으로 영향을 미치고 있는 것이 사실이다.

노인의 성은 이제 고령화 사회 속에서 우리가 중요하게 대두시켜야 할 문제 중의 하나가 되었다. 노인과 함께 일하는 전문가들은 노인의 성에 대한 부정적인 사회적 통념을 개선하려는 노력을 기울여야 할 것이며, 노인들의 성적욕구와 이성적 친밀감에 대한 욕구를 충족시킬 수 있도록 도와주어 궁극적으로 노인들의 삶의 질을 향상 시킬 수 있도록 해야 한다.

2. 노인의 성에 대한 통념

요즘 사회에 만연되어 있는 노인의 성에 대한 고정관념이나 농담 등은 노인의 성적 경험에 부정적으로 영향을 미친다. 이러한 태도나 신념은 노인 차별주의로부터 비롯된다. 가령 노인은 신체적으로 매력도 없고 성적으로도 매력이 없다는 지각 또는 모든 노인이 활력이 없고 감정도 고갈되어 있어 성에도 관심이 없다는 지각이 노인 차별주의의 한 예이다. 우리 사회에서는 성(sexuality)이 젊음과 동일시되는 경향이 있기에 노인이나 장애인이나 만성적인 질환을 갖고 있는 사람들은 비 성적인 존재로 간주되고 있다.

성관계는 젊은이들의 일이지 나이 많은 노인들의 일이 아니라는 폐쇄적이고 성을 터부시하는 사회적 환경이나 문화적 배경 때문에 노인들이 성생활을 부담없이 즐길 여건이 조성되지 못하고 있다. 늙으면서 생리적으로 성욕이 감소하고 성기능도 떨어져 성생활 빈도와 강도는 줄지만 여전히 성생활은 노년기 삶의 한 부분임을 인정해야 한다. 노년의 성은 신체에 의한 자기표출이며 친밀한 인간적 교류이고 자연스러운 현상임을 직시해야 한다. 신체적 쇠퇴기와 성욕 감퇴의 등식화된 부정적 심리와 잘못된 통념으로 문제의 공개적 해결을 어렵게 했던 사회적 분위기는 전반적으로 노년의 가치를 새롭게 인식하는 방향으로의 전환이 요구된다. 또 생을 마치는 순간까지 남성으로서 또는 여성으로서 성의 즐거움을 느끼고 행복을 추구하는 긍정적 사고와 권리로 받아들여 무관심과 차별에서 벗어나 사회의 관심과 배려를 이끌어 내도록 노인 스스로의 노력이 필요하다.

3. 노인의 성에 대한 사회의 부정적인 시각

현대사회의 노인의 성에 대한 부정적인 시각은 역사적으로 중세시대에 지배적이었던 기독교의 금욕사상에서 절대적인 영향을 받았다고 볼 수 있다. 성행위는 오로지 자녀의 출산을 위해서만 필요한 것으로 간주되었기 때문에 임신이 불가능한 노인의 성생활(특히 폐경 이후의 여성)에 대해서는 매우 부정적이었고 심지어 자연에 대한 죄악으로 간주되었다. 14세기경 유럽을 강타하여 많은 사망자를 속출시켰던 흑사병의 발생 원인을 인간들의 지나친 성욕에 대한 신의 저주로 보아, 노인은 물론 젊은 사람의 성생활까지도 부정적인 시각으로 보았다(Ciovey, 1989). 우리나라의 경우에도 예외는 아니어서 성행위를 인간의 가장 원초적인 욕구로서 남녀 간의 사랑과 친밀감의 표현방법으로 간주하지 않았고, 자녀의 출산을 위한 과정으로서 의미를 부여하였으며, 성에 대한 욕구의 억제를 미덕으로 삼았다. 특히 양반가의 미망인의 경우는 자녀를 양육하면서 재혼하지 않고 사별한 남편에 대한 정조를 지키는 것이 도덕적 규범으로 높이 평가되기도 하였다.

이러한 전통적인 성문화는 현대사회에 들어와서 많은 변화를 가져와, 성행위는 아름답고 행복한 것이며, 사랑하는 이성 간의 진실한 애정표현의 방법으로 인식되고 있다. 하지만 노인의 성행위에 대해서만은 노인 스스로뿐 아니라 사회 전체가 아직까지 부정적인 시각으로 바라보고 있다. 젊은 남녀 간의 사랑표현은 아름답게 표현되고 있지만 노인 남녀 간의 사랑표현은 음란하고 심지어 추한 것으로 간주되고 있는 실정이다(Covey, 1989; Kaye, 1993).

노인의 성에 대한 사회의 부정적인 시각은 소득의 감소, 건강기능의 약화와 역할상실 등에 따른 가정 및 사회에서의 지위하락으로 이어져 심리적으로 위축되어 있는 노인 스스로가 성을 부정적인 시각으로 인식하게 만들고 있다.

4. 노인의 성욕구와 성생활 실태

성행동을 결정하는 제1의 요인은 성욕이다. 이러한 성욕은 인간의 기본적 욕구 중의 하나에 속하며, 이는 노년기가 되어도 소실되지 않는다. 단지 성에 대한 관심과 욕망이 조금씩 줄어드는 경향이 있을 뿐이다.

노인의 성적 반응에 대해 최초로 실험실 상황에서 체계적으로 연구한 Master와 Johnson(1996)은 여성 노인들이 노년기에도 상당한 정도의 성적 능력과 효율적인 성행위의 수행능력을 보인다는 사실을 발견했다. 이것은 특히 효율적인 성적 자극에 규칙적으로 접한 여성일수록 더욱 그렇다.

남성의 경우에도 나이가 들면 노화 현상에 의해 성적 능력이 감퇴하는 것은 사실이지만, 그렇다고 해서 어느 시기가 되었을 때 성기능이 정지하는 것은 아니다. 신체적으로나 정신적으로 장애를 받지 않는 한 죽을 때까지 가능한 것이 성의 본능이다.

Master와 Johnson에 의하면 결혼 생활을 하는 노인들의 경우 성적 표현과 행위가 규칙적으로 전개된다면 건강여하에 따라 70대는 말할 것도 없고 80대에도 만족스런 성생활을 할 수 있는 것으로 나타났다.

1) 노인 성 실태

우리나라 노인의 성에 대한 실태를 알아보기 위해 노인성상담센터의 성상담 실적 자료, 노인 성 실태조사 연구결과, 노인 성 관련 범죄율을 검토해 보고자 한다.

(1) 우리나라 노인의 성 실태

우리나라에서 노인 성 상담을 꾸준히 진행해 온 인구협회의 노인성상담센터 2010년 자료를 중심으로 살펴보면, 전체 상담 2,421건 중 노인의 가장 큰 고민은 성기능 저하(606건)였으며, 부부의 성적 갈등(473건), 이성교제(244건), 자위행위(132건), 성충동(123건) 순이었다. 60대에서 가장 많은 고민은 성기능 저하(276건)와 부부 성 갈등(218건), 이성교제(100건) 순이었다. 반면 80대의 가장 많은 고민은 성기능(17건), 이성교제(14건), 부부 성 갈등(9건) 순으로 연령이 높아지면서 이성교제를 원하는 비율이 점점 높아지고 있는 것을 알 수 있다.

〈표 9-1〉 노인 성 상담 내용

(단위 : 명)

상담내용	50대	60대	70대	80대	50대 이하	총계
이성교제	13	100	111	14	6	244
재 혼	7	40	17	1	5	70
성충동	12	49	45	3	14	123
성기능	89	276	216	17	8	606
자위행위	44	46	28	2	12	132
성 병	10	30	17	–	2	59
성 가치관	24	23	14	1	12	74
부부 성 갈등	92	218	133	9	21	473
외도	13	53	7	1	3	77
성도착증	2	6	4	–	4	16

상담내용	50대	60대	70대	80대	50대 이하	총계
약물문제	5	25	39	2	–	71
성매매	1	6	1	–	2	10
성폭행	7	3	4	–	4	18
기 타	80	168	109	24	67	448
총 계	399	1,043	745	74	160	2,421

출처: 인구보건복지협회 노인성상담소(2011)

안태윤(2011)이 실시한 경기도 노인의 성 실태조사[1]에 따르면, 성 의식에 있어서 남성과 여성 간에 큰 차이가 있는 것으로 나타났는데, '나이가 들어서도 성관계를 하는 것이 건강을 유지하는 데 도움이 된다'는 질문에 남성은 70.0%가 찬성하였지만, 여성은 36.5%만이 찬성하여, 여성은 노년기의 성관계에 대해 남성만큼 적극적인 태도를 가지고 있지 않은 것으로 나타났다. '나이가 들어도 성적 욕구는 없어지지 않는다'는 문항에 남성은 57.5%가 찬성한 반면, 여성은 13.0%만이 찬성하고 69.0%는 반대한다고 답하여 남녀의 응답 차이가 매우 크게 나타났다. 또한 '나이가 들어서도 배우자를 통해 성적 만족을 얻지 못하면 외도를 할 수 있다'에 대하여 여성은 82.5%가 반대하였지만, 남성은 51.0%가 반대하여 여성과 31.5%의 차이를 보였다.

'남성은 나이가 들어서도 성적 만족을 위해서 필요하면 성매매를 할 수 있다'는 질문에 남성은 12.5%가 찬성하였고, 여성은 4.5%가 찬성하였다.

전체 응답자 중 현재 성생활을 하고 있는 사람은 여성은 26.5%(52명), 남성은 50.0%(100명)로 성별 격차가 상당히 크게 나타났다. 노인들은 연령이 낮을수록, 유배우자일수록, 건강이 좋을수록 성생활을 하는 것으로 나타났다. 연령별 여성노인의 성생활 실태를 살펴보면, 65~69세의 48.6%, 70대의 19.0%가 성생활을 하고, 80대 여성 중에서는 성생활을 한다는 응답자가 없었다. 남성의 연령별 성생활 실태를

1) 안태윤(2011). 고령화사회와 노인의 성 : 경기도 노인의 성의식과 성생활. 제2차 경기가족여성포럼 자료집의 내용 중 일부를 발췌 정리함.

보면, 65~69세의 71.4%, 70대의 48.4%, 80~84세의 11.4%가 성생활을 하는 것으로 나타났다. 배우자 유무별로 보면, 여성의 경우, 유배우자(70명)의 61.4%가 성생활을 하고, 배우자가 없는 남성(90명) 중에서도 25.6%(23명)가 성생활을 하고 있는 것으로 조사되었다.

건강상태별로는, 여성노인과 남성노인 모두 건강이 좋을수록 성생활을 하는 사람이 많은데, 건강이 나쁘다고 인식하는 사람 중에서는 여성의 4.8%, 남성의 24.4%가 성생활을 하는 것으로 나타났다.

〈표 9-2〉 노인의 현재 성생활 여부

(단위 : 명, %)

			사례 수		성생활 하지 않음	성생활 하고 있음
성 별	여 성		200	(100.0)	74.0	26.0
	남 성		200	(100.0)	50.0	50.0
	전 체		400	(100.0)	62.0	38.0
연령별	여성	65~69세	70	(100.0)	51.4	48.6
		70~79세	95	(100.0)	81.0	19.0
		80~84세	35	(100.0)	100.0	0.0
	남성	65~69세	70	(100.0)	28.6	71.4
		70~79세	95	(100.0)	51.6	48.4
		80~84세	35	(100.0)	88.6	11.4
배우자 유무별	여성	무배우자	130	(100.0)	93.1	6.9
		유배우자	70	(100.0)	38.6	61.4
	남성	무배우자	90	(100.0)	74.4	25.6
		유배우자	110	(100.0)	30.0	70.0
건강 상태별	여성	나쁨	42	(100.0)	95.2	4.8
		보통	63	(100.0)	77.8	22.2
		좋음	95	(100.0)	62.1	37.9
	남성	나쁨	45	(100.0)	75.6	24.4
		보통	52	(100.0)	63.5	36.5
		좋음	103	(100.0)	32.0	68.0

무배우자 노인 중 성생활을 하는 비율은 여성9명(6.9%), 남성 23명(25.6%)으로 전체 무배우자 노인 220명 중 32명으로 14.5%에 불과하였다. 무배우자의 성생활은 유배우자에 비해 월등히 그 비율이 낮기는 하지만, 배우자가 없어도 성생활을 하고 있는 노인이 있다는 사실이 나타났다. 배우자가 없는 노인 중 성생활을 하지 않는 노인을 대상으로 성생활의 부재로 인해 어느 정도 어려움을 겪는지에 대한 질문에서 여성의 경우, 성생활을 하지 않는 121명의 무배우 노인 중 6.6%만이 힘들다고 대답한 반면, 성생활을 하지 않는 67명의 무배우 남성노인은 38.8%가 힘들다고 대답하였고 이 중 1.5%는 '늘 힘들다'고 대답하여 성별 차이가 상당히 크게 나타났다.

2) 노년의 성생활에 영향을 미치는 요인

과거에는 성이 생식적 기능으로 작용했지만, 오늘날은 쾌락을 추구하는 오락적 기능의 수단으로 변했고, 종족보존의 수단이기보다는 어떤 친밀감이나 또는 자기위안 혹은 자기정체성을 확인하는 기능으로 바뀌고 있다.

노인들의 성 행위에 영향을 미치는 주요 요인들은 복합적이며, 성별과 노인들 자신에 따라 정도의 차이는 있으나 일반적으로 생리적 · 신체적 요인, 사회심리적 요인, 노인성 질환과 약물복용 요인으로 분류해 볼 수 있다.

(1) 신체적 요인

① 여성노인

여성노인의 경우는 남성노인과 비교하여 성생활 유지에 따른 커다란 신체적 변화가 거의 없다(Kaye, 1993). 연령의 증가에 따른 생식기관의 변화는 정상적인 성생활에 어느 정도 문제를 야기하지만 남성노인의 발기부전과 같은 치명적인 증세가 나타나지 않기 때문에 정도에서 남성노인보다 훨씬 경미하다.

성행위와 관련하여 자주 거론되는 여성노인의 신체적 변화는 폐경에 따른 난소의

에스토로겐(estrogen) 생산중단이다. 문제는 여성호르몬인 에스트로겐의 감소로 흥분할 때 발생되는 분비물의 양이 감소되어 성교 시 통증을 경험할 수 있다는 것이다. 분비에 소요되는 시간이 젊었을 때는 15~20초 정도 걸리나 노인의 경우는 5분 정도로 증가한다.

성교 시의 분비물 감소와 함께 여성노인에게 나타나는 생식기관의 변화는 질의 폭과 길이가 줄어들고, 질벽이 얇아지고, 외음순(labia majora)이 얇아져 여성들에게 성적으로 가장 예민한 부분인 클리토리스(clitoris)가 외부로 노출된다는 것이다. 따라서 기능상에는 문제가 없으나 민감성이 감소하거나 마찰 시 따끔따금하거나 찔린 듯한 좋지 않은 기분을 경험하게 된다. 이 외에 연령의 증가에 따라 오르가슴의 강도가 줄어들거나 천천히 반응하게 된다.

② 남성노인

남성의 갱년기(male climacteric)는 여성의 폐경과 두 가지 측면에서 다르다. 먼저 남성의 갱년기는 일반적으로 50세 이후에 오며 매우 느리게 진행된다. 테스토스테론의 손실은 폐경기의 여성에게 있어 에스트로겐의 고갈처럼 극적이거나 갑작스럽게 발생하지는 않는다. 남성 갱년기는 호르몬의 변화보다는 신체적 에너지의 쇠퇴, 증가하는 경제적 중압감, 퇴직으로 인한 자위의 손실, 우울 같은 심리적 적응과 관련하여 있는 것으로 제시되고 있다.

정상적인 신체적 변화는 성적 반응의 성격을 변경시키지만 성적 수행을 방해하지는 않는다. 성적 자극에 대한 반응 시간은 증가한다. 발기하는 데 시간이 더 걸리고 더욱 직접적인 자극이 필요하다. 예를 들어 18세 남성의 경우는 발기에 평균 3초가 걸린다면 45세 성인은 18~20초, 75세 노인은 5분 이상 걸린다. 연령에 따른 발기 강도와 오르가슴을 느끼는 퍼센티지는 줄어드는 것으로 나타나고 있다.

(2) 심리 · 사회적 요인

성적 활동을 경감시키는 상황은 생리적인 요소보다는 심리 · 사회적인 요인이 더 크다. 많은 노인들은 지속적으로 자신의 성을 적극 표현하고 있으나, 다른 한편에는 그러한 노인의 성적 욕구와 활동이 심리 · 사회적인 요인에 의해 조절을 겪는 경우도 많다. 대부분의 여성은 연령이 증가함에 따라 성행위를 금지하거나, 혹은 성행위에 대해 더 큰 관심을 갖는다. 임신 가능성이 더 이상 중요한 요소가 아니기 때문에 많은 여성이 폐경 이후에 자유를 느낀다. 폐경기 이후 성적 관심의 대부분은 생식시기에 확립된 성적 습관과 직접 관련이 있다는 것이다. 노년기 여성의 성적 금욕은 생물학적 요인보다는 사회적 · 심리적인 요소에 의해 더 많은 영향을 받는다(서강훈, 2010). 사회적으로 승인된 것, 성적으로 유능한 파트너는 여성의 성행위를 결정하는 가장 중요한 요소이기도 하다. 한편, 노년기 여성의 성적 관심의 쇠퇴는 신체적인 것이 아니라 방어적인 것이라는 주장도 있다. 즉 성적 성취의 기회가 주어지지 않을 때는 성적 노력을 포기해 버린다(Pfeiffer & Davis, 1972). 노년기에도 건강한 성을 유지하기 위해서 알아야 할 가장 중요한 사실은 능동적이고 조화로운 성적 표현이라 할 수 있다.

5. 노인 성범죄

성적 욕망조차 가져선 안 되는 존재로 치부되던 노인, 장애인, 외국인 노동자 등 이른바 한국 사회 '마이너리티(minority)'의 성 문제가 사회적 이슈로 급부상하고 있다. 의료기술 발달과 평균 수명의 연장, 국내 유입 외국인 노동자 수 급증 등으로 이들 계층의 성적 분출 욕구가 함께 높아지면서 관련 성범죄도 폭증하고 있다. 이에 따라 이들 소수 소외 계층의 성문제를 재조명하고 새로운 관점에서 해결책을 찾아야 한다는 지적이 높아지고 있다.

경찰청에 따르면 65세 이상 노인의 성범죄는 갈수록 급증 추세다. 노인의 성폭행 범죄는 [그림 9-1]에서 보는 바와 같이 2005년 260건에서 2015년 1276건으로 10년 사이 5배 가까이 증가했고, 이 기간 이전 10년 동안도 노인의 성범죄는 4배 가까이 증가했던 바가 있다.

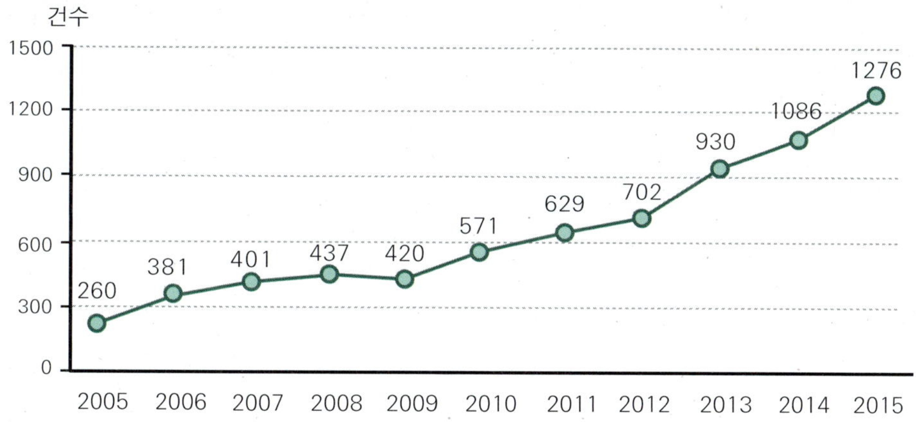

〔그림 9-1〕 65세 이상 노인의 성폭행 범죄 증가 추이

출처: 경찰청(2016)

노인의 임질, 매독 등 일반 성병 감염도 일반 계층보다 훨씬 빠르게 번지고 있다. 보건복지부 관계자는 "국내 성병 감염자는 2002년 3만 2,876명까지 하락했으나, 같은 기간 65세 이상 성병 감염자는 133명으로 급증했다"며 "노인 등 취약 계층의 성병 치료를 위한 비용이 매년 큰 폭으로 늘고 있다"고 말했다.

전문가들은 우리 사회의 주류 계층은 선입견을 버리고 소수 소외 계층의 성적 권리를 인정하고 배려하려는 자세를 필요로 한다고 말하고 있다. 이제는 노년의 성을 인정하고 건전한 성 문화를 모색하는 국가 차원의 대책 마련이 필요하다.

6. 성 활동의 필요성과 이점

성은 성교 이상을 말한다. 노인들에게 애정은 성 이외의 다른 방식으로도 표현될 수 있다는 점을 인식시켜 주는 것이 필요하다. 친밀감, 사랑, 우정, 애착은 인생의 소중한 양상이며 노인의 안녕감에 필수적이다. 애정이 없다면 노인은 다른 사람들에게 둘러싸여 있다 하더라도 외롭게 느끼게 된다.

가장 친밀한 관계 형성을 위해 필요한 것은 '접촉(touch)'이다. 접촉받고 싶은 욕구는 평생 지속되는 것이며 노인이 되어서도 남아 있다. 특히 노인들은 다른 연령대보다 접촉을 통한 상호 작용에 더 많이 의존한다(Hollinger, 1986). 노인의 외로움의 표현 밑에는 누군가가 자신을 터치해 주길 바라는 욕구가 있는 것이다. 노인의 어깨나 팔을 만져 주고 등을 마사지해 주고 껴안아 주는 것은 모두 노인의 애정에 대한 욕구를 해결하는 데 필수적이다. 고립되고 방향감각이 없는 치매노인에게도 이러한 터치는 필요하다.

노인의 성 활동은 고환이나 음경의 위축과 퇴화를 막고 뇌의 전두엽을 자극해 뇌의 노화, 치매, 건망증 등의 진행을 억제한다. 또한 여성의 경우는 골다공증 예방에도 도움이 된다. 그리고 무엇보다 뇌에서 엔도르핀을 분비함으로써 행복감을 주며 몸에 이로운 여러 가지 체내 물질을 증가시킨다(한국일보, 2001. 9. 25). 또한 성에 대한 느낌과 표현은 노인에게 또 다른 힘을 주고 정서적인 안정과 자아정체감, 삶에 대한 가치를 느끼게 하며 노인의 생활만족도를 증대시킨다. 여러 연구 결과에 의하면 노인의 성생활과 생활 만족도는 밀접한 관계가 있음이 밝혀지고 있다(송현아 역, 2001; 송영미, 2000). 따라서 노인들의 적절한 신체적 · 심리적 건강 유지를 위해 성생활을 유도하는 것이 바람직하다.

7. 노인의 성문제 개입전략

노인들의 성에 대한 욕구와 해소 방법, 배우자의 유무에 따른 노년기의 성생활 실태, 홀로 지내는 노인들의 이성교제와 재혼에 대한 태도, 노년기 성생활의 장애 요인 등 노년기의 성과 관련된 다양한 주제에 대한 사회의 부정적인 시각과는 달리, 대부분의 노인들은 젊은 층과 마찬가지로 성에 대한 욕구가 있으며, 건강하고 배우자가 존재할 경우 성생활을 유지하고 있었다. 또한 홀로된 노인들의 경우 성에 대한 관심을 의도적으로 회피하거나 다른 일에 관심을 가지는 노인들도 있지만, 자위행위와 이성교제를 통한 성행위 및 매매춘을 이용하여 성에 대한 욕구를 충족시키는 노인들도 병존하고 있는 것으로 나타났다. 또한 아직까지 우리사회가 노인의 재혼과 이성교제에 대하여 부정적인 태도를 보이고 있는 반면 홀로된 노인들의 대부분은 이성교제와 재혼에 대하여 긍정적인 태도를 보이고 있어 서로 대조적인 양상을 띠고 있었다. 지금까지의 이러한 결과를 중심으로 노년기 성에 대한 사회복지적 개입 방안을 제시하면 다음과 같다.

첫째, 노년기의 성, 재혼, 이성교제에 대하여 우선 노인들 스스로가 긍정적이고 적극적인 자세로 전환되어야 한다. 노인들 대부분은 성인자녀가 사별하였거나 이혼하였을 경우 앞장서서 성인자녀의 이성교제 및 재혼에 적극적인 자세를 취하는 것이 일반적이다. 따라서 노인들도 재혼이나 이성교제에 있어서 더 이상 자녀로부터의 동의나 사회의 부정적인 인식에 구애받지 말고 당당한 자세를 취해야 한다.

둘째, 노인을 대상으로 서비스를 제공하는 시설종사자와 사회복지사 및 일반 대중을 대상으로 노인들의 성, 재혼, 및 이성교제에 대한 체계적인 교육프로그램을 개발하고 교육을 실시하여 그들의 자세를 긍정적으로 전환시켜야 한다.

셋째, 노인을 대상으로 서비스를 제공하는 사회복지시설에 성과 관련된 상담프로그램을 실시하여 노인들이 성과 관련된 문제를 해결할 수 있도록 도와주어야 한다. 또한 노인들이 자주 이용하는 시설에서 홀로된 노인을 위한 이성교제 및 재혼프로그램을 제공하여 이성교제와 재혼의 기회를 제공하여야 한다.

마지막으로, 정기적으로 실시되는 노인건강검진에 있어서 60세 이상 남성노인의 경우 전립선, 발기부전과 같은 노년기 성기능과 관련된 항목을 추가하여 실시하고, 여성노인의 경우 폐경으로 인한 성기능 장애에 대한 상담을 실시해야 할 필요가 있다(임춘식 외 18인, 2010).

Chapter 10

가족부양과 노후 부부문제

1. 우리나라의 노인가족의 실태

1) 노인가족의 정의

현행 우리나라 법체계는 노인을 몇 세 이상이라고 명시적으로 규정하고 있지는 않지만 대체로 경로우대 대상자를 65세 이상으로 한 노인복지법에 따라 일반적으로 65세가 통용된다. 따라서 통상적으로 노인가족이라 하면, 2인 이상의 65세 이상의 자만 구성된 가족을 말하며, 그 형태는 노부부 가족 또는 인척관계에 있는 노인들로 구성된 가족을 들 수 있다(김혜경 외, 2015). 다만, '노인단독가구'의 경우 노인가족 범주에 포함할 것인가에 대한 논란이 있는데, 이는 우리나라 노인관련 통계자료는 노인부부가구와 노인1인가구를 아울러 노인(단독)가구, 노인세대로 표시하기 때문이다.[1] '가족'이라는 단어에 내포된 집단성을 고려한다면 노인가족과 노인가구를 등치시키는 것이 타당치 아니하겠으나, 노인1인가구의 경우 여러 면에서 열악한

1) 대표적인 예로 한국보건사회연구원에서 발간한 '노인단독가구의 생활 현황과 정책 과제'(정경희, 2014)를 들 수 있다

한 상황에 처해 있다는 통계자료가 연달아 발표되고 있는 상황을 고려, 본 장에서는 노인단독가구를 노인가족 범주에 포함시킨다.

2) 노인거주 유형 변화 추세

통계청의 '2016 고령자 통계'에 따르면, '노후 부양의 책임이 가족에게 있다'는 응답자는 2006년 67.3%에서 2014년 35.7%로 크게 감소했다. 반면 노후를 '부모 스스로 해결'해야 한다는 답변은 13.7%에서 23.8%로 증가했다. 과거에는 부모 부양은 당연히 자녀 등 가족의 책임이라는 사회적 인식이 공고하였지만, 요즈음은 부양의식이 약화되고 있는 것이다. 노후의 가족부양이 급격히 쇠퇴하고 있는 것은 노인이 거주하고 생활하는 가구형태의 변화로 이어지고 있다.

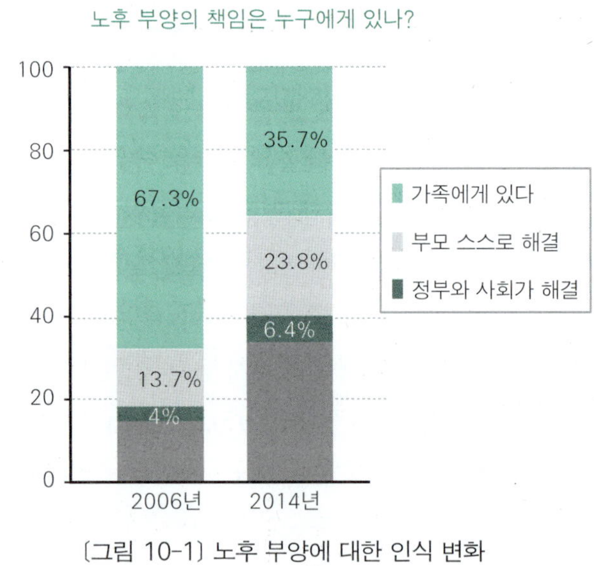

〔그림 10-1〕 노후 부양에 대한 인식 변화

출처: 통계청(2016) 고령자통계

보건사회연구원에서 2014년 6~9월에 전국 65세 이상 1만451명에게 면접 조사를 벌인 결과, 노인의 거주(자녀동거) 현황을 보면, 노인 중 23.0%가 독거이며, 44.5%

가 노인부부, 자녀동거는 28.4%로 나타났다(정경희, 2014). 노인독거 비율은 1994년 13.6%에서 2004년 20.6%, 2014년 23.0%로 지속적으로 증가하고 있으며, 자녀동거 비율은 1994년 54.7%에서 2004년 38.6%, 2014년 28.4%로 지속적으로 감소하고 있는 것으로 나타났다.

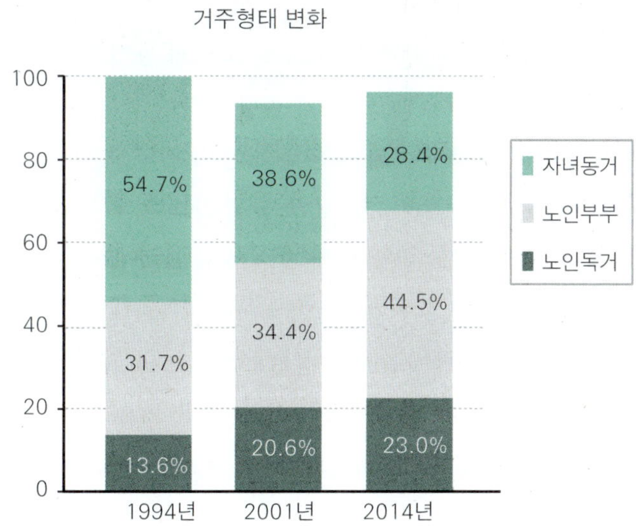

〔그림 10-2〕 노인의 거주형태 변화

출처: 통계청(2016) 고령자통계

동 조사에 따르면, 기혼자녀와 동거하는 이유는 '노인의 경제적 능력 부족'이 24.4%로, '자녀에게 가사지원 등 도움을 주기 위해'가 21.8%, '자녀의 경제적 능력 부족'이 16.0%, '기혼자녀와의 동거가 당연하다는 규범적 이유'가 15.6%, '노인의 수발을 위해서'가 15.4%로 다양한 것으로 조사됐다. '자녀에게 가사지원 등 도움을 주기 위해'가 두 번째로 높다는 점은 만혼화 현상과 맞벌이 가정의 증가가 원인으로 추측된다. 자녀들의 결혼 시기나 경제활동 참여 시기가 늦어지는 것과 맞벌이 가정이 증가하는 것은 많은 노인들이 성인자녀에게 가사지원 또는 손자녀 양육지원을 하고 있음과 관련이 크다. 또한 '자녀의 경제적 능력 부족'으로 동거하는 경우가 16.0%를 차지하고 있음은 '캥거루족' 현상을 보여준다.

3) 자녀와의 동거 여부에 따른 자녀세대와의 상호지원 경향성

상기 조사 중 '동거 자녀와의 관계'에 대한 조사 결과, 자녀와 동거하는 노인 중 60.8%가 동거 자녀로부터 정서적 지원을 받았으며, 55.9%는 정서적 지원을 제공한 것으로 나타났다. 동거 자녀로부터 청소·식사준비·세탁 등의 도구적 지원 수혜율은 63.6%, 동거 자녀에게 제공률은 68.2%로 노인이 동거 자녀에게 도구적 지원을 제공하는 비율이 약간 높게 나타난 점은 주목할 만하다. 이는 전술하였듯이 만혼화, 캥거루족 현상, 맞벌이 가정의 증가 등으로 많은 노인들이 성인자녀에게 가사와 손자녀 양육지원을 하고 있기 때문으로 보인다. 수발의 경우 수혜율은 59.4%, 제공률은 22.7%로 동거 자녀로부터 수발을 받는 경우가 훨씬 많았는데, 이는 노인수발에 대한 국가·사회적 책임제도인 노인장기요양보험이 2008년부터 시행되었음에도 전통적인 효사상, 장기요양보험 대상범위의 협소함 등으로 여전히 가족수발 비중이 높음을 보여준다. 경제적 도움의 경우 정기적 현금지원은 수혜율이 45.1%, 제공률이 9.0%로 조사됐다. 기혼자녀와 동거하는 경우 경제생활 분담은 64.6%가 자녀가 전적으로 부담하고 있으며, 25.4%가 부모와 자녀가 공동으로 부담하고 있었다. 일상생활 분담의 경우는 45.6%가 공동으로 수행하고 있으며, '자녀가 전적으로' 가 31.1%, '부모가 전적으로'가 27.0%, '각자 따로'가 2.6%로 나타났다.

'비동거 자녀와의 관계'에 대한 조사 결과, 비동거 자녀와의 접촉 및 왕래 빈도는 일주일에 1회 이상 왕래하는 경우가 37.7%이며, 72.9%가 주 1회 이상의 연락을 주고받는 것으로 나타나, 별거가 곧 자녀와의 접촉의 감소를 의미하는 것은 아님을 보여주었다. 비동거 자녀와의 부양 교환실태를 살펴보면 50% 내외가 정서적 지원을 주고받고 있었으며, 경제적인 지원은 40.9%가 비동거 자녀로부터 정기적인 현금지원을 받고 있고, 90% 내외가 비정기 현금지원이나 현물지원을 받고 있었다. 정기적인 현금지원 비율이 '동거 자녀'에 비해 5% 낮은 것으로 조사되었는데, 40% 이상의 노인이 동거·비동거 자녀로부터 정기적인 현금지원을 받는다는 점은 우리나라 노인이 여전히 세대 간 부양에 의존하고 있음을 보여준다.

한편 손자녀와의 접촉 및 왕래빈도는 일주일에 1회 이상 왕래하는 비율이 16.6%이며, 주 1회 이상의 연락을 주고받는 비율은 18.3%로 나타났다. 이는 '비동거 자녀'와 비교할 때 현저히 낮은 수치를 나타내는데 아이가 크면서 가족에서 조부모의 자리는 작아져 가고 조부모와의 추억은 기억 저편으로 사라지는 것은 다른 통계수치에서도 확인되고 있다. 여성가족부가 실시한 '2010년 제2차 가족실태조사'에 의하면 '우리 가족'이라고 생각하는 가족관계의 범위가 크게 축소돼 친조부모와 외조부모를 가족으로 인식한 청소년의 비율이 각각 23.4%, 20.6%로 2005년(63.8%, 47.6%)에 비해 크게 줄어 노부모 부양의식 약화와 노년층의 소외가 우려된다.

4) 노인 거주 유형 변화와 노인빈곤

이상의 노인 거주 유형의 변화는 노인들의 빈곤에 적잖은 영향을 끼치는데, 한국보건사회연구원 연구 결과 나홀로 노인의 빈곤률은 자녀와 함께 사는 노인에 견주어 약 2.8배 높은 것으로 나타났다. 한국보건사회연구원이 2014년 한국고령화연구패널의 65살 노인 4141명을 대상으로 분석한 '노인빈곤과 동거자녀 특성에 관한 연구'를 보면, 자녀와 동거하는 노인은 30%가 빈곤하지만, 1인노인가구 노인은 80%가 빈곤한 것으로 조사됐다. 또한 노인단독가구의 빈곤률(중위소득 50% 미만)은 84.8%, 자녀와 동거하는 노인가구의 빈곤률은 29.8%로 나타났다. 노인부부만 사는 가구의 빈곤률도 비교적 높은 69.6%에 이르렀다. 가구소득에 대한 조사에서도 자녀 동거 노인가구는 평균 연소득이 1,795만 원으로, 노인 단독가구의 평균 연소득 682만 원에 비해 2.6배 높았다. 특히 동거 자녀가 기혼이거나 교육 수준이 높거나 취업자일 경우, 노인이 빈곤 상태에 놓일 가능성이 크게 줄어드는 것으로 조사됐다. 이는 자녀와 별거 시 사적이전의 빈곤완충효과가 동거에 따른 빈곤완충효과에 크게 미치지 못함을 보여준다.

〈표 10-1〉 노인가구 유형별 연소득과 빈곤율

구분	자녀동거가구	노인단독가구	노인부부가구
가구소득	1,795만원	682만원	1,022만원
빈곤율	29.80%	84.80%	69.60%

출처: 제5차 고령화연구패널조사 원자료(2014)

이 외에도 국내의 여러 연구들은 홀로 살거나 자녀세대와 떨어져 사는 노인에게서 빈곤위험이 크다는 것을 밝히고 있는데, 이는 노인세대가 자녀세대와 함께 사는 경우 주된 소득원이 동거자녀의 근로소득이기 때문이다(여유진, 2013). 노인세대에 대한 사회보험과 공공부조의 절대적인 기여량이 늘고 있음에도 자녀와의 별거 시 노인 빈곤위험이 크다는 것은 한국 사회에서 가족부양 중심의 전반적인 틀은 크게 변하지 않았음을 보여준다. 한편, 사회연금이나 보편적 노후보장제도가 충분하지 않은 현재의 한국사회에서 자녀와 떨어져 사는 노인이 늘어남은 노인 전체의 빈곤위험의 증가로 이어질 것으로 예상된다.

5) 노인 거주 유형과 영양섭취

2017년 발간된 한국보건산업진흥원의 '노인 식생활안전관리 종합계획 수립을 위한 연구 보고서'에 따르면 노인부부가 가장 영양상태가 좋고, 자녀 · 손자와 함께 사는 노인이나 독거노인은 상대적으로 잘 먹지 못하는 것으로 조사됐다. 국민건강영양조사 6기(2013~2015년)에서 영양소 섭취량이 가장 높은 집단은 만 65세 이상 노인끼리 사는 노인부부 가정이었다. 이들 가정 노인들의 에너지 섭취량은 1800.4㎉로, 자식들과 함께 사는 가정 노인(1653.5㎉), 조손가정(1568.0㎉)보다 많았다. 특히 독거노인(1480.5㎉)과는 1.2배 차이였다. 이는 노인부부 가구에 비해 독거노인은 주로 혼자 식사하기 때문에 조리할 필요성을 느끼지 못하고, 식욕이 떨어져 결식이나 편식을 하는 일이 잦으며, 다른 사람에게 도움을 요청하기가 부담스러워 식사를 미루는 편이기 때문인 것으로 조사되었다. 한편, 위 보고서는 자녀와 함께 사는 노인에 비해 노인부부가구의 영양상태가 좋은 원인에 대한 추가 연구 필요성을 제기하고 있으며, 추후 이 부분에 대한 연구가 필요하다.

6) 노인가구 증가 현상의 함의

한국에서는 그 변화속도가 더 빠르지만, 노인의 거주형태가 자녀와 독립되는 현상은 경제발전 수준이 높은 여러 선진국에서 일반적으로 나타나는 추이이다. 그러나 서구 여러 사회에서는 노인이 혼자 살거나 노부부가 사는 가구라고 해서 꼭 빈곤위험이 높은 것은 아니다(Smeeding & Saunders, 1998). 즉 우리나라의 노인 가구유형과 노인빈곤의 상관관계의 배경에는 가족부양 이외의 소득원천의 빈약이 자리 잡고 있는 것이다.

그렇다면 노후의 독립된 경제생활을 보장하기 위해 어떠한 정책이 필요할까? 일부에서는 불효자방지법(효도법)의 제정을 주장하고 있다. 그러나 과연 가족부양이 법적으로 강제될 수 있는 성질의 것인지 의문스럽다. 다른 한편에서는 노후생활을 국가가 전적으로 책임져야 한다고 주장한다. 그러나 노인을 위한 공공부조를 늘리는 것은 근본적인 해결방식이 아니며 세대 간 · 세대 내 형평성 문제를 제기하며 사회갈등을 양산할 위험이 있다. 지속가능한 노후부양체계는 세대 간 형평성과 자율성을 고려하면서 노인의 노동에의 기회보장성을 높이는 방향으로 설계되어야 할 것이다. 물론 가족부양의 장점을 활용하기 위해 노부모가 자녀와 세대를 함께 구성할 수 있도록 자녀세대에 인센티브를 주는 것도 고려할 필요가 있다. 또한 국가 · 사회적 기여자인 노인세대에 대한 국가와 사회의 책임을 강화하는 공적 돌봄 패러다임 역시 요청된다. 이러한 요청을 반영한 것의 대표적인 것이 노인장기요양보험, 노령연금이다. 노인장기요양보험, 노령연금에 대해서는 해당 장을 참조하기 바란다.

2. 노인과 가족관계

1) 노인의 가족성원별 관계

(1) 배우자와의 관계

독립적이고 개인주의적인 가치관이 확산되면서 노년기 부부단독가구가 늘고 있다. 이에 따라 노년기의 동반자이자 제1순위의 부양자인 배우자의 중요성이 커지고 있다. 노인들은 은퇴 이후 사회적 활동이 줄어들면서 일상생활에서 배우자의 지지와 부양을 받으며 부부 간 상호작용을 하면서 지내야 한다. 따라서 노부부 단독가구에 있어 부부관계의 질은 노년기 행복을 좌우하는 중요한 요인인 것이다.

노인들은 배우자를 통해 존재감과 안정감을 얻고 배우자의 유무만으로도 노인의 삶의 질이나 생활만족도에 차이가 나타난다(김미령, 2008; 임주영 · 전귀연, 2004). 배우자에 대한 친밀감 및 만족도는 노인의 생활만족도나 성공적 노화에 긍정적인 영향을 미친다(정여진 · 안정신, 2012; Antonucci & Akiyama, 1995).

한편 여성노인의 경우, 노년기에 이르러 성역할관념의 변화가 나타나는 것으로 보고된다(곽삼근 외, 2008; 이현주, 2015). 곽삼근 등(2008)과 이현주(2015)에 의하면, 노년기는 삶의 유한성에 대한 자각으로 주체성을 회복하는 시기이기에, 여성은 성장기 및 결혼기에 비하여 노년기에 성별 이데올로기에 대한 비판적 성찰력을 증가시키는 것으로 관찰되었다. 따라서 여성노인은 배우자와 갈등을 겪게 될 수 있다. 게다가 가부장적 유교문화 속에서 성장하고 결혼생활을 시작한 노부부는 서로 원활한 의사소통을 하기 어려울 수 있다(김선우 · 김태현, 2003). 우리 사회 노인들은 유교적 가족가치관의 영향으로 부부 간에 서로의 감정을 솔직하게 나누는 데 익숙하지 않으며, 상대방에게 하고 싶은 말을 하지 않고 마음에 담아두거나 자신의 생각을 적절히 표현하는 방법에 서툴다(박은아 · 이정우, 2005).

따라서 노년기 부부관계 향상을 위해서는 만족스러운 의사소통 기술을 익혀야 하며, 이와 관련된 다양한 프로그램이 지역사회 내에서 개발되어야 한다. 부부단독가구 노인의 증가를 고려할 때, 지역의 건강가정지원센터, 지역사회복지관 등에서 노년기 부부관계 향상 프로그램을 실행할 것이 요청된다.

(2) 자녀와의 관계

노년기 부모와 성인자녀와의 관계에 관한 선행연구들은 애정, 의사소통, 부양만족, 가치관의 일치 등 자녀관계의 질이 높을수록 노인의 생활만족도가 높은 것으로 보고하고 있다(정여진 · 안정신, 2010; Quinn, 1983). 김윤정(2002)은 여자노인들이 생의 회상을 통하여 자아를 통합하는 양상을 분석하였는데, 여성노인들은 현재의 자손을 통하여 혹은 현재 자손에게 베풀어 준 것을 통해 삶의 가치를 찾고 자기의 정체감을 확인하고자 하는 태도가 두드러지게 나타났다. 즉, 노인들은 자신의 자녀들이 만족스럽게 살아가는 것을 보면서 삶의 보람과 성취감을 느끼기도 하고, 혹은 그렇지 못했을 때 절망을 하였다. 강유진(2003)이 여성노인들이 부여하는 노년기 삶의 의미를 통해 여성노인들의 자아정체성을 탐색한 결과, 여성노인들은 과거와 현재의 삶을 통해 어머니로서의 역할과 위치가 사리판단의 핵심이자 삶의 윤리(ethic)임이 드러났다. 김은정(2008)은 여성노인들을 연령, 계층, 교육수준 등에 따라 세분화하고 '생애사적 연구방법'을 사용하여 그녀들의 노년기 자아정체성 형성을 살펴보았다. 그 결과, 여성노인들은 장성한 자녀들의 이야기를 하면서, 자신이 자녀들의 교육을 위하여 어떠한 노력을 기울였는지, 자녀들을 위해서 자신이 무엇이 부족하였는지 그리고 그 결과 현재 자녀들이 어떻게 살고 있는가에 대해서 끊임없이 설명하고 있었다. 이처럼 여성노인들은 자신을 어머니, 자녀 양육자로서 정의하고 있는데, 이는 세대, 계층에 관계없이 공통적으로 발견되는 내용이었다. 이는 여성노인은 전통적으로 정서적, 표현적 역할을 담당해 왔고 가족지향적으로 사회화되었기에, 남성노인에 비해 자녀와의 관계가 생활만족의 결정요인이 되기 때문으로 보인다(정여진 · 안정신, 2010; Scott, 1998). 이러한 특성으로 인해 여성노인은 노후에 가족을 돌보는 데서 삶의 의미를 찾는 경향이 보이기도 한다(정순둘, 2007).

(3) 손자녀와의 관계

여성노인은 '돌봄자'로 가져왔던 정체성을 노년기에도 일정 부분 유지하며 자신이 스스로 가족의 주된 돌봄자가 되어야 한다고 인식하기도 하고, 주위 사람들도 여성 노인이 '가족 돌봄일'을 수행하는 것이 당연하다고 생각하는 경향이 있다(이영숙, 2011). 이러한 점이 우리 사회의 할머니들이 '황혼육아'를 수행하는 맥락 중 하나이다. 황혼육아에 대해서는 뒤에서 자세히 다루고자 한다. 노인은 일반적으로 손자녀와의 관계에서 심리 · 정서적 만족을 얻고, 이는 삶의 의미와 생산성을 통해 생활만족도에 영향을 미친다(이혜자 · 박경애, 2009; Barranti, 1985). 따라서 노년기 적응적 삶을 위해 손자녀와 함께 할 수 있는 활동의 개발이 필요하다.

2) 노인의 가족관계 간의 상호관련성

만족스러운 부부관계는 바람직한 부모-자녀관계를 형성하게 한다(Patterson, 1984). 그리고 조부모인 노인이 성인자녀와 관계가 좋을수록 손자녀와의 유대관계도 좋은 것으로 나타났다(한정란 · 김귀자, 2003; Hodson, 1992). 손자녀-조부모 관계는 직접적인 세대관계가 아니기 때문에 중간세대인 부모와 조부모의 관계에 의존된다(서동인, 1992; Thompson & Walker, 1984). 이상을 종합하여 볼 때, 노인의 배우자와의 관계는 자녀와의 관계에 영향을 미치고, 자녀와의 관계는 손자녀와의 관계에 영향을 미침을 알 수 있다.

한편, 세대 간 지원 교환형태에 따른 생활만족도나 주관적 안녕감을 분석한 연구(윤현숙, 2003; 이형실, 2003; Lowenstein, Katz & Gur-Yaish, 2007; Yunong, 2012)에 의하면 일방적인 수급보다는 세대 간의 지원이 쌍방향으로 일어날 때 노인들의 생활만족도나 주관적 안녕감이 더 높은 것으로 나타났다. 이는 가정 내에서 노인의 신체적, 경제적 상태에 무리가 가지 않는 선에서 노인이 자녀, 손자녀세대에게 해줄 수 있는 일을 찾아 실행하는 것이 노인의 생활만족도나 주관적 안녕감을 높이는 길임을 보여준다.

3) 노인의 가족관계와 노인의 정신건강 및 삶의 만족도

노년기 성공적인 삶을 결정하는 주요 변수로 인지적 기능, 신체 · 정신적 건강, 사회관계, 생산적 활동 등이 꼽힌다(Baltes & Baltes, 1990; Fisher, 1995; Vailant & Mukamal, 2001; Crosnoe & Elder, 2002). 성공적 노화에 관한 국내 연구와 국외 연구를 비교한 안정신 등(2011)에 따르면, 국내 연구에서는 배우자와 자녀로 대표되는 가족변인이 중요한 변인으로 밝혀진 반면, 국외 연구에서는 개인의 성장과 관련된 요인들이 중요한 영향요인으로 나타났다. 이는 한국노인들이 심리적 안녕과 삶의 적응성에 있어 가족관계에 큰 의미를 부여하기 때문이다(정여진 · 안정신, 2012). 여기에는 우리나라 현 세대의 노인들이 강한 가족주의를 경험하며 성장하고 생활해 온 것이 작용한 것으로 보인다.

게다가 연령이 높아질수록 신체적 노화, 경제적 빈곤 등으로 가족에 대한 의존성이 높아지게 된다. 또한 노년기에는 사회적 활동이 줄면서 관계망도 좁아지게 되는데, 이는 노인의 삶에서 가족관계의 중요성이 부각되는 이유이다(Allen et al., 2000). 그러나 현대 사회는 핵가족화, 여성의 사회진출 등으로 노인들이 혼자 사는 경우가 많아 노인들의 가족관계에 대한 욕구가 충족되지 못하고 있는 실정이다.

노인들은 나이가 들수록 신체적 · 심리적 · 사회적 기능이 쇠퇴하게 된다. 이로 인해 노인들은 미래에 대한 불안감을 가지게 되고 자아존중감이 저하된다. 그리고 기존에 참여해 오던 사회적 활동에 대한 제약을 몸소 느끼게 되면서 우울증을 경험하게 된다(Huang et al., 2011). 또한 자신에게 주어졌던 가정, 사회에서의 역할 및 지위가 사라지게 되면서 삶에 대한 회의감을 느끼게 되고 우울수준은 높아지기도 한다. 노인의 가족관계와 우울에 관한 연구들에 따르면, 부정적인 가족관계에 있는 노인들의 우울수준이 심각한 것으로 나타났으며(유하나 외, 2015), 가족구성원의 지지가 낮을수록 노인의 우울수준은 증가하는 것으로 나타났다(강은나 · 최재성, 2014). 우울은 노인의 삶의 만족도를 저하시킨다(심옥수, 2015; 박선애 · 허준수, 2017). 반면, 가족관계가 좋을수록 노인의 삶의 만족도는 높다(김명숙 · 고종욱, 2013). 이상의 연구결과들을 종합해 볼 때, 가족관계는 노인의 정신적 건강 측면에서 삶의 만족도를 높이는 중요요소라고 할 수 있다.

한편, 이준상과 김향아(2017)는 노인의 가족관계가 우울에 영향을 미치고 우울은 다시 삶의 만족도에 영향을 미쳐 노인의 가족관계가 우울을 통해 간접적으로 삶의 만족도에 부정적인 영향을 미친다는 것을 검증하였다. 즉, 배우자 관계와 자녀 관계는 우울과 삶의 만족도에 직접적으로 영향을 미칠 뿐만 아니라 우울을 매개하여 삶의 만족도에 영향을 미친다는 것을 밝혀 우울의 '매개효과'를 명확히 검증하였다. 이준상과 김향아(2017)는 더 나아가 배우자 관계와 자녀 관계가 노인의 우울과 삶의 만족도에 미친 상대적 영향력도 검증하였는데, 배우자 관계가 자녀 관계보다 우울에 더 많은 영향력을 미치는 것으로 나타났다. 반면, 자녀 관계가 배우자 관계보다 노인의 삶의 만족도에 더 많은 영향력을 미침을 밝혀냈다. 이에 대해 이준상과 김향아(2017)는 자녀 관계보다는 오랫동안 의지하며 일생을 함께해 온 배우자 관계로부터 느끼는 심리적 안정감, 편안함 등이 노인의 정신적 건강 측면에 보다 더 긍정적인 역할을 하는 것으로 추정하였다. 또한 배우자 관계보다는 자녀 관계로부터 받는 신체적 지원, 심리 · 정서적 지원, 사회적 지원, 경제적 지원 등이 노인의 삶의 전반에 대한 만족감에 보다 더 긍정적인 역할을 하는 것으로 추측하였다.

이상과 같이 노인에게 친밀한 가족관계는 우울수준을 낮추거나 우울을 예방할 수 있게 함으로써 삶의 만족도를 높여주는 역할을 하고 있다. 따라서 가족 구성원별 관계 개선 및 강화 프로그램을 개발하고 노년기 대비 교육 프로그램에 가족관계 유지 및 개선 관련 내용을 포함시켜야 할 것이다.

4) 노인과 황혼육아

(1) 황혼육아라는 신풍속도

할머니, 할아버지의 손자녀 양육지원[2)]은 비단 우리나라만의 현상은 아니다. 행크와부버(Hank & Buber, 2009)는 유럽 10개국의 자료를 비교하여 할머니, 할아버지의 양육지원 빈도가 그리스, 스페인, 이탈리아 등 보수주의 복지체제 국가에서 높았음을 밝혔다. 이에 비해 미국의 경우 할머니, 할아버지의 손자녀 양육지원은 조손가족의 조부모 이외에는 이차적, 임시적인 특징을 보이고 있다. 즉 미국에서 할머니, 할아버지의 손자녀 양육지원은 유색인종(Kataoka-Yahiro et al., 2004)이나 저소득층 가족(Katras et al., 2004)에서 주로 이루어지는 것으로 인식되고 있다. 그러나 한국에서는 조손가족의 조부모 이외에 일반 맞벌이가정의 할머니, 할아버지의 상당수가 손자녀 양육지원을 하고 있다.

통계청에 따르면 2012년 기준으로 510만 맞벌이 가구 중 할머니와 할아버지가 손자녀 육아를 맡은 가구가 절반(250만 가구)에 이르는 것으로 나타났다. 맞벌이 가정의 영 · 유아 두 명 중 한 명은 할머니, 할아버지 손에 자라는 것이다. 한국여성정책연구원의 '100세 시대 대비 여성 노인의 가족 돌봄과 지원방안 연구' 보고서(2012)에 따르면 손자녀들을 돌봐주는 양육 시간은 하루 평균 8.86시간이었다. 즉, 한국의 경우 할머니, 할아버지의 손자녀 양육지원이 일차적인 양육형태 중의 하나라고 볼 수 있다는 것이다(Lee & Bauer, 2010). 한편, 2012년 국립국어원은 '손주병'을 신조어로 선정하였다. '손주병'[3)]이라는 말이 국립국어원에서 신조어로 선정될 만큼, 황혼 육아로 인한 할머니, 할아버지의 신체적 · 정신적 문제가 사회적 이슈로 대두되고 있

2) 조손가정의 조부모와 달리 성인자녀의 양육역할을 지원한다는 의미에서 '손자녀 양육지원'이라고 표현하였다.

3) 국립국어원이 2011년 7월 1일부터 2012년 6월 30일까지 한 해 동안 일간지와 인터넷 등 139개 매체에서 사용한 신조어를 정리한 〈2012년 신어 기초 자료〉 보고서에 나온 말로, 맞벌이 자녀를 대신해 조부모가 손자 · 손녀를 돌보며 생기는 건강상의 문제를 가리킨다.

는 것이다. 이렇듯 오늘날 한국 사회에서는 할머니와 할아버지가 되는 시기에 손자녀 양육지원을 할 것인지를 고민하고 선택하는 것이 인생발달에서 하나의 과업으로 부각되고 있는 추세이다.

(2) 손자녀 양육지원이 조부모에게 주는 변화 및 함의

조부모가 손자녀 양육지원을 선택한 경우, 돌봄 노동의 특성상 육아가 할머니와 할아버지들의 일상의 대부분을 차지하게 된다. 그러나 일반적으로 노년의 이행기에는 자손들 세대와 인류의 미래에 관심을 두는 생산성(generativity)이, 노년기에는 자신의 생애를 큰 후회 없이 되돌아보고 보람을 느끼는 자아통합(integrity)이 과업으로 여겨진다(Erikson et al., 1986). 그러므로 노년의 이행기 또는 노년기에 있는 조부모가 성인기의 과업이라 할 수 있는 육아를 다시 수행하는 것은 일반적인 생애주기의 궤도에서 벗어나는 것이다.

조부모는 손자녀 양육지원을 함으로써 손자녀를 키움으로 인한 활력, 손주의 재롱이 주는 기쁨, 아이의 성장과 성인자녀의 기반 확립에 대한 보람, 뿌듯함, 성인자녀와의 유대 강화 등 긍정적인 경험도 하지만 신체적 부담, 피로, 자유시간 부족, 외출의 제약, 심리적 스트레스, 손자녀 양육방식을 둘러싼 성인자녀와의 갈등 등의 어려움도 경험한다. 즉 손자녀 양육 지원은 긍정적 경험과 부정적 경험이 공존하는 것이다(김문정 · 정재원, 2010; 김은정 · 정순둘, 2011; 안희란 · 김선미, 2014; 이은희 외, 2009).

배진희(2007)에 따르면, 성인자녀와 공동으로 양육하는 조부모와 주 양육 조부모, 이 두 집단의 심리적 안녕을 비교한 결과 주 양육 조부모가 공동 양육 조부모보다 우울정도가 높고 생활만족도가 낮았다. 원서진(2011)은 손자녀를 양육하는 시간과 손자녀를 양육하는 기간 모두 조부모의 우울감을 증가시키고 사회적 지지가 적을수록 조부모의 우울감이 증가한다고 하였다.

이상의 연구는 조부모가 전담양육이 아닌 원조양육을 할 수 있도록 하는 가족복지적 정책 개입이 필요함을 시사한다. 이를 위해 육아휴직제도, 유연근무제도 등 일 · 가정 양립정책 활성화와 장시간 근로문화 개선을 통해 성인자녀들이 조부모와 함께 양육을 할 수 있는 여건이 마련돼야 할 것이다. 또한 어린이집에 대한 우려를 불식하는 방안을 강구하여 보육시설의 신뢰도를 제고, 조부모가 마음 놓고 아이를 맡기고 노년기의 심신에 적절한 정도로 양육을 지원하며 개인적인 휴식시간을 확보할 수 있도록 하여야 한다. 그리고 노년기를 자신의 자아실현을 위해 보내고자 하는 조부모들에게 손자녀 양육지원이 압력으로 작용하지 않고, 손자녀 양육지원에 대해 자율적으로 선택하고 결정할 수 있도록 신뢰할 수 있는 보육 체계가 마련되어야 할 것이다.

한편, 손자녀 양육지원으로 인한 할머니와 성인자녀와의 관계에 관한 연구를 살펴보면, 김미령(2014)은 돌봄상황은 할머니의 삶의 만족도와 우울에 영향을 미치지 않았지만 돌봄파생 스트레스 원인인 자녀와의 갈등은 삶의 만족이나 우울에 모두 유의한 영향을 미쳐 자녀와의 갈등이 손자녀 돌봄노동을 담당하는 조부모의 복지에 중요한 영향요소라고 하였다. 김미혜 등(2011)은 손자녀를 양육하는 조부모와 그들의 자녀 사이의 손자녀 양육으로부터 비롯되는 갈등 요인을 분석한 결과 손자녀의 연령이 낮을수록, 손자녀 양육 대가가 없는 경우, 손자녀 양육으로 인해 근로나 소득활동을 중단 또는 단축한 경우 자녀와의 갈등이 높은 것으로 나타났다. 이는 성인자녀의 조부모에 대한 물질적 · 정서적 보상에 대한 인식을 제고하기 위한 사회적 교육이 필요함으로 보여주는 연구결과이다.

(3) 손자녀 양육지원의 교육적 의미 및 함의

인간은 출생부터 사망에 이르기까지 생애 전 기간에 걸쳐 발달하고 변화해 간다는 전생애 발달(life-span development) 관점(Schaie, 2009)에서 바라보면, 그리고 교육을 한 개인의 일생 동안 계속되는 성장(김정호, 1997)이라는 의미로 파악한다면 할머니들의 손자녀 양육지원은 손자녀, 성인자녀, 조부모 3세대 모두에게 교육적 의미를 가지고 있을 것임은 쉽게 예상할 수 있다. 왜냐하면 손자녀 양육지원을 통해 조부모들은 단순한 돌봄만이 아닌 지식, 지혜 등 자신의 경험적 자원을 성인자녀와 손자녀에게 제공하게 되고, 이를 통해 조부모의 인격과 관점이 그들에게 전달, 그들의 태도와 관점에 영향을 줄 것이기 때문이다.

손자녀 양육지원이 3세대에게 주는 교육적 의미 중 조부모에게 주는 의미는 다음과 같다. 조부모들은 성인자녀를 기르던 육아기에 직업활동이나 가사활동에 매몰되어 '아이가 주는 기쁨, 아이를 기르는 재미'를 제대로 느끼지 못하는 경우가 많다. 그러나 발달과업상 부담감이 줄어드는 한편, 젊었을 때에 비해 작은 일에도 기쁨을 느끼는 노년기(Tornstam, 2005)이기에 조부모에게 손자녀 양육지원은 자신의 자녀를 키웠을 때와 달리 '아이가 주는 기쁨, 아이를 기르는 재미'를 온전히 느끼게 해주는 경험이 되기도 한다(안희란, 2015).

손자녀 양육지원이 손자녀 세대에게 주는 교육적 의미는 흔히 말하는 '격대교육'의 장점과 상통한다. 조부모들은 부모세대와 달리 손자녀가 '무엇이 되기'보다는 '인성이 바른' 사람으로 자라나기를 바란다(안희란, 2015). 즉, 조부모들은 손자녀의 직업적 성공은 자신의 생애 과업이 아니고, 자신이 관여할 영역도 아니라고 인식하는 경향이 있다. '손자녀가 무엇이 되는가는 손자녀의 부모 소관이지 내 소관이 아니다'라는 생각과 '자식과 달리 손자한테는 뭔가를 기대하지 않고 키우는 동안 그 순간순간 손자로 인해 웃고 즐거웠던 것 그것으로 다 받는 거'라는 생각이 작용하는 것이다(안희란, 2015). 부모의 자녀양육방식은 자녀의 사회적 성취를 목표로 하는데 이는 자녀의 성공이 물심양면으로 부모에게 영향을 주기 때문이다. 그러나 조부모는 손자녀와 함께할 시간이 한정되어 있기에 손자녀의 후일 성공을 덜 강조하게 된다. 조부모는 부모보다 손자녀의 '여기 그리고 지금'을 중시하기에 손자녀에게 '바른 인성' 만을 바랄 수 있게 된다. 따라서 인성을 중시하는 조부모의 영향으로 손자녀는 인성교육을 받으며 자랄 수 있게 된다(안희란, 2015).

미국 브리검 영 대학(Brigham Young University)의 연구팀은 조부모와의 친밀도가 손자녀의 친사회행동(pro-social behavior)[4] 성향에 긍정적인 영향을 미친다[5]는 조사결과를 발표했는데(Jeremy et al., 2011), 이는 '부모의 노력만으로는 충분하지 않은 그 무엇인가를 조부모가 채워줄 수 있다'는 것을 시사한다. '그 무엇인가'가 '여기 그리고 지금의 관점에서 손자녀를 사랑함'과 '손자녀에게 바른 인성만을 바람'이다(안희란, 2015). 이는 조부모기는 보통 부모기의 책임, 의무, 갈등 등을 수반하지 않기에 가능한 것으로 조부모기를 손자녀에 대한 새로운 역할과 의미 있는 상호작용의 기회로 본 월쉬(Walsh, 1982)의 주장과도 맥을 같이 한다.

이러한 점은 인간에 대한 총체적 인식보다 인간의 한 측면 또는 양상이라 할 수 있는 '능력', 특히 지필 시험을 통해 측정되고 평가되는 능력에 치우친 학교교육의 기형성이 문제되는 요즘, 그리고 '입시문화'로 표현되는 이 풍조가 고등학교뿐만 아니라 중학교와 초등학교, 나아가서 유치원에 이르기까지 우리나라 교육문화 전반을 지배하고 있는 오늘날 조부모의 손자녀 양육지원의 긍정적인 점을 시사한다. 교육적 가치와 관련한 선택은 풍부한 경험과 긴 안목을 가진 선진(先進)에 의해서 보다 지혜롭게 이루어질 수 있기 때문이다(조용환, 1998).

손자녀 양육지원이 성인자녀 세대에게 주는 교육적 의미는 다음과 같다. 조부모들은 성인자녀를 키워 본 경험을 통해 '훈육의 중요성'과 '관계 형성의 중요성'을 인식하면서도 '부모보다 한 발 물러나' 건강한 거리두기를 할 수 있기에 부모인 성인자녀의 양육태도를 보완할 수 있게 된다(안희란, 2015). 부모의 경우 자녀에 대한 높은 기대치로 과도한 성취욕이 생겨 자녀를 양육할 때 감정적인 대응이 앞서기도 한다. 반면 조부모는 손자녀가 문제행동을 할 때에도 부모와 달리 조급한 감정표출이 아닌 절제된 자세를 보여줄 수 있다(안희란, 2015).

4) 보상을 바라지 않고 사회를 이롭게 하기 위해 하는 행위. 봉사, 기부 등의 형태로 나타남

5) 10대의 특성상 일시적일 수는 있으나 부모와 대화가 줄고, 정서적으로 멀어졌다고 느낀 아이들도 조부모와의 친밀도가 높으면 친사회행동성향이 높았다. 반면 부모와의 애착관계 정도가 높은 아이들이라도 조부모와의 친밀도가 낮은 경우 친사회적 행동성향은 조부모와 친밀도가 높은 아이들보다 낮았다.

조부모들은 자신의 자녀를 길렀던 부모기를 통과하여 인생경험의 축적기인 노년기에 있기에, 낯설고 힘든 육아기에 있는 성인자녀 부부에게 조언과 완충의 역할을 할 수 있다. 부모교육(parent education)이 자녀의 성장과 발달에 대한 부모의 이해와 지식을 증진시킴으로써, 부모의 역량을 키우고 효과적인 자녀 양육 방법과 기술을 개발하여 자녀에게 실천하고 적용하도록 지원해 주는 다양한 교육적 활동을 의미(민하영, 2002)한다고 할 때, 조부모들은 손자녀 양육지원을 통해 성인자녀가 바람직한 부모의 자질을 가지도록 하는 '부모교육'을 실생활에서 해줄 수 있는 것이다. 이상의 손자녀 양육지원의 교육적 의미는 한국의 수정확대가족의 고유성[6]이 1, 2, 3세대 모두에게 도움이 될 잠재력을 지니고 있음을 시사한다. 한국의 수정확대가족의 순기능성을 강화하기 위해서는 3세대 간의 정서적 · 사회적 보상기제를 찾아내고 이를 보충할 수 있는 제도와 프로그램이 요구된다. 그리고 손자녀 양육지원을 받지 않는 성인자녀와 손자녀에게도 조부모만이 가지고 있는 경험적 자원을 줄 수 있는 통로를 만들어주어 3세대가 관계를 유지할 수 있도록 하는 세대통합 프로그램을 개발하여야 한다. 3세대가 함께 해 온 숨겨진 에피소드를 발굴, 공유하여 세대통합 프로그램을 개발, 보급함은 우리나라의 강한 가족주의를 자원으로 하여 인성교육, 노인의 소외문제 등을 해결, 복지를 증진할 수 있는 방안이 될 수 있을 것이다. 노인은 부양을 필요로 하는 수동적 존재라는 기존의 인식과 달리 훌륭한 교육적 자원일 수 있는 것이다.

5) 조손가정의 노인

고령화와 가정해체[7]가 결합해 발생하는 현상이 바로 조손가정의 확산이다. 조

6) 미국에서 할머니, 할아버지의 손자녀 양육지원은 유색인종(Kataoka-Yahiro, et al, 2004)이나 저소득층 가족(Katras et al, 2004)에서 주로 이루어지는 것으로 인식되고 있다. 그러나 한국에서는 조손가족의 조부모 이외에 일반 맞벌이 가정의 할머니, 할아버지의 상당수가 손자녀 양육지원을 하고 있다(Lee & Bauer, 2010).

7) 가족해체의 주요원인은 부나 모가 사망하거나 이혼, 가출, 경제적 결핍, 혹은 미혼모 등으로 보고되고 있다(배태순, 2000).

손가정[8]의 수는 2015년 기준 11만 3100여 가구에 이른다. 통계청의 장래가구추계(2016)를 보면 2030년에는 27만 가구, 2035년에는 32만 가구로 크게 늘어난다.

그러나 조손가정의 근로소득은 급격히 줄고 있다. 통계청에 따르면 조손가정의 월평균 근로소득은 2013년까지 80만 원 수준이었으나 계속 감소하면서 2016년에는 56만 원에 불과했다. 그나마 공적이전소득이 2014년 52만 원에서 2016년 68만 원으로 늘어나 이들의 삶을 떠받쳤다. 2016년에는 공적이전소득의 비중이 근로소득 비중을 앞섰다. 예전에는 다수의 조부모들이 스스로 일을 해서 손주들을 키울 수 있었으나, 이제는 국가의 도움 없이는 손주들과의 삶을 꾸려나가기 어렵다는 의미이다. 2016년 1분위(소득 하위 20%) 조손가정의 월평균 총소득은 96만 원 가량으로, 기초연금과 생계급여를 합친 정도에 불과했다.

조손가족의 조부모는 육체적 쇠퇴를 수반한 건강문제와 경제적인 어려움에 처해 있다. 뿐만 아니라 새로운 육아법이나 교육환경에 대한 지식과 경험이 부족하기에 손자녀 양육에 큰 부담을 느낀다(강유진, 2011). 이와 같은 조부모의 불안정한 심리상태와 고통은 조부모 자신뿐만 아니라 양육 아동들에게도 부정적인 영향을 미친다(Dowdell & Sherwen, 1998).

이와는 반대로 홀로 외롭게 생활하는 조부모는 가족해체로 인한 손자녀를 양육하면서 새로운 유대관계와 가족의 연대를 형성하면서 조부모들의 삶의 전반에서 긍정적인 영향을 미칠 수 있는 새로운 의미를 부여하기도 한다(이현주, 2007; Silverstein, 2007). 안정된 심리와 사회적 지지 그리고 높은 자아존중감을 지닌 조부모들이 손자녀에게 지지적인 가족분위기를 조성하고 제공할 때, 손자녀들이 가족해체 과정에서 경험했던 부정적인 경험을 완화시킬 수 있으며, 그들의 심리적 안정을 꾀할 수 있다(이화영, 2007).

8) 우리나라에서는 조손가족, 조부모-손자녀 가족, 조손세대, 조부모가구 등과 같이 다양하게 지칭되고 있다(박옥임, 2006; 옥경희, 2005; 이화영, 2006). 여성가족부(2010)에서는 65세 이상의 조부모가 18세 이하의 조손에 대한 부양과 양육의 책임을 지고 있는 가족으로 규정하고 있으나, 연구자에 따라서 자녀들의 연령과 상관없이 부모역할을 대신하고 있는 조부모들과 그의 조손으로 구성된 가족을 의미하기도 한다.

손자녀의 정서 · 행동에 영향을 미치는 요인으로서의 조손가족 조부모의 양육태도를 살펴보면, 조부모의 양육태도가 권위 · 통제적일수록 손자녀의 정서 · 행동은 부정적이 되고(김미혜 · 김혜선, 2005), 조부모의 정서적 지지가 높을수록, 조부모의 자기비하가 낮을수록, 그리고 조부모의 지도력이 높을수록 손자녀의 정서억제와 충동행동의 문제가 낮아졌다(김숙경, 2012). 따라서 조손가정의 경우, 생계지원 이외에 조부모의 심리지원 서비스와 조부모교육이 병행되어야 할 것이다.

3. 노인 부양

노인부양은 노인이 어떤 종류의 부양이 필요한가에 따라 경제적 부양, 정서적 부양, 신체서비스 부양으로 구분된다. 이 중 경제적 부양과 정서적 부양에 대해서는 '1. 우리나라의 노인가족의 실태'에서 살펴보았으므로, 이하에서는 신체서비스 부양에 대하여 살펴보고자 한다.

노인부양은 부양서비스를 누가 제공하는지에 따라 공적부양과 사적부양으로 나눌 수 있다. 예전에는 노인부양은 가족의 책임이라는 인식이 만연하였으나(성규탁, 1995), 2000년대 이후 인구의 고령화, 가족관계 구조의 파편화, 자녀중심의 가족생활 등으로 인해 노인 부양가구의 부담이 계속적으로 증가하였으며(김형수, 2003), 노인에 대한 공적 부양의 필요성이 강조되었다. 그 결과 정부는 2007년 4월 노인장기요양보험법을 제정하고, 2008년부터 시행하였다.

노인장기요양보험은 노인성 질병 등의 사유로 일상생활을 혼자서 수행하기 어려운 노인들에게 제공하는 신체활동 또는 가사활동 지원 등으로 노후의 건강증진 및 생활안정을 도모하고 가족의 부담을 덜어주는 것을 목적으로 한다. 그러나 국민건강보험공단이 발표한 '2016 노인장기요양보험 통계연보'에 따르면, 2016년에 요양등급을 보유한 자(수급자)는 51만 9,850명으로, 전체 노인의 7.5%에 불과하다. 이는 장기요양보험의 혜택을 받지 못하는 노인 대부분이 본인 스스로 요양병원에 입원하거나 가족으로부터 사적부양을 받고 있다는 것으로 해석할 수 있다. 이처럼 정부의 공적부양은 재정적인 문제 등으로 모든 요보호노인에게 제공되지 못하는 현실적인 어려움이 있다.

2016년 7월 25일 통계청이 발표한 '2015 인구주택총조사 100세 이상 고령자조사 집계결과'에 따르면 2015년 11월말 기준 100세 이상 고령자가 가족과 함께 사는 비율은 44.6%로 2010년 57.1%에 비해 12.5%포인트나 줄었다. 반면 요양원, 요양병원 등 노인시설에 거주하는 비율은 43.1%로 2010년 19.2%에 배해 무려 23.9%포인트 증가하였다. 또한 질병이 들었을 때 옆에서 수발하는 사람 역시 가족보다는 요양시설 종사자 등 비가족 수발자가 더 많았다. 시설 종사자 및 간병인 등 유료 수발자가 48.2%인 반면 가족이 돌보는 비율은 45.6%였다. 이 밖에 이웃이나 무료 수발자와 종교 · 사회단체 종사자가 돌본다는 비율은 각각 3.1%, 1.0%였다.

노인 부양으로 인한 경제적 그리고 심리적 어려움은 가족 간에 갈등을 유발시킬 수 있다. 고령화 시대에 노인들은 대부분 만성질환은 한두 개씩 가지고 있으며, '긴 병에 효자 없다'는 속담처럼 장기간에 걸친 노인부양은 가족들에게 부정적인 영향을 미칠 수 있다. 지금과 같이 정부의 지원이 부족한 상황에서 노인을 돌보는 가정의 노인 부양부담은 커질 수밖에 없다. 성인자녀의 노인부모 부양 문제는 가족 간 갈등으로 이어지고(고보선 · 허준수, 2005), 더 심각한 경우 노인학대로 이어질 가능성이 높다(송인욱 · 전재욱, 2009; Karl & Rosalie, 1986).

한편, 저소득가구의 복지서비스 이용이 가족갈등에 미치는 영향을 분석한 연구에서는 복지서비스를 전혀 이용하지 않을 경우 가족갈등을 경험할 가능성이 높아지는 반면, 복지서비스를 한 가지 혹은 두 가지 이용하는 경우에는 가족갈등을 경험할 확률이 낮아지는 것으로 나타났다(정선영 · 정현숙, 2011). 이는 노인수발 관련 복지서비스 확충 필요성을 제시한다.

한편, 국민건강보험공단의 「국내 노부부 부양세대 현황」에 따르면 2016년 60~79세 자녀가 80대 이상 부모를 부양하는 가구수는 2006년에는 5만2771가구였으나, 2016년에는 10만 130가구로 집계되었다. 보건복지부의 '2015 노인학대 현황 보고서'

를 보면, 2015년 노인학대 사건 중에서 노노학대가 41.7%에 이른다. 따라서 노노 부양가구에 대한 국가 · 사회적 관심이 필요하며, 노인장기요양보험 보장성 제고 시 노노 부양가구에 대한 우선적 배려가 요청된다.

노인부양 문제의 해결을 위해서는 노인장기요양보험제도의 보장성을 높이는 등 가족의 부양부담을 덜 수 있도록 지원을 강화해야 한다. 2016년 노인장기요양보험의 수급자 비중(시설 · 재가서비스)은 노인인구의 7% 수준(49만 명)으로, OECD 회원국 평균의 절반 정도다. 이 제도의 시행은 가족이 전담해 온 노인 수발을 사회가 분담하기 시작했다는 점에서 의의가 있지만, 경증 치매환자를 비롯한 더 많은 노인을 포괄할 필요가 있는 것이다.

제4부

노인복지의 실제

Chapter 11

노인장기요양보험제도

노인장기요양보험제도는 우리나라 제5의 사회보험으로 사회적 효보험으로서의 역할을 수행하고 있다. 노인장기요양보험제도는 2001년 8월 15일 김대중 대통령의 경축사에서 노인장기요양보장제도의 도입이 공개적으로 제시되면서 시작되었다. 공적 노인요양보장제도의 도입은 2002년 대통령선거의 공약사항이었으며, 2003년 노무현 대통령의 참여정부에서는 2007년부터 공적 노인요양보장제도를 실시하는 방침을 정하고 이 제도의 틀을 마련하기 위하여 2003년 3월 공적 노인요양보장추진기획단을 자문기구로 설치하였다. 2004년 3월에는 공적 노인요양보장제도 실행위원회를 구성하였다. 2005년 7월부터 6개 시 · 군 · 구를 선정하여 1차 시범사업을 실시하였고, 9월 제도에 대한 명칭을 「노인수발보장법」으로 개명하고, 10월 노인수발보장법안이 입법 예고되었다. 2006년 2월 정부에서는 「노인수발보험법」으로 명칭을 다시 변경하여 국회에 제출하였고, 4월 국회를 통과하여 2007년 4월 「노인장기요양보험법」이 법률 제8403호로 공포되었다. 이후 추가 시범사업을 거쳐 2008년 7월 1일부터 노인장기요양보험제도가 전국적으로 시행되었다.

1. 노인장기요양보험제도의 이해

1) 정책적 체계와 민간위탁

노인장기요양보험제도는 사회보험의 한 형태이다. 사회보험은 「사회보장기본법」 제3조 제2항(법률 제12844호)에 따라 "국민에게 발생하는 사회적 위험을 보험의 방식으로 대처함으로써 국민의 건강과 소득을 보장하는 제도"로 이해할 수 있다. 사회보험은 공공부조, 사회서비스 및 평생사회안전망과 함께 사회보장 제도 중의 하나인 사회복지정책이다. 노인장기요양보험제도에 따라 노인장기요양서비스와 관련한 제반 공공서비스를 공급하는 주체로서 정부나 공공, 민간비영리 및 영리시설을 모두 포함하는 것으로 한다. 노인장기요양보험제도의 정책적 체계를 [그림 11-1]로 도식화하였다(권태엽, 2015).

〔그림 11-1〕 노인장기요양보험제도의 정책적 체계

사회복지서비스는 공공서비스임에도 불구하고 오래전부터 민간에서 발달되어 왔다. 노인장기요양보험제도는 민간위탁을 통해 우리 사회에 노인복지 서비스를 제공하고 있다. 민간위탁(contract out)이란 정부의 공공서비스 제공과정에서 시장경제 원리를 적용시키려는 민영화(privatization)의 한 형태이다. 즉, 정부나 공공부문은 사회복지서비스의 공급결정과 재정부담의 역할을 담당하고 민간부문은 사회복지서비스 생산만을 담당하는 정책수단을 의미한다. 과거에는 정부가 직접 수행하기 어려운 업무만을 민간위탁 하였으나, 현대는 국가의 역할이 통제 · 지도에서 조정 · 보완으로 바뀌어 가고, 행정기능의 비대화에 따른 역기능의 심화와 국가 및 지방자치단체의 재정 취약 등으로 민간위탁을 통한 효율적 운영이 요구되고 있다.

이러한 공공서비스를 제공하면서 나타나는 사회적, 경제적 현상들을 설명하는 이론은 비시장실패론, 공공선택론, 그리고 주인 대리인 이론 등이 있다. 사회구성원의 요구는 무한적이지만 이를 해결시켜 줄 자원은 제한되어 있기 때문에 우리 사회는 경쟁이 불가피하다. 이러한 상황에서 말하는 효율성은 제한된 자원을 배분함에 있어서 최소 비용으로 최대 효과를 산출하는 경제원칙을 말하며, 공평성은 사회구성원의 필요나 수요를 가장 잘 해결시켜 줄 수 있는 방식을 정치적으로 결정하는 것을 의미한다.

시장실패(market failure)란 불완전한 경쟁 등으로 인해 시장에 의한 자원배분의 효율성이 확보되지 못한 상태이다(Stiglitz, 1997:214; Mankiw, 1997). 비시장실패(nonmarket failure) 또는 정부실패(government failure)란 정부가 시장에 개입함으로써 개입을 하지 않았을 때보다 비효율적이고 불공평한 결과가 발생하는 상태를 말한다(Wolf, 1988; Le Grand, 1991:442).

이와 관련된 이론들을 살펴보면 다음과 같다.

첫째, 비시장실패론은 정부 또는 정부산출물이 갖는 수요 · 공급의 특성에 대한 분석을 통해 시장개입의 주체로서 정부가 갖는 본질적 한계를 지적하는 이론이다.

둘째, 공공선택론은 정치, 경제, 사회현상을 설명하는 데 있어서 제도를 중심개념으로 설정하여 정부와 시장의 상호작용과 한계 그리고 대안을 모색한다.

셋째, 주인 대리인 이론은 계약이라는 비유를 통해 권한과 역할을 위임하는 자와 위임받는 자 사이에서 비롯되는 다양한 문제와 역할의 조절을 설명하고자 한다.

시장경제 체제(market economy system)에서는 자원이나 서비스 등이 경제주체들에게 사유화되고, 가격은 수요와 공급이라는 보이지 않는 힘에 의해서 결정된다. 비시장(nonmarket)이란 기부금, 세금, 그리고 가격이 매겨지지 않은 다른 원천으로부터 주된 재정수입을 조달한다는 점에서 시장과 구별되며, 사실상 비시장은 정부를 의미한다.

노인장기요양보험제도에 있어서 비시장실패 요인을 구체적으로 설명하면 다음과 같다.

첫째, 비용과 수입에 있어서 분리의 핵심은 정부정책이 시장가격이 아니라는 것이다. 즉, 비용과 수입이 연결되어 있지 않음으로 인해 비효율이 발생하게 되며 정부산출물의 적절성 및 가치는 그 생산비용과 분리되는 것이다. 이러한 이유로 노인장기요양보험제도에 있어서 등급별 수급자의 비용과 등급별 수급자를 요양보호하고 있는 종사자나 시설에서 수용할 수 있는 수입의 정도가 서로 맞지 않다는 것이다(남기민 · 권태엽, 2013).

둘째, 내부성이란 어떤 기관과 인력의 성과를 유도하고 조절하며 평가하기 위한 목표로서 정부조직 내에서만 적용되는 목표를 말한다. 이것은 때때로 관료에 의해 불필요한 규제나 지출을 행하는 형태로 나타나기도 한다.

셋째, 파생적 외부성이란 시장실패를 시정하려는 정부개입이 초래하는 예기치 않은 결과를 의미한다. 예를 들면, 법에서 요구하는 일정 수준을 갖추면 노인요양시설을 허가해 주었으나 인구밀집이 높은 아파트 단지에 설치되는 시설들의 위생문제로 사회적 파장을 야기하게 되는 경우가 좋은 예라 할 수 있다. 이러한 이기적인 사회적 현상에는 님비(NIMBY : not in my back yard), 또는 바나나(BANANA : build absolutely nothing anywhere near anybody) 등이 있다.

넷째, 시장에서의 불공정성은 개인의 소득과 부에 관한 것이지만 정부정책으로 인한 불공정성은 권력과 특혜로 나타난다. 예를 들면, 노인요양시설의 경우 선문식송과 관련된 이익집단들이 관료에게 영향력을 행사하여 정책의 혜택이 해당 이익단체 또는 회원들에게 돌아오도록 유도함으로써 공공의 이익을 해칠 수 있는 것이다.

2) 노인장기요양보험제도의 등장배경

노인과 관련된 사회보험을 실시하는 제도는 국가마다 상이하지만 일반적 명칭은 장기요양(LTC : long-term care)이다. 장기요양보험의 효시라 할 수 있는 독일의 수발보험과 일본의 개호보험 모두 고령사회의 급속한 도달로 인한 인구의 고령화와 여성화, 그에 따른 경제상황의 악화 등으로 가족들이 노인을 돌보는 부분에 있어서 사회문제로 대두되었고 이를 대비하는 모습은 국가별로 큰 차이를 보이지 않았다.

〈표 11-1〉은 독일, 일본, 우리나라의 장기요양보험법을 비교 분석하여 설명하고 있다(김귀환, 2017:269-270).

〈표 11-1〉 독일, 일본, 한국 장기요양보험법의 비교

구분	수발보험법	개호보험법	노인장기요양보험법
시행국가	독일	일본	한국
법제정일	1994년 4월 시행 1995년 4월 재가 시행 1996년 7월 시설	1997년 12월 시행 2000년 4월	2007년 4월 시행 2008년 7월 1일
도입원인	1. 가족기능의 약화 2. 노인인구 증가 3. 가족부담의 증가	1. 가족기능의 약화 2. 노인인구 증가 3. 노인보건복지제도의 한계	1. 고령화에 따른 유병 노인의 증가 2. 가족붕괴와 경제적 부담
보험자	질병금고 (Krankenversicheerung)	시 · 정 · 촌	국민건강보험관리공단
피보험자	건강보험 전가입자(전국민)	40세 이상	65세 이상 노인 또는 65세 미만의 노인성 질환을 가진 자
등급판정	MDK (Medizinische Dienst der Kranken)	개호인정심사회	등급판정위원회

구분	수발보험법	개호보험법	노인장기요양보험법
요개호도 (등급)	개호도 1~3 단계	요지원 · 요개호 1~5 · 6단계	시설1~2, 재가3~5, 인지지원등급 6단계
비용부담	시설입소 시 식비 · 숙박비 전액본인부담	시설입소 시 식비 본인부담 본인부담 10%	시설급여 : 20% 재가급여 : 15%
재원	보험료 100%(노사반분)	공비, 보험료 각50% 본인부담 10%	보험료 80% 정부지원 20% 본인부담 15~20%
보험료수준	소득의 1.7% (노사 각 50%부담)	1호:약 2,900 엔→3,300 엔 2호: 수입의 0.9%	보험료 수준
법조항수	전문11장 112조	전문14장 215조 부칙5조	전문12장 70조 부칙

우리나라에 노인장기요양제도가 등장하게 된 배경을 설명하면 다음과 같다.

첫째, 급속한 고령화와 치매와 중풍 등 노인성 질환에 걸려있는 노인에 관한 문제이다. 과학과 의료기술의 발전은 노인들의 평균수명을 연장하는 데 기여한 바가 크다. 이는 노인인구의 증가로 이어지면서 노인의 부양부담을 가중시키는 요인이 되고 있다. 한편, 노인들은 나이가 들면서 나타나는 노화로 인한 신체적 능력 저하와 재활과 치료가 어려운 질병으로 인한 만성질환(당뇨병, 퇴행성관절염과 고혈압, 치매 등)에 따라 노인유병률이 높아진다는 것이다.

둘째, 노인의료비의 증가이다. 2016년 65세 이상 건강보험 적용인구는 644만 5천명으로 전체의 12.7%를 차지하고 있으며, 진료비는 25조 187억 원으로 전체의 39.1%를 차지하고 있어 전체 대비 65세 이상 1인당 월평균 진료비는 3배 수준에 이르고 있다(국민건강보험, 2017:11). 이렇게 노인의료비가 차지하는 비율과 그 비용의 증가는 노인과 가족의 부담을 경감시키기 위한 새로운 재원 마련과 함께 새로운 제도를 필요로 하게 만드는 것이다.

셋째, 가족구조의 변화이다. 현대 산업사회에서 여성들의 사회적 활동 증가와 저출산으로 가족의 전통적 기능이 변화되고 노인을 수발할 수 있는 가족구성원이 감소하면서 노인부양이 사회문제로 대두되기 시작한 것이다. 신체적, 정신적으로 장기간 보호가 필요한 노인들이 늘어나면서 가족들의 노인부양비에 대한 부담과 가족으로부터 적절한 부양을 받기 어려운 상황에 놓이게 되면서 노인들의 재가서비스 또는 시설보호에 대한 필요성이 증가하고 있는 것이다.

3) 노인장기요양보험제도의 기대효과

노인장기요양보험제도는 국민건강보험제도와 분리 운영함으로써 증가하는 노인 등에 대한 장기요양 필요성에 대한 재정 부담으로부터 구속되지 않아 장기요양제도 자체의 특성을 살릴 수 있도록 노인장기요양보험법을 제정한 것이다. 즉, 국민건강보험은 질환의 진단, 입원 및 외래치료, 재활 등을 목적으로 주로 병원, 의원 및 약국에서 제공하는 서비스를 급여대상으로 한다. 반면, 노인장기요양보험은 치매와 중풍 등의 노인성 질환 등으로 스스로 일상생활을 영위하기 어려운 대상자에게 노인요양시설이나 재가 장기요양기관을 통해 신체활동이나 가사지원 등의 서비스를 제공하는 제도인 것이다.

이러한 노인장기요양보험제도의 기대효과는 첫째, 노인의 삶의 질 향상, 둘째, 가족의 부양부담 해소, 셋째, 사회적 일자리 창출, 넷째, 노인의료비 절감효과 등이 있다. 이를 구체적으로 살펴보면 다음과 같다.

첫째, 노인의 삶의 질 향상이 기대되는 것이다. 가족들과 함께 생활하지 못한다는 아쉬움은 있지만 노인성 질환으로 고생하는 노인들에게는 직접적인 전문적 돌봄과 간호서비스가 제공됨으로써 삶의 질이 향상된다. 가족이 수발하는 경우 치매로 인해 나타나는 다양한 행동을 이해하지 못함으로써 급속도로 질병이 악화되거나 조기 사망을 초래하는 일이 있을 수 있는데 이를 방지하고, 중풍으로 인한 신체적 제약으로 발생할 수 있는 일상생활의 불편 등을 예방 또는 해소함으로써 삶의 질이 향상된다는 것이다.

둘째, 가족의 부양부담 해소이다. 일반적으로, 병의원을 이용할 경우 월 100만 원

이상의 고비용을 부담해야 하지만 노인요양시설을 이용할 경우 월 30~60만 원(본인부담금 20% + 식자재비 포함) 정도, 재가 장기요양기관을 이용할 경우 월 20만 원(본인부담금 15% + 식자재비 포함) 정도만 부담하면 되기 때문에 경제적 부담을 해소할 수 있다.

셋째, 노인 인구 증가에 따라 대상자가 증가하면서 노인요양시설과 재가 장기요양기관이 더욱 늘어나고 있다. 그러므로 이러한 기관의 필수 직종인 요양보호사, 사회복지사, 간호(조무)사 등의 전문 인력 수요가 더욱 증대되고 있어 이들의 고용창출 효과를 기대할 수 있게 된다.

넷째, 노인의료비 절감효과이다. 2016년 건강보험통계연보에 의하면 65세 이상 노인인구는 6,445천 명으로 전체 인구의 12.7%로 노인진료비는 25조2,692억 원으로 2009년과 비교하면 2.0배 증가하였다. 이와 같이 늘어나는 노인진료비를 절감하기 위한 노인장기요양보험제도의 역할을 크게 기대할 수 있다. 한편, 급속하게 늘어나는 요양병원과 요양시설과의 서비스 전달체계를 효율적으로 정립한다면 노인의료비 절감효과를 더욱 기대할 수 있을 것이다.

4) 노인장기요양보험의 재원

노인장기요양보험 운영에 소요되는 재원은 가입자가 납부하는 장기요양보험료 및 국가 및 지방자치단체 부담금, 장기요양급여 이용자가 부담하는 본인일부부담금으로 운영된다.

① 장기요양보험료 징수 및 산정(「노인장기요양보험법」 제8조, 제9조)

장기요양보험 가입자는 건강보험 가입자와 동일하며, 장기요양보험료는 건강보험료액에 장기요양보험료율(2018년 이전: 6.55%, 2018년 이후: 7.38%)을 곱하여 산정한다. 장기요양보험료율은 매년 재정상황 등을 고려하여 보건복지부장관 소속 장기요양위원회의 심의를 거쳐 대통령령으로 정하고 있다.

② 국가의 부담(「노인장기요양보험법」 제58조)

- 국고 지원금 : 국가는 매년 예산의 범위 안에서 당해 연도 장기요양보험료 예상 수입액의 100분의 20에 상당하는 금액을 공단에 지원한다.
- 국가 및 지방자치단체 부담 : 국가와 지방자치단체는 의료급여수급권자에 대한 장기요양급여비용, 의사소견서 발급비용, 방문간호지시서 발급비용 중 공단이 부담해야 할 비용 및 관리운영비의 전액을 부담한다.

③ 본인일부부담금(「노인장기요양보험법」 제40조)

재가 및 시설 급여비용 중 장기요양기관에 직접 납부하는 이용자의 본인일부부담금은 다음과 같다.

- 재가급여 : 당해 장기요양 급여비용의 100분의 15
- 시설급여 : 당해 장기요양 급여비용의 100분의 20
- 「국민기초생활보장법」에 따른 의료급여수급권자는 본인일부부담금 전액 면제
- 「의료급여법」 제3조 제1항 제2호부터 제9호까지의 규정에 따른 수급권자, 소득 · 재산 등이 보건복지부장관이 정하여 고시하는 일정 금액 이하인 자. 천재지변 등 보건복지부령으로 정하는 사유로 인하여 생계가 곤란한 자 등은 본인일부부담금의 60% 범위에서 차등하여 감경할 수 있다.

5) 노인장기요양보험의 신청

① 신청자격

「노인장기요양보험법」 제12조 장기요양인정의 신청자격에 따르면, 장기요양인정을 신청할 수 있는 자는 노인 등으로서 장기요양보험가입자 또는 그 피부양자, 「의료급여법」 제3조 제1항에 따른 의료급여수급권자가 해당된다. 특히, 65세 미만인 자는 노인성 질병을 가진 국민을 말한다. 노인장기요양보험법 시행령 제2조에 의한 대통

령령으로 정하는 노인성 질병이란 치매, 중풍, 알츠하이머, 파킨슨 등을 말하며 진전(Tremor: 신체가 떨리는 신경계 질환)은 보건복지부장관이 정하여 고시하는 범위를 말한다.

② 장기요양 인정절차

노인장기요양보험에서는 장기요양보험 가입자 및 그 부양자나 의료급여수급권자 누구나 장기요양급여를 받을 수 있는 것은 아니다. 장기요양인정이란 일정한 절차에 따라 장기요양급여를 받을 수 있는 권리가 부여되는 것을 말한다. 「노인장기요양보험법」 제14조 장기요양인정 신청의 조사에 의하면, 공단은 신청서를 접수한 때 소속 직원으로 하여금 신청인의 심신상태, 신청인에게 필요한 장기요양급여의 종류 및 내용, 그 밖에 장기요양에 관하여 필요한 사항으로서 보건복지부령으로 정하는 사항을 확인하게 하고, 조사를 하는 공단 직원은 조사일시, 장소 및 조사를 담당하는 자의 인적사항 등을 미리 신청인에게 통보하여야 한다. 장기요양 인정절차는 장기요양보험 가입자 또는 부양자가 먼저 공단에 장기요양인정 신청을 하고 난 후 공단 직원의 방문에 의한 인정조사와 등급판정위원회의 등급판정, 그리고 장기요양인정서와 표준 장기요양이용계획서의 작성 및 송부로 이루어진다.

③ 장기요양 급여의 종류

「노인장기요양보험법」 제23조에 따른 장기요양 급여의 종류는 재가급여(방문요양, 방문목욕, 방문간호, 주 · 야간보호, 단기보호, 기타재가(복지용구)급여)와 장기요양기관이 운영하는 「노인복지법」 제34조에 따른 노인의료복지시설 등에 장기간 동안 입소하여 신체활동 지원 및 심신기능의 유지 · 향상을 위한 교육 · 훈련 등을 제공하는 시설급여(노인요양시설, 노인요양 공동생활가정), 그리고 특별현금급여(가족요양비, 특례요양비, 요양병원 간병비)가 있다. 〈표 11-2〉

〈표 11-2〉 노인장기요양 급여의 종류 및 내용

급여종류		내용
재가급여	방문요양	수급자의 가정 등을 장기요양요원이 방문하여 신체활동 · 일상생활 등을 도움을 주는 장기요양급여
	방문목욕	목욕설비를 갖춘 장비를 이용하여 장기요양요원이 수급자의 가정 등을 방문하여 목욕을 제공하는 장기요양급여
	방문간호	간호사 등 장기요양 요원이 의사, 한의사 또는 치과의사의 지시서에 따라 진료의 보조, 간호, 요양에 관한 상담 또는 구강위생 등을 제공하기 위해 수급자의 가정 등을 방문하는 장기요양급여
	주 · 야간보호	일정한 시간 동안 수급자를 장기요양기관에 보호하여 신체활동 도움 및 심신기능의 유지 · 향상
	단기보호	보건복지부령으로 정하는 범위 내에서 일정 기간 동안 장기요양기관에 수급자를 보호하여 심신기능의 유지 · 향상 및 신체활동 도움을 위한 교육 · 훈련 등을 제공하는 장기요양급여
	기타재가급여 (복지용구)	신체활동 · 일상생활 도움에 필요한 용구를 수급자에게 제공하거나 가정에 방문하여 재활에 관한 지원 등을 제공하는 장기요양급여로 대통령령으로 정하는 것
시설급여	노인요양시설	치매 · 중풍 등 노인성 질환으로 인해 심신에 상당한 장애가 발생한 수급자를 입소시켜 신체활동 · 일상생활에 필요한 편의를 제공하여 유익한 삶 보장을 목적으로 하는 시설
	노인요양 공동생활가정	치매 · 중풍 등 노인성 질환으로 인해 심신에 상당한 장애가 발생하여 도움이 필요한 수급자에게 가정처럼 주거여건과 신체활동 · 일상생활에 필요한 편의 제공을 목적으로 하는 시설로 입소정원 9인이내 시설을 의미함
특별현금급여		1) 가족요양비: 제24조에 따라 지급하는 가족장기요양급여 2) 특례요양비: 제25조에 따라 지급하는 특례장기요양급여 2) 요양병원 간병비: 제26조에 따라 지급하는 요양병원 장기요양급여

출처: 노인장기요양보험법(제4장 제23조)

1) 천재지변이나 도서 · 벽지 등 장기요양기관이 현저히 부족한 지역 그 밖에 이와 유사한 사유로 장기요양급여를 이용하기 어려운 경우 신체활동 · 정신 또는 성격 등의 사유로 가족 등으로부터 장기요양을 받아야 하는 자

2) 특례요양비, 요양병원 간병비는 「보험법」에 명시되어있으나 현재 시행되지 않음

가. 재가급여

• 방문요양

방문요양서비스는 장기요양요원이 수급자의 가정 등을 방문하여 신체활동 및 가사활동 등을 지원하는 장기요양급여를 말한다. 2014년 7월부터 치매특별등급(5등급) 신설로 인지자극 활동 및 잔존기능 유지 향상을 위한 사회활동 훈련을 제공하는 인지활동형 방문요양이 시행되고 있다. 장기요양 5등급 수급자는 가사지원(빨래, 식사준비 등)을 제공받을 수 있다. 장기요양요원이 수급자의 가정 등을 방문하여 신체활동 및 가사활동 등을 지원하는 장기요양급여이다.

• 인지활동형 방문요양

장기요양 5등급 수급자에게 인지자극 활동 및 잔존 기능 유지 · 향상을 위한 사회훈련을 제공하는 급여로, 기존의 방문요양과는 달리 빨래, 식사준비 등의 가사지원은 제공할 수 없으나, 잔존기능 유지 · 향상을 위한 사회활동 훈련을 제공하는 방법으로 수급자와 함께 옷 개기, 요리하기 등은 가능한 서비스를 말한다.

• 방문목욕

방문목욕 서비스는 장기요양요원이 목욕설비를 갖춘 차량을 이용하여 수급자의 가정을 방문하여 목욕을 제공하는 급여를 말한다.

• 방문간호

방문간호 서비스는 장기요양요원인 간호사 등이 의사, 한의사 또는 치과의사의 지시에 따라 간호사, 간호조무사 또는 치위생사가 수급자의 가정 등을 방문하여 간호, 진료의 보조, 요양에 관한 상담 또는 구강위생 등을 제공하는 장기요양급여를 말한다. 1~4등급 수급자는 방문간호 건강관리 서비스를 월 한도액에 상관없이 월 1회 이용이 가능하나, 5등급 수급자의 경우에는 방문간호지시서 발급일부터 6개월 동안 월 1회 방문간호 급여를 이용하여야 한다.

• 주 · 야간보호

주 · 야간보호 서비스는 수급자를 하루 중 일정한 시간 동안 장기요양기관에 보호하여 목욕, 식사, 기본간호, 치매관리, 응급서비스 등 신체활동 지원 및 심신기능의 유지 · 향상을 위한 교육 · 훈련 등을 제공하는 급여를 말한다.

- 단기보호 서비스

단기보호 서비스는 수급자를 월 15일 이내 기간 동안 장기요양기관에 보호하여 신체활동 지원 및 심신기능의 유지 · 향상을 위한 교육, 훈련 등을 제공하는 장기요양급여를 말한다.

- 기타 재가급여 : 복지용구

기타 재가급여란 수급자의 일상생활 또는 신체활동 지원에 필요한 용구로서 보건복지부장관이 정하여 고지하는 것을 제공하거나 대여하여 노인장기요양보험 이용자의 편의를 도모하고자 지원하는 장기요양급여를 말한다. 복지용구 급여는 시설급여를 제공하는 장기요양기관에서 입소하지 않은 수급자가 이용할 수 있는데 구입방식과 대여방식으로 나누어 선택할 수 있다〈표 11-3〉.

〈표 11-3〉 노인장기요양보험 복지용구 급여품목

분류	구입품목(9종)	대여품목(8종)
품목	• 이동변기(5년) • 목욕의자(5년) • 성인용보행기(5년) • 안전손잡이 • 미끄럼 방지용품(미끄럼방지 매트, 미끄럼방지액, 미끄럼방지양말) • 간이 변기(간이 대변기 · 소변기) • 지팡이(2년) • 욕창예방 방석(3년) • 자세변환용구	• 수동휠체어(5년) • 전동침대(10년) • 수동침대(10년) • 욕창예방 매트리스(3년) • 이동욕조(5년) • 목욕리프트(3년) • 배회감지기(5년) • 경사로(8년)

※ 품목은 17종으로 한정되나 품목에 따른 각각의 제품은 수십 가지가 될 수 있으며 구입품목과 대여품목은 보건복지부 고시 과정에서 변경될 수 있음.

- 구입방식 : '구입품목 9종'에 대해 제품별 수가에서 본인부담금을 부담하고 구입하여 사용하는 방식
- 대여방식 : '대여품목 8종'을 일정 기간 대여하여 사용하는 것으로 제품별 대여수가에서 본인부담금을 부담하고 사용하는 방식

나. 시설급여

시설급여에는 장기요양기관이 운영하는 노인의료복지시설(노인전문병원은 제외, 노인요양시설, 노인요양공동생활가정)에 장기간 동안 입소하여 신체활동 지원 및 심신기능의 유지·향상을 위한 교육·훈련 등을 제공하는 요양급여가 있다.

- 노인요양시설

치매·중풍 등 노인성질환 등으로 심신에 상당한 장애가 발생하여 도움을 필요로 하는 노인을 입소시켜 급식·요양과 그 밖에 일상생활에 필요한 편의를 제공함을 목적으로 하는 시설

- 노인요양공동생활가정

치매·중풍 등 노인성질환 등으로 심신에 상당한 장애가 발생하여 도움을 필요로 하는 노인에게 가정과 같은 주거여건과 급식·요양, 그 밖에 일상생활에 필요한 편의를 제공함을 목적으로 하는 시설을 말한다. 노인요양시설과 구분되는 것은 입소정원 9인 이내인 시설을 의미한다.

다. 특별현금급여(가족요양비)

특별현금급여는 수급자가 섬, 벽지에 거주하거나 천재지변, 신체·정신 또는 성격 등의 사유로 장기요양급여를 지정된 시설에서 받지 못하고 그 가족 등으로부터 방문요양에 상당하는 장기요양급여를 받을 때 지급하는 현금급여이다. 따라서 요양제공자는 가족요양비 수급자의 주거에서 비직업적으로 방문요양에 상당한 서비스를 제공하는 자를 말하며 가족 및 친지, 이웃 등을 폭넓게 인정하고 있다. 여기에는 가족요양비, 특례요양비, 요양병원간병비가 있으나 현재는 규정에 따라 가족요양비만 매월 수급자에게 15만 원을 지급하고 있다.

6) 노인장기요양 등급과 비용

우리나라 노인장기요양보험제도의 등급은 2008년 도입시기에는 3등급으로 운영되어 왔으나 2014년 7월부터 총 5등급으로 세분화되었다. 1등급은 장기요양인정 점수가 95점 이상인 자, 2등급은 장기요양인정 점수가 75점 이상 95점 미만인 자, 3등급은 장기요양인정 점수가 60점 이상 75점 미만인자, 4등급은 장기요양인정 점수가 51점 이상 60점 미만인 자, 5등급은 장기요양인정 점수가 45점 이상 50점 미만인 자로 기준을 정하고 있다〈표 11-4〉.

〈표 11-4〉 장기요양 등급별 인정 점수 및 기능상태

등급	심신의 기능상태	장기요양인정점수
1등급	심신의 기능상태 장애로 일상생활에서 전적으로 다른 사람의 도움이 필요한 자	95점 이상
2등급	심신의 기능상태 장애로 일상생활에서 상당 부분 다른 사람의 도움이 필요한 자	75점 이상 95점 미만
3등급	심신의 기능상태 장애로 일상생활에서 부분적으로 다른 사람의 도움이 필요한 자	60점 이상 75점 미만
4등급	심신의 기능상태 장애로 일상생활에서 일정 부분 다른 사람의 도움이 필요한 상태	51점 이상 60점 미만
5등급	치매환자로서(노인장기요양보험법 시행령 제2조에 따른 노인성 질병으로 한정) 장기요양인정 점수가 45점 이상 51점 미만인 자	45점 이상 51점 미만
인지지원등급	치매환자로서(노인장기요양보험법 시행령 제2조에 따른 노인성 질병으로 한정) 장기요양인정 점수가 45점 미만인 자(2018.01.01.시행)	45점 미만

출처: 노인장기요양보험 홈페이지(http://www.longtermcare.or.kr)

월 한도액에 대해서는 「노인장기요양보험법」 제28조(장기요양급여의 월 한도액) 및 「노인장기요양보험법」 시행규칙 제22조(장기요양급여의 월 한도액)에 의거, 장기요양급여는 월 한도액 범위 안에서 제공하여야 한다. 재가급여(복지용구 제외)의

월 한도액은 장기요양위원회의 심의를 거쳐 등급별로 보건복지부장관이 정하여 고시하며, 시설급여의 월 한도액은 급여에 소요되는 장기요양기관의 각종 비용과 운영현황을 고려하여 등급별로 보건복지부장관이 정하여 고시한 1일당 급여비용에 월간 일수를 곱하여 산정한다(2018년 기준고시).

① 재가급여(복지용구제외)의 월 한도액

등급	월 한도액(원)	등급	월 한도액(원)
1등급	1,396,200	4등급	1,085,900
2등급	1,241,100	5등급	930,800
3등급	1,189,400	인지지원등급	517,800

출처: 노인장기요양보험 홈페이지(www.longtermcare.or.kr)

② 시설 급여기관의 1일당 비용

분류	등급	1일당 급여비용(월)
노인요양시설	1등급	65,190
	2등급	60,490
	3등급~5등급	55,780
노인요양공동생활가정	1등급	56,960
	2등급	52,850
	3등급~5등급	48,720

출처: 노인장기요양보험 홈페이지(www.longtermcare.or.kr)

③ 치매전담 시설급여기관의 1일당 비용

분류	등급	1일당 급여비용(원)	
		가형	나형
노인요양시설 내 치매전담실	2등급	74,600	67,140
	3등급~5등급	68,790	61,910
치매전담형 노인요양공동생활가정	2등급	65,520	
	3등급~5등급	60,410	

출처: 노인장기요양보험 홈페이지(www.longtermcare.or.kr)

7) 전달체계

국민건강보험공단은 노인장기요양보험 사업의 보험자이며 관리 운영기관이다. 공단은 장기요양보험가입자 및 그 피부양자와 의료수급권자의 자격관리, 장기요양보험료의 부과·징수, 신청인에 대한 조사, 등급판정위원회의 운영 및 장기요양등급판정, 장기요양인정서의 작성 및 표준장기요양이용계획서의 제공, 장기요양급여의 관리 및 평가, 수급자에 대한 정보제공·안내·상담 등 장기요양급여 관련 이용지원에 관한 사항, 재가 및 시설 급여비용의 심사 및 지급과 특별현금급여의 지급, 장기요양급여 제공내용확인, 장기요양사업에 관한 조사·연구 및 홍보, 노인성질환예방사업, 이 법에 따른 부당이득금의 부과·징수 등, 그 밖에 장기요양사업과 관련하여 보건복지가족부장관이 위탁한 업무를 관장한다(「노인장기요양보험법」 제48조 제2항).

한편, 장기요양등급판정 등을 심의하기 위하여 공단에 등급판정위원회를 둔다. 등급판정위원회는 시·군·구 단위로 설치한다. 다만 인구 수 등을 고려하여 하나의 시·군·구에 둘 이상의 등급판정위원회를 설치하거나 둘 이상의 시·군·구를 통합하여 하나의 등급판정위원회를 설치할 수 있다.

장기요양서비스를 받기 원하는 노인은 본인, 가족, 대리인 등이 공단 노인장기요양보험 지원센터에 장기요양인정 신청을 하여야 한다. 요양신청을 하면 건강보험공단 소속의 직원(간호사, 사회복지사 등)이 평가판정조사표 및 조사요령에 의거하여 대상자별 신체기능, 인지정신기능, 간호처치욕구, 재활욕구 등의 등급판정조사와 IADL(도구적 일상생활능력) 등 필요한 서비스의 종류와 양을 조사하는 욕구조사를 실시한다. 즉, 서비스 이용절차는 인정신청부터 등급판정 후 장기요양기관과의 계약까지 총 5단계의 절차를 거쳐 진행된다. 1단계는 국민건강보험공단의 노인장기요양보험 지원센터에 장기요양인정 신청서를 제출해야 한다. 2단계는 국민건강보험공단 소속의 장기요양 관리직원이 직접 신청자를 방문하여 기능 및 욕구조사 등을 실시한다. 등급판정을 실시하는 3단계는 통상 6개월 이상 일상생활을 혼자 수행하기 어려운 경우, 장기요양급여 대상자로 판정하고 장기요양등급을 부여한다. 4단계는 신청자에게 장기요양인정결과가 통지되고, 마지막 5단계는 가족과 서비스 대상자가 서비스 제공기관과의 계약을 통해 장기요양급여서비스를 받게 된다.

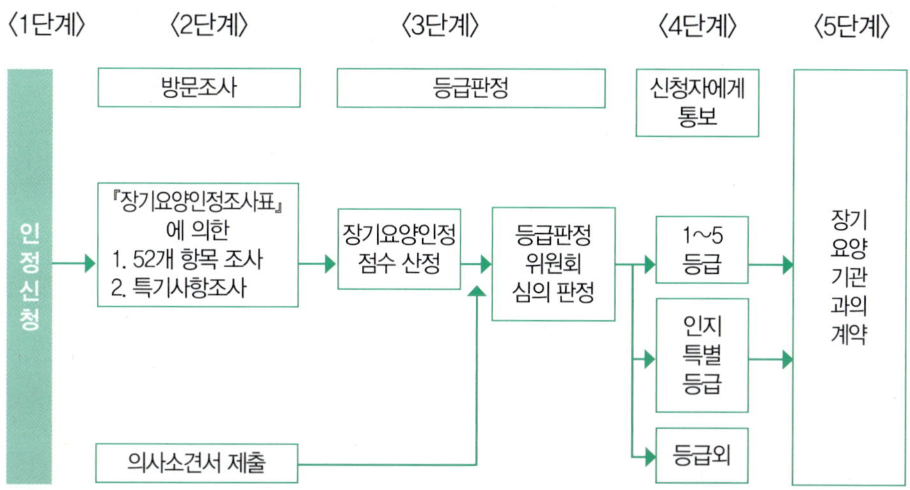

〔그림 11-2〕 장기요양 서비스 이용절차 5단계

한편, 노인장기요양보험과 관련하여 정책결정에 대한 책임을 지고 있는 부서는 보건복지부 인구정책실 노인정책관이다. 노인정책관 산하 노인정책과, 노인지원과, 요양보험제도과, 요양보험운영과에서 제도 및 운영에 관한 업무를 관장하고 있다.

2. 노인장기요양보험제도의 문제점 및 향후과제

1) 장기요양보험제도의 문제점

2017년 들어선 문재인 정부의 노인 의료복지정책의 핵심은 치매국가책임제이다. 치매국가책임제의 성공과 노인장기요양보험제도 시행 10년을 맞이하면서 본 제도의 문제점을 함께 살펴보고자 한다.

① 수급자의 적절성

수급자가 요양병원에 입원하고자 하는 경우는 등급심사 없이 입원이 매우 자율적이지만, 노인장기요양보험제도는 국민건강보험공단의 까다로운 심사절차를 통해 등급판정을 받아야만 그 제도를 이용할 수 있다. 이러한 차이로 인해 중증환자들이 오히려 요양시설에 입소하게 되고, 경증환자들은 등급을 받지 못해 가족들이 부양을 할 수 없는 경우 요양병원으로 입원하는 기현상이 발생하고 있다.

한편, 노인장기요양보험제도 10년을 되돌아 볼 때, 노인장기요양보험 통계자료에 따라 작성한 [그림 11-3]의 등급별 수급자의 비율을 보면 2008년 등급별 수급자 비율이 1등급 21.6%, 2등급 22.0%, 3등급 37.2% 이었는데, 2017년 등급별 수급자 비율이 1등급 7.6%, 2등급 13.9%, 3등급 78.5%으로 나타났다. 이러한 기현상에 따라 나타나는 문제점을 면밀히 분석하고 진심이 담긴 정책이 실행될 수 있도록 더욱 연구가 필요하다.

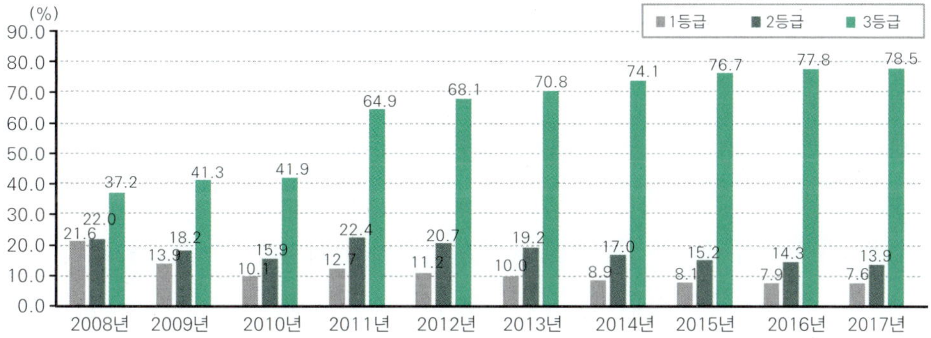

〔그림 11-3〕 연도별 등급자수 변화

② 적정 수가와 공공성 확보

민간위탁을 통한 노인장기요양서비스는 더 이상 막을 수 없는 시대적 흐름이다. 민간위탁을 통한 공공성을 확보한다는 일이 쉽지 않겠지만, 노인요양 서비스의 질 향상을 위한 첫걸음은 종사자의 처우개선으로부터 시작되는 것이며 이의 실현을 위해 노인장기요양보험의 적정 수가가 확보되어야 한다. 공공성 확보를 위해 가산제도(인센티브제) 확대를 적극 검토하는 것이 필요하다.

③ 공실률 축소와 수급자 확대

2018년 4월 등급 신청자 수는 948,744명이고, 1~5등급과 인지지원등급을 받은 등급 인정자 수는 611,957명이다. 따라서 신청자 대비 인정자 비율은 64.5%에 불과하다. 신청자 중 336,787명이 노인장기요양보험 혜택을 보지 못하고 있는 것이다. 인정자 중 모든 수급자가 노인장기요양보험을 이용하지 않는 것으로 보이기 때문에 실제적으로 노인장기요양보험을 이용하려는 국민이 혜택을 볼 수 있도록 인정자 비율을 더욱 높여야 한다. 그러기 위해서는 인지지원등급과 같은 애매한 등급을 신설하는 것보다는 희망하는 국민이라면 누구든지 폭 넓게 혜택을 볼 수 있도록 해야 한다.

2) 향후 과제

① 치매국가책임제의 성공은 사회복지가 담당해야 한다.

세계적으로 치매나 중풍을 완치할 수 있는 의약이나 의료기술이 아직까지 나와 있지 못하다. 빠른 시일 내에 의학기술의 발전으로 치매와 중풍이 정복되기를 희망한다. 따라서 치매 수급자의 적절한 돌봄과 관리를 위해 사회복지의 역할이 매우 크다 할 것이다. 치매국가책임제란 치매 치료를 위한 기술 개발에서부터 치매 환자의 관리, 치매가족을 위한 지원 등 모든 것을 국가가 책임지겠다는 것이다. 이 정책의 성공을 위한 실천방안으로는 사회복지가 앞장서야 한다. 치매 수급자의 정확한 관찰, 전문 의사와의 긴밀한 연계와 협조, 치매 극복을 위한 사회복지적 돌봄 서비스가 치매국가책임제 실현을 위한 길이다. 사회복지적 돌봄 서비스란 치매에 대한 전문지식을 갖춘 사회복지서비스 종사자들이 치매수급자를 위한 24시간의 모든 생활서비스를 계획, 실천, 그리고 평가하면서 치매를 극복하는 것을 의미한다.

권태엽(2015)의 연구에서 밝힌 것처럼, 지나치게 어렵고 까다로운 장기요양급여 제공기준 및 급여비용 산정방법 등에 관한 고시에 따라 노인장기요양기관들은 경영 자율성을 찾아 보기 어렵고, 저수가 저비용 정책에 따라 전문성을 갖출 수 있는 인재를 양성하거나 확보하기 어려운 점은 사회복지적 돌봄 서비스를 정상적으로 실천하는 데 있어서 저해요소이다. 치매국가책임제의 성공을 위해 사회복지 현장을 중심으로 하는 정책실현에 더욱 관심을 보여야 할 것이다.

② 재원 마련

노인장기요양보험제도는 대상자 증가에 따른 재정 부담이 우려가 되는 것은 당연한 것이다. 그럼에도 불구하고 우리나라 정부의 재원조달이 외국과 비교하면 너무 적다. 일본의 개호보험제도에서의 정부 부담률은 50%이고, 독일은 보험료 100%, 우리나라는 보험료 80%, 국고부담 20%로 구성되어 있다. 따라서 우리나라의 경우도 국가의 부담비중을 늘리거나 장기요양보험료율을 10%대 수준으로 높여야 한다.

치매국가책임제의 성공을 위해 본인부담경감제를 본인부담상한제로 전환하고, 중증자를 대상으로 한 부담을 최소화하는 방안을 강구해야 한다. 그리고 현재의 장기요양서비스를 이원화하여 등급외 수급자를 위한 예방사업을 함께 진행시켜 나가야 한다.

특히, 노인장기요양보험제도에서 수급자 및 보호자들에게 본인부담금(시설 20%, 재가 15%)을 책임지도록 하는 것은 치매국가책임제에 맞지 않다. 따라서 수급자 및 보호자가 부담하는 본인부담금은 식재료비, 이 · 미용비, 특실사용료 등에만 국한하여 지급하게 함으로써 그 부담을 최소화할 수 있도록 해야 한다.

③ 전문 인력의 확보

서비스의 질 향상을 위한 노력을 아무리 한다하여도 우수한 인력을 확보하지 않고서는 이를 보장할 방법은 없다. 우선, 노인장기요양서비스의 품질을 향상하기 위해서는 현재 종사하고 있는 종사자의 교육 훈련 수준을 점검할 필요가 있다. 요양보호사 1급 자격증 취득과정 및 취업 후 현장 적응실태, 종사자들의 역량강화를 위한 교육 등이 현장 중심적으로 변화할 필요가 있다. 또한 종사자들의 처우가 사회복지 인건비 가이드라인을 준수할 수 있게 적정 수가를 마련해 주는 것이 필요하다.

방문요양기관의 경우에 시설장과 관리책임자의 자격을 제한하고 요양관리를 위한 사회복지사 1인을 필수인력으로 배치함과 동시에 사회복지사의 인건비를 충당할 수 있는 정부지원이나 수가가 포함되어야 한다. 그리고 방문요양의 경우 시설보호에 비해 인력기준이 낮게 설정되어 있는데 수급자의 등급에 관계없이 수가가 동일하다. 따라서 재가보호와 시설보호의 인력기준을 조정할 필요가 있으며 방문요양의 경우 수급자의 등급에 따라 수가를 차등 적용하여야 한다.

④ 제2차 장기요양 기본계획(2018년~2022년)

보건복지부는 제1차 장기요양기본계획 수립 후에도 '장기요양 제도발전 기획단' 운영(2013년~2014년), 제도개선방안 수립(2015년) 등 제도개선을 위한 노력을 지속해왔다. 2018년은 장기요양제도가 시행된 지 10년이 되는 해로 제2차 장기요양 기본계획을 수립해야 한다. 그동안 문제점으로 대두되고 있는 민간기관의 과다경쟁과 지나친 영리추구행위, 관리 미흡에 따른 서비스 품질 저하와 공공성 저하의 문제뿐만 아니라 베이비부머의 후기 고령인구 진입, 가족 부양의식 약화로 인한 사회보험의 역할과 보장성 강화 요구가 증가할 것으로 예측된다. 따라서 앞으로는 양질의 서비스를 제공하기 위한 장기요양제도의 체질개선이 요구되고 있다.

한편 보건복지부가 제시하는 기본계획의 4대 분야를 살펴보면, 첫째, 보장성 확대, 둘째, 지역사회기반 서비스 이용, 셋째, 장기요양인프라의 조성, 넷째, 지속 가능성 담보 등이다.

이에 대한 세부 정책내용을 살펴보면 다음과 같다.

첫째, 보장성 확대와 관련해서 살펴보면, 2017년 기준 전체 노인인구의 8.0%에서 2022년 9.6%까지 경증치매노인에게 등급을 부여함으로써 보장성을 확대하겠다는 것, 본인부담 경감확대(기준 중위소득 50%에서 100% 이하까지), 그리고 재가급여의 기저귀, 시설급여의 식재료비 등과 같은 비급여 항목에 대한 본인부담을 급여화하겠다는 것이다. 이러한 계획 중에서 본인부담 경감제는 본인부담 상한제로 전환해야 하는 것이 바람직하며, 그 대표적 이유는 장기요양제도가 수가에 따른 급여비용을 산정하고 있기 때문이다.

둘째, 지역사회기반 서비스 이용은 서비스 이용체계, 재가서비스 제공, 수급자 가족 지원, 노인 의료 · 요양체계 개선 등이다. 노인장기요양보험법 제3조 2항(장기요양 급여제공의 기본원칙)에 의하면, 재가급여를 우선적으로 제공하도록 하고 있다. 이 정책은 부모부양에 대한 가족의 책임성 측면에서 바람직한 정책이지만 국민의 다양한 선택을 제한할 수 있는 모순점을 안고 있으며, 적절한 서비스를 받아야 하는 국민들에게는 오히려 불편을 초래할 수도 있다.

셋째, 장기요양 인프라 조성과 관련하여 살펴보면, 장기요양 인프라의 수급체계 수립, 공공인프라 확충('17년 공립요양시설 101개소에서 '22년까지 160개소 신축, '17공립주야간시설 94개소에서 '22년까지 184개소 신축), 장기요양 관리체계에서

지정갱신제 도입, 장기요양기관 서비스 전문성관련 치매전담형 기관 확대('17년 55개소에서 '22년 4,174개소 전문요양실 도입), 장기요양인력 경력개발경로의 하나로 '요양지도사'를 도입하여 현장에서 요양보호사를 지도하겠다는 것, 장기요양인력 직무교육을 요양보호사에서 사회복지사, 시설장으로 확대하는 것, 장기요양요원 지원센터 확대('17년 3개시도 6개소에서 '22년 각시도(17개)별로 1개소 이상)하겠다는 것이다. 이 정책에서는 공공시설의 확충에 관한 부분에서 민간과의 마찰이 우려된다. 문재인 정부의 치매국가책임제가 마치 공공시설을 확충하겠다는 뜻으로 해석될 수도 있기 때문에 신중한 접근이 이루어져야 할 것이다.

넷째, 지속 가능성 담보에 관한 내용을 살펴보면, 보험재정 추가확보 방안 검토와 효율적 거버넌스 체계로 재편, 적정 규모와 전문서비스 제공을 유도하는 수가 산정 체계, 단순 · 효율화된 가감산 제도, 부정수급자 직권조사 및 등급재판정, 재무 · 회계규칙과 인건비 지급비율 준수 확보 등이다.

사회적 효를 실천하는 노인장기요양 현장과의 소통을 통한 합리적이고 효율적인 정책을 펼쳐나가기를 기대한다. 특히, 정책연구에 있어서도 현장 경험이 없는 연구자는 배제해야 할 것이다. 이론보다는 현장을 우선시하는 정책이 만들어지기를 기대해 본다.

Chapter 12

노인과 공공부조

공공부조제도가 해결하려는 주된 문제는 빈곤이다. 빈곤이 무엇이냐 하는 것은 시대에 따라 다르고, 국가경제의 수준에 따라 다르고, 문화에 따라 다르고, 사회적 신분에 따라 다르고, 가치판단이나 신념체계에 따라 다르다. 따라서 모든 사람을 만족시키는 정의를 내리기는 어렵다. 빈곤을 정의하는 일은 때로는 정치적인 활동이라고도 말해진다. 공공부조 프로그램을 지지하는 사람들은 빈민의 수와 비율을 과대평가하고, 사회가 풍요로울지라도 그 가운데 많은 사람들에게 굶주림, 영양실조, 질병, 무희망, 절망 등과 같은 빈곤문제가 지속적으로 존재한다고 주장한다. 반면, 공공부조 프로그램을 반대하는 사람들은 빈민의 수를 극소화시키려 하면서, 시간이 지남에 따라 빈곤이 점차 감소한다고 바라보고 있다. 그들은 만일 기존의 공공 서비스를 활용한다면 굶주림, 영양실조, 질병 등으로 고통받을 필요가 없다고 주장한다(김기원, 2000).

1. 빈곤의 개념

빈곤에 관한 정의는 여러 학자들에 의해 다양하게 내려지고 있다.

Harrington은 빈곤은 최소 수준의 보건 · 주택 · 식품 그리고 교육을 누리지 못하는 측면에서, 패배주의 비관주의와 같은 심리적인 측면에서, 기회의 불평등의 측면에서, 그리고 절대적 측면에서 정의내려진다고 한다.

Thurow는 빈곤 여부를 판단하는 기준이 되는 빈곤선은 소득분배의 비율, 소득분배의 상대적 형태, 건강한 생존을 보장하는 데 필요한 최소한의 소득 수준, 대부분 국가들이 이해하고 있는 적절한 삶의 수준이라는 네 가지 근거에 기초하여 정의된다고 한다.

일반적으로 빈곤이란 기본적 욕구를 충족시킬 수 있는 능력이 부족한 상태라고 정의할 수 있다. 즉, 빈곤은 재화와 서비스를 사용할 수 있는 능력이 부족한 상태라고 정의된다.

빈곤은 주로 경제적 측면에서 논의되고 있지만, 경제적 빈곤뿐만 아니라 비경제적인 문화적 측면에서 논의되는 문화적 빈곤과 인간적 빈곤도 있다. 공공부조는 경제적 측면에서의 빈곤뿐만 아니라 문화적 측면과 인간적 측면에서의 빈곤도 문제해결의 대상으로 삼고 있다. 경제적 측면에서 빈곤은 객관적인 비교기준이 있느냐 여부에 따라 객관적 빈곤과 주관적 빈곤으로 나뉜다. 객관적 빈곤은 다시 객관적으로 측정되는 절대적 최저기준을 갖고 있느냐 여부에 따라 절대적 빈곤과 상대적 빈곤으로 나뉜다. 객관적으로 결정된 절대적 최저한도보다 적게 가지는 것을 절대적 빈곤이라 하고, 사회구성원 가운데 다른 사람들보다 상대적으로 적게 가지는 것을 상대적 빈곤이라 한다. 주관적 빈곤이란 자신이 충분히 갖고 있지 않다고 주관적으로 느끼는 것이다(김기원, 1998).

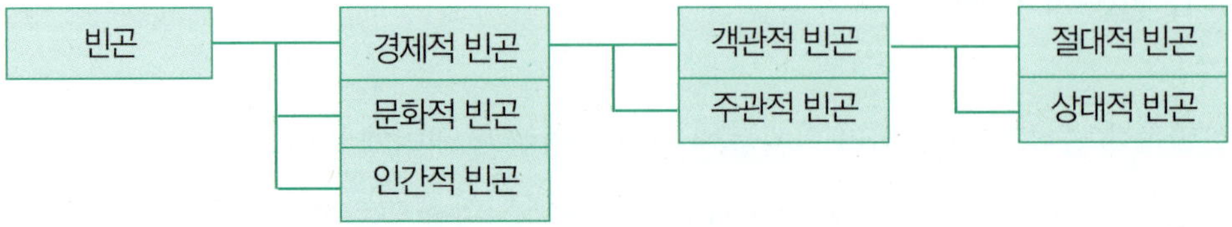

〔그림 12-1〕 빈곤의 유형

1) 경제적 빈곤

경제적 빈곤은 경제적 측면에서 주로 소득과 재산이 인간다운 생활을 영위하기에 부족한 상태를 말한다. 부족한 상태를 파악하는 데 있어서 객관적인 기준이 있느냐 여하에 따라 객관적 빈곤과 주관적 빈곤으로 나뉜다.

(1) 객관적 빈곤

객관적 빈곤이란 객관적인 기준에서 소득과 재산이 인간다운 생활을 영위하기에 부족한 상태를 말한다. 객관적 빈곤은 객관적 기준이 절대적이냐 상대적이냐 여부에 따라 절대적 빈곤과 상대적 빈곤으로 나뉘어진다.

① 절대적 빈곤

절대적 빈곤(absolute poverty)이란 개인 및 가족이 최저한도의 건강하고 문화적인 생활을 유지하는 데 필요한 의 · 식 · 주 및 기타 생활상 필요한 자원이 결핍되어 인간유기체의 인간다운 생존이 위협받는 상태를 말한다. 절대적 빈곤은 흔히 빈곤선(poverty line)이라는 절대적 최저 수준에 따라 정의된다. 즉, 한 개인이나 가구의 소득 또는 지출이 최저생활을 하는 데 필요한 생계비에 미달되는 상태를 말한다. 절대 빈곤층을 파악하기 위해서는 최저생계비를 산출하게 되고 이를 기준으로 빈곤선을 설정하며 개인 또는 가계의 소득이 빈곤선 이하일 때 절대적 빈곤 상태로 간주한다. 빈곤선은 일정 소득을 기준으로 정해지기 때문에 이런 측면에서 절대적 빈곤은 소득빈곤(income poverty)이라 말할 수 있다. 공공부조는 주로 절대적 빈곤 상태에 처한 개인이나 가족을 수혜대상자로 결정하고 있다.

Rowntree는 사람들이 노동에 종사할 수 없을 정도로 음식, 연료, 주거 및 의복의 생물학적 필수항목을 누리지 못할 때를 절대적 빈곤이라 정의하고 있다.

Rowntree는 소득빈곤(income poverty)의 측면에서 일차적 빈곤과 이차적 빈곤을 구분하고 있다. 가족의 전체 소득이 단순히 신체적 효율성을 유지하기 위한 최저 필수물을 얻기에 불충분할 때 이를 '일차적 빈곤'이라 한다. 여기서 단순히 신체적 건강을 유지하기 위한 최저 필수물이란 식품, 주택임대료, 가재도구(조명, 연료, 옷 등)의 세 항목을 말하며, 그 밖에 인간의 정신적 · 도덕적 · 사회적 발달에 필요한 품목이나 헬스클럽이나 보험 등은 최저 필수품목 대상에서 제외된다. 반면 '이차적 빈곤' 이란 가족의 전체소득이 단순히 신체적 효율성을 유지하는 데에는 충분하지만 실용적이든 낭비적이든 다른 부문에는 조금이라도 지출할 수 없는 상태를 말한다. 이차적 빈곤인지를 알기 위해선 직접적 조사를 통해 소득이 음주, 도박, 기타 낭비적 지출에 소비되는지를 파악해야 하며 또한 주부가 검소한지 낭비적인지 여부도 알아야 한다.

② 상대적 빈곤

상대적 빈곤이란 사회의 다른 사람들과 비교해 상대적으로 적게 가지고 있는 상태를 의미한다. 상대적 빈곤을 측정하는 방법으로는 평균소득(mean income)이나 중위소득(median income)의 일정 수준 이하를 빈곤으로 정의하거나, 전체 소득분포(income distribution)상에서 일정 수준 이하를 빈곤으로 정의하거나, 또는 상대적 박탈(relative deprivation) 개념을 도입하여 정의하는 방법이 사용된다(이두호, 1991).

상대적 빈곤을 측정하는 방법을 살펴보면 다음과 같다.

첫째, 평균소득이나 중위소득을 사용하는 방법이다. Townsend는 평균소득의 80%를 빈곤선으로 책정하고 그 수준에 미달되는 소득자들을 빈민으로 정의하였다.

만일 가계의 평균소득이 150만 원이라면 가계소득이 120만 원 이하인 사람들은 빈민으로 규정된다. 그는 또한 가계소득이 평균소득의 50% 이하일 때는 극빈층이라고 정의하였다. Rainwater는 중위소득의 50%를 빈곤선으로 책정하고 그 수준에 미달되는 소득자들을 빈민으로 정의하였다. 만일 사회구성원이 99명으로 구성되어 있다면 소득액 순으로 모두를 나열한 다음, 50번째 소득자의 소득의 50%를 빈곤선으로 책정하고 그 미만 소득자를 빈민으로 간주하는 것이다.

둘째, 소득분배상의 일정 비율을 사용하는 방법이다. 이 방법은 한 사회의 가계소득을 저소득에서 고소득 순으로 분포시키고, 그 가운데 일정한 최저 비율(예: 하위 10% 혹은 하위 20%)을 정한 후, 소득분포상 이 비율 이하의 소득자를 빈민으로 간주하는 방법이다. 이 방법은 소득분배의 불평등성을 분석하는 10분위 분배율(하위 40%의 소득점유분/상위 20%의 소득점유분)등과 같은 상대적인 소득불평등에 활용되고 있다.

셋째, 상대적 박탈(relative deprivation) 개념을 활용해 빈곤을 정의하는 방법이다. 어떤 사람이 그가 거주하는 지역사회의 통상적인 생활양식(style of living)을 누리고 있지 못하면 그 상태를 빈곤한 것으로 간주하는 방법이다. 통상적인 방법은 박탈지표(deprivation index)를 만들고, 소득 크기 순서에 따라 박탈지표로 사람들의 생활양식을 측정한 후, 개별지표의 측정치를 합산해 박탈지수(deprivation score)로 삼고, 박탁점수가 급격한 변화를 나타내는 경계점(breakdown point)을 빈곤 여부를 판단하는 기준소득으로 결정하는 방법이다.

이는 전반적인 사회의 생활수준에 비하여 상대적으로 부족하다는 상대적 박탈 개념을 체계적으로 시도한 것이다. 상대적 박탈(relative deprivation)이란 상대적 부족(relative insufficiency)을 의미한다. Townsend는 박탈지표를 활용하여 빈곤을 측정하였다.

(2) 주관적 빈곤

주관적 빈곤이란 객관적 기준이 없이 주관적 판단에 근거해 정의되는 빈곤을 말한다. 사람마다 서로 다른 정의를 내리기 때문에 객관적으로 일치된 정의를 내리기가 어렵다. 여기에는 사회조사에 의한 방법과 Leyden 방식이 있다.

첫째, 사회조사에 의한 방법은 대표적 형태의 가족(부모와 두 명의 자녀를 둔 가족)이 어떤 지역사회에서 그럭저럭 살아가는 데 필요한 최소비용이 얼마인가에 관해 사람들에게 설문조사를 실시하고, 조사결과 응답한 금액들을 평균하여 빈곤선으로 규정하고, 빈곤선 이하의 소득자를 빈민으로 산출하는 방법이다. 여론조사방법에 의해 조사를 한 후 그 결과를 토대로 빈곤선을 결정하는 방법이 한 예이다.

둘째, Leyden 방식이다. 네덜란드 Leyden 대학의 학자들에 의해 처음 개발된 이 방식은 먼저 사람들에게 그들 자신들의 상황을 고려할 때 그럭저럭 살아가는 데 소요되는 최소소득(minimum income)이 얼마인가를 묻고 이를 바탕으로 이 사람들이 판단한 최소소득과 그들의 실제소득(actual income)과의 관계를 분석하여 실제소득과 그럭저럭 살아가는 데 소요되는 최소소득이 일치하는 점을 빈곤선으로 결정하는 방식이다. 이 방식은 일반적으로 개인들의 실제소득이 높아지면 그들이 주관적으로 판단하는 최소소득도 높아지고, 가난한 사람들은 자신의 실제소득이 살아가는 데 소요되는 최소소득보다 낮다고 생각하는 반면 부유한 사람들은 자신의 실제소득이 살아가는 데 소요되는 최소소득보다 높다고 생각한다는 점에서 착안한 것이다.

2) 문화적 빈곤

문화적 빈곤이란 문화적 측면에서 정의된 빈곤을 말한다. 문화란 사람들의 생활양식을 말한다. 문화적 측면에서 빈곤을 처음 정의한 사람은 Oscar Lewis인데 그는 가난한 사람들은 사회의 지배문화(dominant culture)와 질적으로 다른 하위문화(sub-culture)에서 살기 때문에 그들의 태도, 가치, 행동 등에서 다르고 나아가 그들 특유의 생활양식을 이루어 가며 이러한 생활양식은 사회화의 과정을 통해 세대 간에 전승(intergenerational transmission of poverty)되어 영속화된다고 하였다. Whisnat은 빈곤에 관해 다음과 같은 패러다임을 설정하였다. 빈곤은 동기부여에 대해 문화적 환경적 장애가 되고, 결국 나쁜 건강, 부적절한 교육, 그리고 소득 잠재력을 제한하는 낮은 유동성을 초래하며, 이는 빈곤에 이르는 제한된 소득 기회의 원인이 된다. 가난한 사람들의 심리적 특징을 살펴보면 개인적이고 구체적인 것에 민감한 경향이 있고, 현실에 사로잡혀 미래에 대한 계획을 별로 하지 않으며, 이기적이고 질투심이 많으며 성공하는 사람들을 부정적으로 바라보는 측면이 있다. 빈곤은 가족구성원들에게 생활상의 곤란을 가져오지만 동시에 빈곤가정의 열악한 가정 및 주변 환경은 자녀들의 언어발달능력에도 부정적인 영향을 미친다.

빈곤문화(culture of poverty)의 특징들을 살펴보면 첫째, 빈곤문화는 빈민들이 학교, 교회, 정당 노조 등 사회의 주된 제도들에 참여하거나 동화하는 것을 막아서 주류사회의 지배적인 가치를 수용하지 못하게 한다. 둘째, 모자가정이나 부자가정과 같은 결손가정이 많으며 합법적 결혼 없이 동거하는 가정이 많다. 셋째, 빈곤문화는 절망감, 의존심, 열등감 등을 배양하여 쉽게 체념하고 운명주의자가 되며 출세에 대한 동기가 매우 약하고 충동을 억제하지 못하여 현재 중심적인 생활을 영위한다. 넷째, 빈곤은 악순환된다. 빈곤가정의 부적절한 부모(1세대)는 부적절한 아동을 양육하고, 정서적 사회적 지적으로 부적절한 아동으로 성장하며, 이들 아동들은 학교생활에서 적응하는 데 실패하고, 나아가 노동시장에서 실패하여 적절한 직장에 취업하지 못하고 빈곤상태에서 생활하게 된다. 이들은 불안정하고 불만족한 결혼을 하게 되고 가정생활이 이루어지며, 빈곤으로 인해 출산된 아동에게 부적절한 부모(2세대)가 되는 것이다. 즉 1세대의 부적절한 부모에게서 출산된 아동은 부적절한 가정환경으로 인해 학교 적응에 실패하고, 노동시장에서 실패하게 되며, 경제적 빈곤상태에서 결혼을 하게 되고, 자신들의 부모처럼 자신도 부적절한 부모가 되는 것이다. 이러한 아동양육 형태를 거쳐 빈곤의 악순환(vicious cycle of poverty) 현상이 반복되는 것이다. 즉 빈곤이 세대 간에 전승(intergenerational transmission of poverty)

되어 영속화되는 것이다.

3) 인간적 빈곤

인간적 빈곤(human poverty)이란 소득 이외의 인간의 삶의 질에 영향을 미치는 요인들이 결핍된 상태를 말한다. 인간적 빈곤이 고려하는 소득 이외의 요인들은 짧은 수명, 아동의 영양실조, 높은 문맹률, 수질오염 등이 있다. 인간적 빈곤은 인간빈곤지수(human poverty index)로 측정한다. 인간빈곤지수는 생존, 지식, 품위 있는 생활수준이라는 세 가지 박탈영역과 사회적 배제(social exclusion)로 측정된다. 선진산업국가들의 경우 전체국민의 7~17%가 인간적 빈곤에 처해 있는 것으로 나타났다(인간개발보고서, 1997).

2. 공공부조와 사회보험

공공부조와 사회보험은 모두 사회보장제도의 하나로 실시되나 수혜 대상, 제공 주체, 급여 내용, 급여 수준, 재정부담 등에서 큰 차이가 있다. 양자를 비교하면 다음과 같다.

① 공공부조는 주로 절대빈곤층을 수혜 대상으로 하는데 반해 사회보험은 일정 요건을 갖춘 모든 국민이 수혜 대상이 된다. 수혜대상자를 선정함에 있어서 공공부조는 선별적(selective)인데 반해 사회보험은 보편적(universal)이다. 공공부조는 수혜대상자를 선정함에 있어서 소득과 재산 상태를 파악하는 자산조사(means test)를 통해 일정 수준 이하의 소득과 재산을 가진 자들을 선정해 이들만을 수혜 대상으로 하는데 반해, 사회보험은 소득과 재산에 대한 자산조사를 실시하지 않고 일정 요건을 갖춘 모든 사람들에게 급여를 제공한다. 그러나 상

태조사(status test)는 공공부조와 사회보험 모두 실시한다.

공공부조는 상태조사를 통해 수혜대상자가 근로능력을 갖고 있는지 여부와 부양의무자가 존재하는지 여부를 조사하는 반면, 사회보험은 상태조사를 통해 수혜대상자가 노령 · 사망 · 질병 · 실업 · 산업재해 등과 같은 사회적 사고를 당해 일정한 수혜자격 요건을 갖추었는지 여부를 조사한다.

② 공공부조 프로그램을 실시하는 데 필요한 재원은 일반조세수입으로 충당되는 데 반해, 사회보험의 경우 재원은 주로 수혜대상자의 기여금과 사용자의 부담금으로 충당되고 보험관리비용은 주로 국가가 부담하는데, 국가 부담 부분은 결국 일반 조세수입에 의하여 충당되게 된다. 따라서 공공부조의 경우 수혜자의 직접적인 기여(contribution)가 없는 반면 사회보험의 경우 재원의 주된 부분은 수혜자와 사용자의 직접적인 기여에 의존하고 있다.

③ 공공부조의 경우 수혜자의 직접적인 기여가 없기 때문에 급여가 응당 받아야 할 권리(entitlement, tight)라는 수급권에 대한 권리성이 약하게 부여되는 대신, 대가를 지불하지 않고 무료로 얻게 된다는 시혜성(dole, gift)이 강하다. 반면, 사회보험의 경우 수혜자의 직접적인 기여가 있기 때문에 급여에 대한 강한 권리성이 부여가 된다. 복지권 내지 사회권의 차원에서 설명하면 공공부조의 경우 법적 권리라기보다는 프로그램 규정적인 차원에서의 권리로서 인정되거나, 아니면 법적 권리로 인정된다 하더라도 구체적인 권리라기보다는 추상적인 권리로서 인정되고 있다. 반면, 사회보험의 경우 수급권이 구체적인 법적 권리로서 인정이 된다.

④ 공공부조는 조세제도와 함께 가진 자의 부가 극빈계층에 이전되는 재분배기능이 소득 계층 간에 강력하게 이루어지는 데 반해, 사회보험의 경우 재분배기능이 일부 수행되고 있기는 하지만 그 정도가 공공부조에 비해 매우 미약하다. 사

회보험의 경우 국민연금의 균등 부분이 소득 계층 간에 재분배기능을 수행하지만 그 정도가 미약하고, 재분배가 소득 계층 간에 이루어지기보다는 근로계층이 은퇴한 계층에게(국민연금), 건강한 자가 상병자에게(의료보험), 고용안정계층이 실직자들에게(고용보험), 재해가능성이 적은 사업체들이 재해가능성이 큰 직장의 사업체들에게(산재보험) 소득을 재분배하게 된다.

⑤ 공공부조는 빈곤으로 인해 발생한 고통을 완화시키는 완화적 전략(alleviative or palliative strategy) 하에서 수행되는 반면, 사회보험은 앞으로 닥칠 사회적 사고를 사전에 예방하는 예방적 전략(preventive strategy) 하에서 수행된다. 따라서 공공부조는 미래의 사회적 사고에 대비해 사전에 저축하는 저축성이 없는 반면, 사회보험은 미래에 닥칠지 모르는 노령, 상병, 실업, 산업재해와 같은 사회적 사고에 대비해 미리 저축해 두는 저축성이 있다. 이러한 저축은 법에 의해 강제되므로 자발적 저축이 아닌 일종의 강제저축이다.

⑥ 공공부조의 보호 수준은 상한선이 최저생활보호인 데 반해, 사회보험은 보호수준의 하한선이 최저생활보호이다. 공공부조는 건강하고 문화적인 최저생활을 유지하도록 보장하는 사회적 최소한(social minimum or civil minimum) 또는 국민적 최소한(national minimum)을 보장하는 데 반해, 사회보험은 퇴직 이전의 소득을 보장하기 위해 노력하고 있으며 하한선이 최저생활보호이다.

⑦ 공공부조는 과거 수혜자 자신의 노동과 관련 없이 급여가 행해지는 데 반해, 사회보험은 급여가 과거 수혜자 자신의 노동과 관련이 있다. 사회보험의 경우 국민연금의 연금액, 고용보험의 실업급여, 산재보험의 보험급여는 과거 수혜자 자신의 소득에 기초하여 일정 비율을 급여로 받는 데 반해, 공공부조 가운데 생계보호는 생활보호제도 하에서는 소득과 가족 수에 따라 차등 급여되고 있으며, 국민기초생활보장제도 하에서는 이를 보충급여로 전환한 후 최저생계비와

소득인정액 간의 차액을 급여로 받게 된다. 사회보험은 능력에 따라 부담액이 달라 응능성이 적용되고, 또 많이 부담한 사람들은 비례의 원칙에 의해 더 많은 급여를 받게 되는 응익성이 적용된다. 반면 공공부조는 자신의 직접적인 재정 부담이 없기 때문에 응능성과 응익성이 반영되지 않는다(김기원, 2000).

〔표 12-1〕 공공부조와 사회보험의 차이점

구분	공공부조	사회보험
기원	빈민법	공제조합에 기원
목적	빈곤의 악화	빈곤의 예방과 경제적 비보장의 경감
재정 예측성	곤란	용이
자산조사	반드시 필요	불필요
재정충당	정부 일반세입	가입자의 보험료
대상자 수	소수	다수
낙인	발생	미발생
사회보장에서의 위치	사회보험의 보완장치	사회보장의 핵심

Chapter 13

노인과 연금보험

1. 국민연금

1) 의의

국민연금법은 국민의 노령 · 폐질 또는 사망 등 사회적 위험이 발생한 경우에 가입자의 연금 보험료를 주된 재원으로 하여 연금급여의 실시를 통한 장기적 소득보장을 함으로써 국민의 생활 안정과 복지 증진에 기여함을 목적으로 하는 법이다(「국민연금법」 제1조).

「국민연금법」은 국민을 대상으로 한 연금보험을 규정한 법으로서, 연금보험은 사회보험의 일종이다. 사회보험은 현대사회의 제반 특성으로 인하여, 사람들이 불가항력적으로 어려움에 봉착하게 되는 경우가 발생하는 점을 예견하여, 미리 정형화된 사회적 위험에 대비하여 사보험 원리를 바탕으로 한 사회보장제도의 한 형태이다. 그러므로 사회보험으로서 연금보험은 국가에 의해 일정한 자격을 가진 사람을 대상으로 강제적으로 적용되는 성격을 갖는다. 특히 연금보험은 사회생활을 영위하는 과정에 소위 사회적 위험으로 불리는 보험사고 중 노령, 폐질 또는 사망에 봉착할 경우 개인과 가족의 소득 단절을 막고 인간다운 생활을 유지하게 하는 데 목적을 두고 있다.

2) 특성

국민연금은 세계 여러 나라에서 실시되고 있을 뿐 아니라, 현대사회에서 사회경제적으로 미치는 영향 역시 지대하여 그동안 많은 연구가 진행되어 왔다. 또 여러 분야의 많은 학자들로 다양한 특성의 논의가 있으나, 여기서는 몇 가지 특성을 다음과 같이 제시할 수 있다.

(1) 사회보험

국민연금은 사회보험으로서 ① 사회보험 급여를 지불하기 위한 재원조달방법으로서 사용자나 혹은 피용자의 기여금을 근거로 하고 있으며, ② 국가의 독점적 운영이 일반적인 형태이며, ③ 강제가입을 특성으로 하고 있다. 또한 ④ 비영리 국가사업으로서 사회보험은 사회정책상의 동기로 운영되므로 국가가 운영경비의 일부를 부담하는 한편 적자액의 보조 등이 국가의 책임으로 되어 있다. 마지막으로 사회보험제도로서 국민연금은 ⑤ 소득의 재분배기능을 가지고 있는데, 이는 국민연금제도를 통하여 고소득계층으로부터 저소득계층으로 소득의 이전이 이루어져 소득의 평등화에 기여하는 제도이다.

(2) 방빈적 소득보장제도

국민연금은 다른 사회보장제도, 예컨대 공공부조나 사회복지사업 등과 달리, 노령, 폐질 및 사망에 대비한 개인과 가족 구성원을 위한 방빈적 소득보장이다. 이에 반하여 공공부조는 빈곤한 사람들에게 빈곤 해결책으로서 제반 급여와 서비스를 제공하는 제도이다.

(3) 장기 보험

국민연금은 원칙적으로 일정한 가입기간을 수급 요건으로 하고 사망할 때 또는 지급사유가 소멸될 때까지 연금 급여가 지급된다. 의료보험이나 산재보험 등과 같은 사회보험제도는 단기 보험이지만 우리나라의 국민연금보험은 가입기간을 20년간으로 하고 60세에 이르렀을 때, 특별히 노령연금을 수급할 수 있도록 설계되어 있는 점에서 장기 보험으로서의 특색을 발견할 수 있다.

3) 도입 및 발전과정

우리나라의 국민연금제도는 1973년 12월에 「국민복지연금법」이 통과되었으나 그 당시 경제 사회적 여건의 악화로 실시를 연기하여 오다가 1986년 12월 구법을 폐지하고 「국민연금법」을 제정하여 1988년 1월 1일부터 시행하여 오고 있다. 국민연금제도는 최초 10인 이상 사업장의 피용자를 대상으로 시작하여 1992년 5인 이상 사업장으로 확대되었고, 1995년 농어촌 지역주민, 1999년 4월에는 도시지역 자영업자로 확대되어 전 국민연금을 실시하기 시작하였으며 2001년에는 5인 미만 사업장에 대해서 임의 적용사업장으로 확대되었고 2003년 7월 1일부터는 5인 미만 사업장도 국민연금 의무가입 사업장이 되었다. 2007년 7월 23일에는 전부개정을 통해 인구구조의 급속한 고령화에 대비하여 세대 간 형평성이 제고되도록 연금급여수준을 조정하여 장기적인 재정안정화방안을 마련하였고, 둘째 자녀 이상 출산 시 가입기간의 추가인정, 병역의무를 이행한 기간 중 일부를 노령연금 상정 시 가입기간으로 인정, 그리고 유족연금 수급에서 남녀차별적인 요소를 개선하였다.

국민연금은 인구 노령화로 노인 인구수는 증대하는 데 반해, 핵가족화 · 노인부양 의식의 약화 등으로 노인에 대한 가족부양 체계가 점차 쇠퇴하는 상황을 고려하여 사회적 차원에서 대응하는 노후소득보장제도라고 할 수 있다(김태성 · 김진수, 2001).

「국민연금법」 제1조에 따르면, 이 법은 국민의 노령, 장애 또는 사망에 대하여 연금 급여를 실시함으로써 국민의 생활안정과 복지증진에 이바지하는 것을 목적으로 한다. 즉, 이 국민연금제도는 가입자인 국민이 노령에 이르거나 장애, 사망을 당한 경우 국민연금공단을 통하여 본인이나 그 유족에게 일정액의 연금을 지급함으로써 첫째, 소득능력 상실 시에도 최저생활을 할 수 있도록 그 소득을 보장하고, 둘째, 전 국민을 가입대상으로 하여 보편주의를 실현하며, 셋째, 자본주의 사회의 소득 불평등 완화에 기여하는 계층 간의 소득 재분배를 이룩하는 것을 목표로 삼고 있다.

이상의 내용을 정리하면 〈표 13-1〉과 같다.

〈표 13-1〉 국민연금제도 발달과정

연월일	주요내용
1973. 12. 24.	국민복지연금법 제정(시행 연기)
1986. 12. 31.	국민연금법 제정(국민복지연금법 전면 개정)
1987. 9. 18.	국민연금관리공단 설립
1988. 1. 1.	10인 이상 사업장에 대한 국민연금제도 실시
1992. 1. 1.	5~9인 사업장에 대한 당연적용 확대
1993. 1. 1.	연금 보험료율 인상(6%), 특례노령연금 지급 개시
1995. 7. 1.	농어민 및 농촌지역주민에 대한 제도 확대 시행
1998. 1. 1.	연금 보험료율 인상(9%)
1999. 1. 1.	급여수준을 현행 평균소득의 70%에서 60%로 인하
1999. 4. 1.	도시지역주민(자영업자)에 대한 제도 확대 시행
2003. 7. 1.	5인 미만 사업장 근로자, 1개월 이상 임시직 근로자, 월 80시간 이상 시간제 근로자를 지역가입자에서 사업장가입자로 전환
2008. 1. 1	급여수준을 평균소득의 60%에서 2008년에는 50%로 하고, 2009년 부터 매년 단계적으로 낮추어 2028년에는 40%로 인하

출처: 국민연금공단

4) 적용대상

국민연금제도는 국내에 거주하는 국민으로서 18세 이상 60세 미만인 자를 가입대상으로 하고 있다. 다만 「공무원연금법」, 「군인연금법」 및 「사립학교교직원연금법」의 적용을 받는 공무원, 군인 및 사립학교 교직원 기타 대통령령으로 정하는 자는 제외한다(「국민연금법」 제 6조). 외국인의 경우는 「국민연금법」의 적용을 받는 사업장에 사용되고 있는 외국인과 국내에 거주하는 외국인으로서 대통령령으로 정하는 자 외의 외국인은 제6조에도 불구하고 당연히 사업장가입자 또는 지역가입자가 된다. 다만 이 법에 다른 국민연금에 상응하는 연금에 관하여 그 외국인의 본국법이 대한민국 국민에게 적용되지 아니하면 그러하지 아니하다. 이와 같이 외국인에 대해서 우리나라 사회보장 제도는 원칙적으로 상호주의를 채택하고 있다. 즉, 외국인 근로자의 본국법이 우리 국민에 대해 어떻게 처우하는가에 따라 우리도 동등하게 처우한다는 것이다. 한편, 사업장 가입자나 지역 가입자로서 연금보험료를 납부할 수 없는 사유가 발생할 경우는 신청을 통해 일정기간 납부 예외자가 될 수 있다.

〈표 13-2〉 국민연금 적용대상의 가입종류별 가입요건

종별	종류	가입요건
사업장 가입자	당연적용사업장가입자	상시근로자 1인 이상 사업장에 종사하는 18세 이상 60세 미만의 근로자와 사용자
	임의적용사업장가입자	당연적용사업장 외의 사업장에 종사하는 18세 이상 60세 미만의 근로자와 사용자
	특례적용사업장 가입자	국민연금 가입사업장에 종사하는 18세 미만의 근로자로서 사용자의 동의를 얻어 가입한 자
	외국인사업장 가입자	18세 이상 60세 미만으로서 국민연금 적용사업장에 종사하는 외국인 근로자 또는 외국에 거주하는 국민 등으로 국내에 체류하면서 국민연금 적용 사업장에 종사하는 자
지역 가입자	당연작용 지역가입자	18세 이상 60세 미만으로서 소득활동에 종사하여 가입한 자
	특례적용 지역가입자	지역가입자의 요건을 갖춘 자로서 1999년 4월 1일 현재 60세 이상 65세 미만인 자

종별	종류	가입요건
지역 가입자	외국인지역 가입자	18세 이상 60세 미만으로서 국내에 거주하는 외국인(국내체류 교포 등 포함)
임의 가입자	임의가입자	사업장가입자 및 지역가입자 외의 자로서 18세 이상 60세 미만인 자는 본인의 신청에 따라서 가능
임의계속 가입자	사업장 임의계속가입자	사업장에 종사하는 18세 이상 65세 미만의 자로 본인의 희망에 따라 65세에 이를 때까지 계속 가입할 수 있음
	지역 임의계속가입자	60세에 달한 지역가입자로서 65세 미만까지 연장가입 신청한 자
	일반 임의계속가입자	60세에 달한 임의가입자로서 65세 미만까지 연장가입 신청한 자

출처: 국민연금공단

〈표 13-3〉 국민연금 가입자 현황(2017년 5월 30기준)

(단위 : 천 명)

연별	국민연금가입자(1)	국민연금가입자(2)	2015	2014	2013
합계	총가입자 수	합계	14,748	14,473	14,116
		남	8,367	8,341	8,280
		여	6,381	6,132	5,836
	사업장가입자	사업장	1,061	925	839
		가입자	6,512	6,223	5,933
	지역가입자	소계	7,824	7,982	7,982
	임의가입자	소계	69	57	69
	임의계속가입자	소계	343	211	132

출처: 국민연금공단

즉 사업 중단, 실직 또는 휴직 중인 경우, 병역 의무수행, 재학, 교도소 수용, 행방불명, 재해 · 사고 등으로 소득이 감소되거나 기타 소득이 있는 업무에 종사하지 않을 경우다.

「국민연금법」 제7조에 따르면, 국민연금의 가입자 종류는 사업장 가입자, 지역가입자, 임의가입자, 임의계속가입자로 구분된다. 국민연금 적용대상의 구체적인 가입 종류별 가입요건은 〈표 13-2〉와 같으며, 국민연금 연도별 가입자 현황은 전 국민연금을 실시하기 시작한 1999년부터 급격히 증가하기 시작하여 〈표 13-3〉에서 보듯이 2015년 기준 14,748천 명에 이르고 있다.

5) 급여의 종류 및 급여 수준

국민연금의 급여는 노령연금, 장애연금, 유족연금, 반환일시금 및 사망일시금 등으로 분류된다.

(1) 노령연금

노령연금은 국민연금의 기초가 되는 급여로 국민연금 가입자가 나이가 들어 소득활동에 종사하지 못할 경우 생활안정과 복지증진을 위하여 지급되는 급여로서 가입기간이 10년 이상이면 수급연령 이후부터 평생 동안 지급받는다. 1952년 이전 출생자는 60세부터 노령연금을 받지만 이후 출생자는 4년에 1년씩 수급 개시 연령이 늦추어져 1969년 이후 출생자는 65세부터 노령연금을 받게 된다.

〈표 13-4〉 노령연금 수급연령

출생년도	수급 개시 연령		비고
	노령·분할연금	조기노령연금	
1952년 이전 생	60세	55세	2013년부터 수급연령이 4년마다 1세씩 증가
1953~56년생	61세	56세	
1957~60년생	62세	57세	
1961~64년생	63세	58세	
1965~68년생	64세	59세	
1969년생 이후	65세	60세	

출처: 국민연금공단

① 완전노령연금

노령연금은 가입자의 노후소득을 보장하기 위한 급여인데, 가입기간, 수급개시연령, 소득활동 등에 따라 완전노령연금, 감액노령연금, 재직자노령연금, 조기노령연금, 특례노령연금, 분할노령연금 등으로 구분된다.

완전노령연금은 가입기간이 20년 이상인 자가 60세(갱내에서 일하는 광원, 갑판에서 일하는 선원 등은 55세)가 된 때부터 그가 생존하는 동안 지급되는 연금이다. 완전노령연금의 급여액은 기본연금액의 100%에 부양가족연금을 가산한 금액이다. 완전노령연금의 수급개시연령은 평균수명의 연장에 따라 상향조정되는데 2013년부터 5년마다 1세씩 연장되어 2033년에는 65세가 된다. 즉 완전노령연금의 수급개시연령이 2013년에는 61세, 2018년에는 62세, 2033년에는 65세가 된다.

감액노령연금은 가입기간이 10년 이상 20년 미만인 자가 60세(갱내에서 일하는 광원, 갑판에서 일하는 선원 등은 55세)가 된 때부터 그가 생존하는 동안 지급되는 연금이다. 감액노령연금의 지급액은 가입기간이 10년인 경우 기본연금액의 50%의 금액이며, 10년을 초과하는 1년마다 기본연금액의 5%에 해당하는 금액을 가산한 금액이다. 또한 감액노령연금에는 부양가족연금이 가산된다.

재직자노령연금은 가입기간이 10년 이상이며 60세 이상 65세 미만(광원 및 선원은 55세 이상 60세 미만)인 자가 소득이 있는 업무에 종사하고 있는 경우 기본연금액에서 일정한 금액을 빼고 지급되는 연금이다. 재직자노령연금의 급여액은 60세의 경우 완전노령연금 또는 감액노령연금의 50%를 지급하며, 연령이 1세씩 증가할 때마다 10%씩 증가한다. 즉 60세에는 기본연금액의 50%, 61세에는 60%, 62세에는 70%, 63세에는 80%, 64세에는 90%를 지급한다. 한편 재직자노령연금에는 부양가족연금이 가산되지 않는다.

조기노령연금은 가입기간이 10년 이상인 가입자로서 55세 이상인 자가 소득이 있는 업무에 종사하지 아니하는 경우 본인의 희망에 의해 그가 생존하는 동안 지급되는 연금이다. 조기노령연금의 급여액은 55세의 경우 기본연금액의 70%를 지급하며, 연령이 1세씩 증가할 때마다 6%씩 증가한다. 즉 55세에는 기본연금액의 70%, 56세에는 76%, 57세에는 82%, 58세에는 94%를 지급한다. 또한 조기노령연금에는 부양가족연금이 가산된다.

특례노령연금은 국민연금의 시행초기와 확대과정에서 연령이 많은(1988년 1월 1일 현재 45세 이상, 1995년 7월 1일 현재 45세 이상, 1999년 4월 1일 현재 50세 이상) 사람이 장기간 가입할 수 없으므로 단기간(5년) 가입하여도 60세에 도달하면 노령연금을 받을 수 있도록 도입한 제도이다. 특례노령연금의 급여액은 5년 가입 시 기본연금액의 25%이며, 가입기간이 1년씩 증가할 때마다 5%씩 증가한다. 또한 특례노령연금에는 부양가족연금이 가산된다.

분할노령연금은 혼인기간(배우자의 가입기간 중의 혼인기간만 해당)이 5년 이상인 자가 이혼한 경우, 배우자가 노령연금수급권자가 되고 본인이 60세에 도달한 때부터 3년 내에 신청하지 않으면 소멸된다.

② 장애연금

장애연금은 가입자가 가입기간 중에 생긴 질병이나 부상으로 완치된 후에도 신체상 또는 정신상의 장애가 있는 경우 그 장애가 계속되는 동안 장애정도에 따라 지급하는 연금이다. 가입기간 중 질병이나 부상을 입은 자가 초진일로부터 1년 6개월이 지나도 완치되지 아니하면 1년 6개월이 지난 날을 기준으로 장애정도를 결정한다. 다만 1년 6개월이 지난 날에 장애연금의 지급대상이 되지 아니한 자가 그 질병이나 부상이 악화되어 60세가 되기 전에 장애연금의 지급대상이 되는 경우에는 본인의 청구에 따라 장애정도를 결정한다.

장애연금액의 지급액은 장애등급에 따라 상이하다. 장애등급 1급에 해당하는 자에 대해서는 기본연금액(20년을 가입한 완전노령연금과 동일한 금액, 다만 가입기간이 20년을 초과한 경우는 초과하는 1년마다 20년 완전노령연금의 5%를 가산한 금액)에 부양가족연금액을 더한 금액을, 장애등급 2급에 해당하는 자에 대해서는 기본연금액의 80%에 부양가족연금액을 더한 금액을, 장애등급 3급에 해당하는 자에 대해서는 기본연금액의 60%에 부양가족연금액을 더한 금액을 연금으로 지급한다. 한편 장애등급 4급에 해당하는 자에 대해서는 기본연금액의 2.25배에 해당하는 금액을 일시금으로 지급한다.

③ 유족연금

유족연금은 ㉠ 노령연금의 수급권자, ㉡ 가입기간이 10년 이상인 가입자였던 자(현재는 가입자 자격을 상실한 상태), ㉢ 가입자, ㉣ 장애등급 2급 이상인 장애연금 수급권자가 사망한 경우 그에 의해 생계를 유지하고 있던 유족에게 지급하는 연금이다. 다만 가입기간이 1년 미만인 가입자가 질병이나 부상으로 사망한 경우는 가입 중에 생긴 질병이나 부상으로 사망한 경우에만 유족연금을 지급한다. 한편 가입기간이 10년 미만인 가입자이었던 자(현재는 가입자 자격을 상실한 상태)가 가입기간 중에 생긴 질병이나 부상으로 사망한 경우에는 가입 중의 초진일 또는 가입자 자격을 상실한 후 1년 이내의 초진일부터 2년 이내에 사망하면 그 유족에게 유족연금을 지급할 수 있다. 유족연금의 수급권자가 배우자인 경우는 수급권이 발생한 때부터 3년 동안 유급연금을 지급한 후 55세가 될 때까지 지급을 정지한다. 다만 그 수급권자가 장애등급 2급 이상인 경우, 18세 미만의 자녀 또는 장애등급 2급 이상의 자녀의 생계를 유지하는 경우, 소득이 있는 업무에 종사하지 않는 경우에는 지급을 정지하지 아니한다.

유족연금을 지급받을 수 있는 유족은 가입자 또는 가입자였던 자가 사망한 당시 그에 의하여 생계를 유지하고 있던 ㉠ 배우자, ㉡ 18세 미만이거나 장애등급 2급 이상인 자녀, ㉢ 60세 이상이거나 장애등급 2급 이상인 부모, ㉣ 18세 미만이거나 장애등급 2급 이상인 손자녀, ㉤ 60세 이상이거나 장애등급 2급 이상인 조부모이다. 유족연금을 받을 수 있는 순위는 위에 열거한 순서와 같으며, 같은 순위의 유족이 2명 이상이면 그 유족연금을 똑같이 나누어 지급한다.

유족연금액은 가입기간에 따라 다르다. 가입기간이 10년 미만이면 기본연금액(20년을 가입한 완전노령연금과 동일한 금액)의 40%이며, 가입기간이 10년 이상 20년 미만이면 기본연금액(20년을 가입한 완전노령연금과 동일한 금액)의 50%, 가입기간이 20년 이상이면 기본연금액(20년을 가입한 완전노령연금에 20년을 초과한 1년마다 20년 완전노령연금의 5%를 가산한 금액)의 60%에 해당하는 금액이다. 다만 유족연금액은 사망한 자가 지급받던 노령연금액을 초과할 수 없다. 이러한 사례는 재직자 노령연금을 받던 사람이 사망한 경우에 발생할 수 있다.

유족연금수급권의 소멸은 수급권자가 사망한 때, 배우자인 수급권자가 재혼한 때, 자녀나 손자녀인 수급권자가 다른 사람에게 입양되거나 파양된 때, 장애등급 2급 이상에 해당되지 아니한 자녀 또는 손자녀인 수급권자가 18세가 된 때, 장애로 수급권을 획득한 자가 장애등급 2급 이상에 해당되지 아니하게 된 때이다. 한편 부모, 손자녀, 조부모인 유족의 유족연금수급권은 가입자 또는 가입자였던 자의 사망 당시의 태아가 출생하여 수급권을 갖게 되면 소멸한다(이들보다 자녀가 유족연금을 받을 수 있는 순위가 빠르기 때문임).

④ 반환일시금과 사망일시금

반환일시금은 국민연금에서 지급하는 세 가지 연금(노령, 장애, 유족) 중 어느 하나도 받지 못하면서 가입자 자격을 상실하거나 다시 가입할 가능성이 희박한 경우에 가입자나 그 유족의 청구에 의해 지급한다. 반환일시금은 ㉠ 가입기간이 10년 미만인 자가 60세가 된 때, ㉡ 가입자 또는 가입자였던 자가 사망하고 유족연금의 수급요건을 충족하지 못한 때(가입기간이 1년 미만인 자가 가입 중에 생기지 않은 질병이나 부상으로 사망해 유족연금을 받지 못한 경우, 가입자이었던 자가 연금 보험료를 낸 기간이 그 연금 보험료를 낸 기간과 연금 보험료를 내지 아니한 기간을 합산한 기간의 3분의 2보다 짧아 유족연금을 받지 못한 경우), ㉢ 국적을 상실하거나 국외로 이주한 때 지급받을 수 있다. 가입자 또는 가입자였던 자가 사망한 경우의 반환일시금은 유족이 청구할 수 있는데, 유족의 범위 및 청구의 순위는 유족연금의 경우를 준용한다. 반환일시금의 지급액은 가입자 또는 가입자였던 자가 납부한 보험료와 사용자가 부담한 보험료에 대통령령으로 정하는 이자를 더한 금액으로 한다.

사망일시금은 가입자 또는 가입자였던 자가 사망하였으나 유족연금이나 반환일시금의 수급요건을 충족하는 유족이 없을 경우, 그 배우자, 자녀, 부모, 손자녀, 조부모, 형제자매에게 사망일시금을 지급하는 제도이다. 「국민연금법」은 유족연금이나 사망에 대한 반환 일시금을 받을 수 있는 유족의 범위를 제한적으로 설정하고 있어 그 유족이 수급요건을 충족하지 못할 경우가 있다. 예를 들어 사망 당시 배우자가 사망자에 의해 생계를 유지하고 있지 않았던 경우, 유족인 자녀의 연령이 18세 이상인 경우, 유족인 부모의 연령이 60세 미만인 경우 등이 이에 해당된다. 따라서 이들 유족과 유족연금이나 반환일시금을 받는 유족과의 형평성을 유지하기 위해 사망일시금이 1995년 7월 1일부터 지급되고 있다. 사망일시금의 지급액은 가입자 또는 가입자였던 자의 반환일시금에 상당하는 금액으로 하되, 그 금액은 사망한 가입자 또는 가입자였던 자의 최종 기준소득월액과 가입기간 중 기준소득월액의 평균액 중에서 많은 금액의 4배를 초과하지 못한다.

이상의 내용을 정리하면 〈표 13-5〉와 같다.

〈표 13-5〉 급여의 유형별 수급요건 및 급여수준

급여유형		수급요건	가입기간	연령	급여수준
노령연금	완전 노령연금	가입기간이 20년 이상인 자가 60세(광원, 선원 등은 55세)가 된 때	20년 이상	60세 이상	기본연금액의 100%+ 부양가족연금
	감액 노령연금	가입기간이 10년 이상 20년 만인 자가 60세(광원, 선원 등은 55세)가 된 때	10~20년	60세 이상	기본연금액의 47.5%+가급연급액+10년초과 매년 기본연금액의 0.5%가산금
	재직자 노령연금	가입기간이 10년 이상이며 60세 이상 65세 미만(광원 및 선원은 55세 이상 60세 미만)인 자가 소득이 있는 업무에 종사하고 있는 경우	10년 이상	60~64세	기본연금액의 47.5%(+10년초과 매년 기본금액 0.5% 가산금)에 수급연령별 50~90% 비율을 곱한 액
	조기 노령연금	가입기간이 10년 이상이며 55세 이상인 자가 소득이 있는 업무에 종사하지 아니하는 경우	10년 이상	55세 이상	기본연금액의 47.5%(+10년초과 매년 기본금액 0.5% 가산금)에 수급연령별 75~95% 비율을 곱한 액

급여유형	수급요건	가입기간	연령	급여수준
특례 노령연금	1999. 4. 1. 현재 50세 이상인 자로서 가입기간이 5년 이상 10년 미만인 경우	5~10년	1999.4.1. 현재 50세 이상	가본금액의25%+가급연금액+ 5년 초과 매년 기본금액 0.5% 가산금
분할 노령연금	혼인기간이 5년 이상인 자가 이혼하고 배우자가 노령연금 수급권자가 되며 본인이 60세가 된 때	5년 이상	60세 이상	혼인기간에 해당하는 연금액의 50%
장애연금	가입기간 중에 생긴 질병이나 부상으로 완치된 후에도 신체상 또는 정신상의 장애(1~4급)가 있는 경우	제한 없음	제한 없음	기본연금액의 60~100+가급연금액
유족연금	노령연금의 수급권자, 가입기간이 10년 이상인 가입자였던 자, 가입자, 장애등급 2급 이상인 장애연금수급권자가 사망한 경우 그에 의해 생계를 유지하고 있던 유족	가입자에 따라 가입기간이 다름	수급권자에 따라 연령제한이 다름	기본연금액의 40~60+가급연금액
반환일시금	가입기간이 10년 미만인 자가 60세가 된 때, 가입자 또는 가입자였던 자가 사망하고 유족연금의 수급요건을 충족하지 못한 때, 국적을 상실하거나 국외로 이주한 때 본인 또는 그에 의해 생계를 유지하고 있던 유족	제한 없음	수급권자에 따라 연령제한이 다름	3년 만기 정기예금 이자율을 적용하여 본인에게 지급
사망일시금	가입자 또는 가입자였던 자가 사망하였으나 유족연금이나 반환일시금의 수급요건을 충족하는 유족이 없을 경우, 그 배우자, 자녀, 부모, 손자녀, 조부모, 형제자매	제한 없음	제한 없음	연금보험료+이자, 단 최종 기준소득월액과 가입기간 중 기준소득월액의 평균액 중에서 많은 금액의 4배를 초과하지 못함

출처: 국민연금공단

6) 재원조달

국민연금 급여비용의 재원조달은 가입자 및 사용자로부터 징수하는 연금보험료와 이를 근거로 조성되는 국민연금 기금을 통해서 이루어진다. 연금보험료라 함은 국민연금 사업에 필요한 비용으로서 사업장가입자에 있어서는 부담금 및 기여금의 합계액을, 지역가입자 · 임의가입자 및 임의계속가입자에 있어서 본인이 내는 금액을 말한다. 국민연금의 경우 1999년 이후 현재 각각의 가입자는 4.5%에서 9%의 연금보험요율을 적용하여 보험료를 부담하고 있다.

〈표 13-6〉 국민연금 보험요율의 변화 추이 및 조정

<table>
<tr><th colspan="2">구분</th><th>1999.4.1이후</th></tr>
<tr><td rowspan="4">사업장가입자</td><td>전체</td><td>9.0%</td></tr>
<tr><td>피용자</td><td>4.5%</td></tr>
<tr><td>사용자</td><td>4.5%</td></tr>
<tr><td>퇴직 전환금</td><td></td></tr>
<tr><td colspan="2">임의적용가입자, 임의계속적용가입자</td><td>9.0%</td></tr>
<tr><td colspan="2" rowspan="2">농어촌지역가입자</td><td>2005년 이후</td></tr>
<tr><td>9%</td></tr>
<tr><td colspan="2" rowspan="2">도시지역가입자</td><td>2005년 7월 이후</td></tr>
<tr><td>9%</td></tr>
</table>

(1) 기금운용

보건복지가족부 장관은 국민연금사업에 필요한 재원을 원활하게 확보하고 「국민연금법」에 규정된 급여에 충당하기 위한 책임준비금으로서 국민연금기금을 설치하여야 한다. 우리나라 국민연금은 부분적립방식을 채택하고 있기 때문에 시행 초기에 상당한 액수의 적립금이 축적되며, 적립금의 운용이 재정에 관건이 된다. 따라서 적립금을 적제적소에 투자하여 최대의 수익을 올리는 것이 감독기관인 보건복지부

와 관리 운용기구인 국민연금공단의 중요한 책무가 된다.

국민연금 적립금은 2015년 500조를 돌파하였고, 정부추계에 의하면 2020년 847조 원, 2043년에는 2,561조 원까지 증가할 것으로 예상된다.

국민연금 적립금은 대부분 금융부분에 투자된다. 국민연금 시행초기에는 채권, 금전신탁, 수익증권 등 주로 채권 관련 상품 위주로 운용하였으나, 1990년부터 주식형 수익증권 투자사업을 시작하였고 1993년부터 본격적으로 주식투자를 시작하였다. 현재는 국공채, 금융채권, 회사채권, 회사채 등의 채권 투자, 주식에의 직접 투자, 수익증권과 금전신탁, 단기금융상품 등 다양한 금융상품에 투자하고 있으며, 해외 주식에도 투자하고 있다.

국민연금 적립금은 가입자 모두의 공동 자금이기 때문에 신중하게 다루어야 한다. 국민연금공단은 기금운용 규정을 두고 기금을 엄격하게 관리하고 있다. 국민연금 기금운영원칙은 수익성, 안정성, 공공성, 유동성, 운용 독립성 등 다섯 가지이다.

〈표 13-7〉 국민연금 기금운영원칙

원칙	내용
수익성의 원칙	가입자의 부담, 특히 미래세대의 부담 완화를 위하여 가능한 한 많은 수익을 추구하여야 한다.
안정성의 원칙	기금은 투자하는 자신의 전체 수익률 변동성과 손실위험이 허용되는 범위 안에 있도록 안정적으로 운용하여야 한다.
공공성의 원칙	전 국민을 대상으로 하는 제도이고, 적립규모가 국가경제에서 차지하는 비중이 크므로 국가경제 및 국내금융시장에 미치는 파급효과를 감안하여 운용하여야 한다.
유동성의 원칙	기금은 연금급여의 지급이 원활하도록 유동성을 고려하여 운용하여야 하며, 특히 투자한 자산의 처분 시 국내금융시장 충격이 최소화되는 방안을 사전에 강구하여야 한다.
운영 독립성의 원칙	기금은 상기원칙에 따라 운용하여야 하며, 다른 목적을 위하여 이러한 원칙이 훼손되어서는 안 된다.

국민연금기금의 운용에서 가장 중요한 것은 안정성과 수익성이다. 국민의 노후를 대비하기 위한 자금이란 점에서 무엇보다도 투자의 안정성이 요구되고, 또 일정한 수익이 보장되어야 한다는 점에서 그렇다.

그런데 투자수익이 높은 금융상품은 안정성이 떨어지고, 반대로 투자의 안정성이 높은 금융상품은 투자수익이 떨어지는 게 현실이다. 그리고 정부 채권과 같은 공공부분의 투자는 안정성이 높은 반면에 수익성이 낮고, 주식과 같은 민간 부분의 투자는 수익성이 높지만 안정성이 낮다. 이렇게 볼 때 안정성과 수익성을 동시에 담보할 수 있는 방법을 찾는 것이 국민연금기금운용자의 최대 과제라 할 수 있다(정창률, 2010: 57~58).

7) 과제 및 전망

우리나라는 급속하게 노령사회로 진입하고 있으나 제2의 인생인 노후에 대한 준비는 아직 미흡한 상태이다. 현재 우리나라의 노인들이 겪고 있는 가장 큰 어려움은 경제적인 문제이다. 따라서 전 국민이 가입하는 연금제도는 현세대와 미래세대가 함께 노후를 준비하고 공동으로 노인을 부양하여 노후의 빈곤이나 갑작스런 장애 등 소득상실에 대비하는 사회 안정망의 역할으로서 큰 의의가 있다. 이러한 국민연금제도가 안고 있는 문제점을 살펴보면 다음과 같다.

첫째, 국민의 장기소득보장을 위한 제도로서의 역할을 담당할 수 있도록 적정한 수준의 급여가 보장되도록 하고, 나아가 노후빈곤의 추방이라는 국가 백년대계의 관점에서 현세대와 미래세대 모두의 제도로 발전시켜 나가야 한다. 「국민연금법」을 개정하여 세대 간 상호 공평부담을 통한 국민연금재정의 장기적 안정을 기하고 보험료와 급여 수준 등을 조정함은 물론 연금기금의 운영수익률을 재고하여 전 국민연금시대에 걸맞은 성숙한 연금제도로의 발전을 위한 기틀을 마련해 나가야 할 것이다. 또한 효율적인 기금 운영을 위해서 납부예외자 및 미납자 관리와 지역가입자의 소득수준에 적정한 납부액 책정으로 국민연금 적용 사각지대를 해소하고 가입자의 수급권을 보호하며 적정부담 · 적정급여체계의 틀을 마련하여 실질적인 전 국민연금제도가 정착하여야 할 것이다. 또한 국민연금이 본격적으로 지급이 시작되는 2008년부터 국민연금재정의 불안정이 예견되고 있는 상황에서 현행 9%의 보험료율을 적정수준 이상으로 인상하지 않을 경우 재정적자가 발생할 것이 확실시 되고 있는 실정이다. 저 부담 고 급여의 불균형구조를 적정부담 적정급여로 개선하여서 국민연금의 재정안정과 소득보장 수준을 유지하기 위한 재원조달방안을 강구하여야 할 것이다.

둘째, 지역가입자의 소득파악이 제대로 이루어지지 않는 현재의 제도개선이 필요하다. 자영업자들이 실질소득이 높음에도 불구하고 소득을 축소 신고하여 봉급생활자에 비해 급여비율이 높아져 형평성 문제가 발생하고 있다.

셋째, 공무원 · 사학 · 군인연금 등 3개 특수직연금과 국민연금의 연계가 정부에 의해 추진되어야 할 것이다. 특수직연금의 17%의 높은 보험료율에도 불구하고 적립기금의 고갈로 인해 급여지급의 많은 부분을 정부지원에 의존하고 있는 지금의 형태가 지속된다면 특수직연금의 재정적자를 해결하기 위한 대안이라는 비판을 받을 것이며, 추가적으로 발생하는 보험료의 인상은 국민연금의 기금고갈 상태에 이르게 할 것이라는 전망도 나오고 있다. 수령액이 높은 특수직연금은 그대로 유지하고 국민연금만 수령액을 낮춘다면 국민연금가입자들은 납득할 수 없을 것이다. 특수직연금 또한 연금수령액에 대한 현실적 조치가 연금을 지급하는 기준의 형평성을 고려해 앞으로의 국민연금 계획수립에 반영될 필요가 있을 것이다.

정부는 지금까지 "노후준비는 걱정하지 말라"며 국민연금을 홍보해 왔다. 하지만 미래에 받을 노후보장이라는 국민연금은 용돈 수준에 불과할 것이라는 우려가 이미 팽배한 실정에서 나름대로의 대책마련이 수반되어야 할 것이다.

2. 기초연금

1) 공적연금과 기초연금

우리나라 기초연금[1)]은 노인에게 기초연금을 지급하여 안정적인 소득기반을 제공함으로써 노인의 생활안정을 지원하고 복지를 증진하는 데 목적이 있다. 기초연금 수급자는 65세 이상 노인으로 일정 소득 이하인 사람이고, 공무원, 사립학교교직원, 군인, 별정우체국직원 등 직역연금 수급권자 및 그 배우자는 제외한다. 기초연금 재정은 가입자가 내는 보험료가 아니라 조세로 조달된다.

일반적으로 공적연금은 재정조달방식이 조세방식인지 보험방식인지의 여부와 연금대상자가 모든 국민(보편주의)인지 아니면 빈민과 같은 특수한 집단(선별주의)인지에 따라 분류된다. 우리나가 기초연금은 조세로 재정을 충당하고 일정 소득 이하 노인을 수급대상으로 하는 선별주의제도이다.[2)] 이는 모든 국민을 대상으로 하는 보편주의 제도이면서 보험방식으로 재정을 충당하는 국민연금에 대비된다. 한편 호주의 기초연금은 저소득 노인을 대상으로 하는 선별주의 방식이면서 보험료로 재정을 충당하고, 뉴질랜드의 노령수당은 모든 노인을 대상으로 무갹출(조세방식) 정액 연금을 지급하는 보편주의 방식의 연금제도이다.

1) 기초연금법은 2014년 5월에 제정되었다. 이 법은 2007년 제정된 기초노령연금법을 명칭과 내용의 일부를 개정한 것이다.

2) 우리나라 기초연금의 가장 큰 문제점은 성격이 모호하다는 것이다. 전체 65세 이상 노인의 70%를 선정대상으로 한다는 점에서 공공부조와 같은 선별주의 제도로 보기는 어렵다. 그렇다고 보편주의 제도로 보기도 어려운 것이 모든 노인을 대상으로 하고 있지 않기 때문이다.

		연금 대상자: 보편주의	연금 대상자: 선별주의
재정조달방식	조세방식	뉴질랜드의 노령수당	한국의 기초연금
	보험방식	한국의 국민연금	호주의 기초연금

〔그림 13-1〕 공적 연금의 유형

2) 도입배경

2007년 「기초연금법」(제정 당시에는 「기초노령연금법」)이 국회를 통과함으로써 2008년부터 저소득 65세 이상 노인에게 기초연금이 지급되었다. 기초연금의 도입은 노인의 노후소득보장 정책으로서 획기적인 조치였다.

기초연금은 중하위 소득계층 노인(전체노인의 70%)을 대상으로 하기 때문에 상당한 재정이 필요하다. 막대한 재정 부담에도 불구하고 우리나라 정부가 기초연금을 신설한 데는 이유가 있다. 무엇보다도 급격한 고령화에 대한 대책이 절실했다는 것이다.

고령화는 경제와 사회전반에 영향을 주고 있는데, 가장 심각한 것 중의 하나가 노인의 노후생계보장 문제이다. 서구 복지국가의 경우 공적연금의 연륜이 오래되고 또 보장의 수준이 높아 노인의 노후 생계는 공적연금으로 기본적인 욕구는 충족되고 있다. 반면에 우리나라는 기초연금의 도입 전에는 소수의 가난한 노인을 대상으로 하는 경로연금만 시행되었고, 대표적인 노후소득보장정책인 국민연금의 사각지대가 넓어 많은 수의 노인, 특히 중하위 소득계층 노인이 제대로 된 생계보장을 못 받고 있었다.

이런 상황에서 경로연금이 제대로 된 공적노후소득보장제도로서 역할을 다하기 위해서는 금액인상은 물론 대상자도 대폭 확대대어야 한다는 요구가 경로연금수급 노인뿐만 아니라 시민사회단체로부터 줄기차게 제기되었다. 경로연금은 1998년 국민연금이 전 국민으로 확대될 즈음에 당시 65세 이상 노인들이 연령요건으로 인해 국민연금에 가입하지 못하게 됨에 따라 이들의 소득을 보충적으로 지원해 주기 위해 도입된 제도였다. 주된 대상은 65세 이상 생활보호대상자(현 국민기초생활수급자)와 65세 이상 저소득노인이었다. 그러나 경로연금은 제도가 도입된 이래로 10년 이상이 되었음에도 금액 면에서나 지급대상자 수에 있어서 개선된 게 별로 없었으며, 경로연금의 액수가 용돈도 안 될 정도로 너무 적어 소득보장의 기능을 제대로 하지 못했다.

경로연금대상자를 확대하는 제도개선은 국민연금사각지대문제와 연결되어 있었다. 국민연금 가입대상인 미래세대 노인 중 일부는 빈곤문제에서 자유롭지 못했다. 이는 무엇보다 국민연금에 법적으로는 가입해야 함에도 불구하고 소득부족과 실업 등의 다양한 이유로 인해 많은 국민들이 납부예외를 인정받았기 때문이었다(납부예외제도란 소득이 일시적으로 없을 경우 보험료 납부를 면제해 주는 제도로 이후 연금액 산정 시 가입기간에서 제외된다). 당시 500만 명에 가까운 가입자가 납부예외자로 분류되었으며 특히 지역가입자의 경우 절반에 가까운 수가 납부예외로 보험료를 내지 않았다. 납부예외자들이 장기간 이런 상태에 머물 경우 이들은 노후에 국민연금을 받지 못하게 될 것이고, 다른 대책이 없다면 많은 가입자들이 '소득 없는 장수'라는 위험에 직면하게 될 게 확실했다.

결국 국민연금사각지대에 있는 노인들에 대한 공적 노후소득보장을 기존 제도인 경로연금제도 확대를 통해서 해결할 것인지 아니면 새로운 제도를 만들어서 해결할 것인지를 놓고 논의가 진행되었으며, 노후소득보장체계의 재구축이라는 축면에서 결정된 것이 기초연금제도의 도입이었다.

3) 수급대상

기초연금의 수급대상자는 한국 국적을 가지고 주민등록이 되어 있는 65세 이상 노인으로서 가구의 소득인정액이 선정기준액 이하여야 한다. 말하자면 국가가 정한 기준액보다 적은 소득(재산 환산 소득 포함)을 가진 노인이 기초연금의 수급대상자라는 것이다.

선정기준액은 단독가구와 부부가구가 다르다.[3] 소득인정액은 다음에서 보듯이 월 소득평가액과 재산의 월 소득환산액을 합산한 금액이다.

소득인정액 = 소득평가액 + 재산의 소득 환산액

〈표 13-8〉 기초연금 소득평가액 산정 기타소득

구분	내용
기타소득	사업소득 + 재산소득 + 공적이전소득 + 무료임차소득
사업소득	기타사업소득 + 임대소득 기타사업소득 : 도매업 소매업, 제조업, 농업 어업 임업, 기타 사업에서 얻는 소득 임대소득 : 부동산, 동산, 권리, 그 밖의 재산의 대여로 발생하는 소득
재산소득	이자소득 + 연금소득 이자소득 : 예금 적금 주식 채권의 이자와 배당 또는 할인에 의하여 발생하는 소득 연금소득 : 민간 연금보험, 연금저축 등에 의해 정기적으로 발생하는 소득
공적이전소득	각종 법령의 규정에 의해 정기적으로 지급되는 각종 수당 연금 급여 기타 금품, 즉 국민연금, 공무원 연금, 군인 연금, 사립학교교직원연금, 산재급여를 말함(일시금으로 받는 금품은 재산으로 산정)
무료임차소득	자녀 소유의 고가 주택에 거주하는 본인 또는 배우자에 대하여 임차료에 상응하여 소득으로 인정하는 금액, 본인 또는 배우자의 주민등록상 주소지 주택이 자녀 명의이고, 시가표준액 6억원 이상인 경우, 연 0.78%의 소득이 적용됨

3) 2017년 선정기준액은 단독가구 월 119만 원, 부부가구 월 190만 원.

월 소득 평가액은 근로소득에 기타소득을 합산한 것이다. 산정방식은 다음과 같다.

월 소득 평가액 = {0.7 × (근로소득 – 60만원)} + 기타소득

산정대상 월 소득은 근로소득에서 기본공제액인 60만 원을 공제한 금액에서 30%를 추가로 공제한 것이다. 일용근로소득, 공공일자리소득, 자활근로소득은 근로소득에서 제외된다.

기타소득은 사업소득, 재산소득, 공적이전소득, 무료임차소득을 합산한 것이다. 구체적인 것은 〈표 12-8〉과 같다.

(1) 재산의 월 소득 환산액

재산을 소득으로 환산하는 산식은 다음과 같다.

재산의 월 소득 환산액 = [{(일반재산–기본재산액)+(금융재산–2,000만원)–부채} × 0.04(재산의 소득환산율, 연 4%)÷12개월]+고급 자동차 및 회원권의 가액

이 산식에서 보듯이 재산의 월 소득 환산액은 ① 일반재산에서 기본재산액을 공제하고, ② 여기에 금융재산에서 2천만 원을 뺀 금액을 합한 다음, ③ 부채를 공제하고, ④ 그렇게 산출된 금액에 재산의 소득환산율인 연 4%를 곱한 후, ⑤ 이를 12개월로 나누어 월 소득 환산액을 산출하고, ⑥ 고급 자동차 및 회원권의 가액을 합한 것이다.

기본재산액은 지역별로 다르다. 대도시는 1억 3,500만 원이고, 중소도시는 8,500만 원이며, 농어촌은 7,250만 원이다.

고급자동차(3,000cc 이상 혹은 차량가액 4,000만 원 이상의 승용차, 승합차 또는

이륜차) 및 회원권은 그 가액(시가표준액)을 그대로 적용한다. 회원권은 지방세법에 의한 골프회원권, 승마회원권, 콘도미니엄회원권, 종합체육시설 이용회원권, 요트회원권을 포함한다.

4) 급여

기초연금은 기준연금 대상자와 소득재분배 급여 대상자에 따라 다르다. 기준연금 대상자는 국민연금 비 수급자(무연금자), 국민연금 월 급여액이 기준연금액의 150% 이하인 사람, 국민연금의 유족연금이나 장애연금 수급자, 장애인연금 수급자이다. 이들에게는 매월 정액의 기준연금이 지급된다.

기준연금 = 월 204,010원(2016년 4월~2017년 3월)

여기에 해당되지 않는 사람은 소득재분배 급여(A급여)에 따른 산식에 의해서 산정된 기초연금을 받는다. 산식은 다음과 같다.

소득재분배 급여(A급여) 기초연금 = (기준연금액 − 2/3 × A급여) + 부가연금액

* A급여는 국민연금의 노령연금 산식 요소 중 하나로 연금 가입자 전체의 평균소득(균등부분)이다.

〈표 13-9〉 지역별 기본 재산액

구분	공제액
대도시(특별시 · 광역시의 '구', 도 · 농복합군 포함) 예) 서울특별시 관악구, 부산광역시 해운대구, 대구광역시 달성군	1억 3,500만원
중소도시(도의 '시', 세종특별자치시) 예) 경기도 성남시, 경상북도 안동시, 충청남도 천안시	8,500만원
무료임차소득 예) 전라남도 고흥군, 강원도 영월군, 충청북도 음성군	7,250만원

여기서 보듯이 기본연금액에서 A급여의 3분의 2를 공제하고, 여기에 부가연금액을 합해서 정한다. 부가연금액은 기준연금액의 50%이다. 이 산식으로 계산한 금액이 기준연금액을 초과하더라도 최고액인 기준연금액으로 기초연금액이 산정된다.

5) 재정

기초연금의 재정은 국가 또는 지방자치단체가 부담한다. 국가는 지방자치단체의 노인인구 비율 및 재정여건 등을 고려하여 100분의 40 이상 100분의 90 이하의 범위 안에서 대통령령으로 정하는 비율을 부담한다. 국가가 부담한 금액을 차감한 액수는 특별시 · 광역시 · 도 또는 특별자치도(시 · 도) 및 시 · 군 · 구(자치구)가 상호 분담하되, 그 부담비율은 노인인구 비율 및 재정여건 등을 고려하여 시 · 도의 조례로 정한다(원석조, 2017: 350-355).

Chapter 14

노인복지시설

1. 노인복지시설의 개념

「노인복지법」 제31조에 의한 노인복지시설은 노인이 질병이나 장애 또는 주거, 경제, 가족관계 등 생활조건상의 곤란과 가족의 부양 능력 제한으로 가정에서 계속 생활할 수 없는 경우 건전한 노후생활을 계속해서 보장 받을 수 있는 시설로서 다음과 같이 규정하고 있다. 노인복지시설은 자립이 곤란한 노인들에게 가정을 대신하여 생활을 유지할 수 있도록 보호하는 생활거점이며, 그들의 심리사회적 · 신체적 조건에 적합한 전문적 프로그램을 통하여 여가 및 치료 서비스를 제공해 주는 서비스 기관이라고 할 수 있다(양옥남 외, 2016).

노인복지시설의 종류는 노인주거복지시설, 노인의료복지시설, 노인여가복지시설, 재가노인복지시설, 노인보호전문기관, 「노인복지법」 제23조의2 제1항 제2호의 노인일자리지원기관, 동법 제39조의 19에 따른 학대피해노인 전용쉼터 등으로 나누어 볼 수 있다.

노인복지시설의 명칭이 「노인복지법」 시행규칙의 개정 · 시행으로 다음과 같이 변경되었다. 재가노인지원서비스는 재가노인복지시설로 신설('10. 2. 24) 되었으며, 노인전문병원(노인의료복지시설)과 노인휴양소(노인여가복지시설)는 삭제('11.12.8) 되었다. 노인일자리지원기관('13. 12. 5)과 학대피해노인 전용쉼터('17. 3. 14)는 신설되었다.

〈표 14-1〉 노인복지시설 현황

시설종류	변경전	변경후
노인주거 복지시설	양로시설	양로시설
	노인공동생활가정	노인공동생활가정
	노인복지주택	노인복지주택
노인의료 복지시설	노인요양시설	노인요양시설
	노인요양공동생활가정	노인요양공동생활가정
	노인전문병원	삭제
노인여가 복지시설	노인복지회관	노인복지관
	경로당	경로당
	노인교실	노인교실
	노인휴양소	삭제
재가노인 복지시설	방문요양서비스	방문요양서비스
	방문목욕서비스	방문목욕서비스
	방문간호서비스	방문간호서비스
	주·야간보호서비스	주·야간보호서비스
	단기보호서비스	단기보호서비스
	재가노인지원서비스	재가노인지원서비스
노인보호전문기관	노인보호전문기관	노인보호전문기관
노인일자리지원기관	노인일자리지원기관	노인일자리지원기관
학대피해노인 전용쉼터		학대피해노인 전용쉼터

출처: 보건복지부(2017) 노인복지시설 현황

2. 노인복지시설의 운영과 현황

1) 노인주거복지시설

도시화 · 핵가족화 · 여성의 사회 참여 증가로 전통적인 가정의 노인부양기능이 약화되고 있다. 이제 노인 문제는 전통적으로 견지해 온 가족에 의한 노인부양에만 맡겨둘 수 없으며, 지역사회와 국가가 적극적으로 이들을 보호 · 지원해야 한다. 2016년 12월 말 기준 425개소의 노인주거복지시설이 운영되고 있으며, 시설을 이용하는 노인들은 15,643명에 이르고 있다. 향후, 경제적으로 여유가 있어 자녀에게 의존하지 않으려는 베이비부머세대가 은퇴하면서 기존의 기초수급자 위주의 보호시설(양로시설, 노인공동생활가정)에서 중산층을 위한 다양한 공급방안을 모색하여 노인들의 주거 안정화를 도모하고 있다(보건복지부, 2017).

(1) 노인주거복지시설의 종류

노인주거복지시설로는 양로시설과 노인공동생활가정, 노인복지주택이 있다. 노인양로시설은 노인을 입소시켜 급식과 그 밖에 일상생활에 필요한 편의를 제공함을 목적으로 하는 입소정원 10명 이상의 시설이다. 노인공동생활가정은 노인들에게 가정과 같은 주거여건과 급식, 그 밖에 일상생활에 필요한 편의를 제공함을 목적으로 하는 입소정원 5명 이상 9명 이하 시설을 말한다. 노인복지주택은 노인에게 주거시설을 분양 또는 임대하여 주거의 편의 · 생활지도 상담 및 안전관리 등 일상생활에 필요한 편의를 제공함을 목적으로 하는 30세대 이상의 시설을 말한다.

〈표 14-2〉 노인주거복지시설의 종류(노인복지법 제31조)

종류	시설	설치 목적	입소(이용) 대상자	설치
노인주거복지시설	양로시설	노인을 입소시켜 급식과 그 밖에 일상생활에 필요한 편의를 제공	○ 다음 각 호의 어느 하나에 해당하는 자로서 일상생활에 지장이 없는 자 가. 「국민기초생활보장법」 제2조에 따른 수급권자(이하 "기초수급권자"라 한다)로서 65세 이상의 자 나. 부양의무자로부터 적절한 부양을 받지 못하는 65세 이상의 자 다. 본인 및 본인과 생계를 같이 하고 있는 부양의무자의 월소득을 합산한 금액을 가구원수로 나누어 얻은 1인당 월평균 소득액이 통계청장이 통계법 제17조 제3항에 따라 고시하는 전년도의 도시근로자가구 월평균 소득을 전년도의 평균 가구원수로 나누어 얻은 1인당 월평균 소득액 이하인 자(이하 "실비보호대상자"라 한다)로서 65세 이상의 자 라. 입소자로부터 입소비용의 전부를 수납하여 운영하는 양로시설 또는 노인공동생활가정의 경우는 60세 이상의 자	시장·군수·구청장에 신고
	노인공동생활가정	노인들에게 가정과 같은 주거여건과 급식, 그 밖에 일상생활에 필요한 편의를 제공		
	노인복지주택	노인에게 주거시설을 분양 또는 임대하여 주거의 편의·생활지도·상담 및 안전관리 등 일상생활에 필요한 편의를 제공	단독취사 등 독립된 주거생활을 하는 데 지장이 없는 60세 이상의 자	〃

출처: 보건복지부(2017) 노인복지시설 현황

(2) 입소대상(「노인복지법」 시행규칙 제14조)

가. 양로시설 · 노인공동생활가정

무료 입소대상자는 일상생활에 지장이 없는 65세 이상의 자로서 아래에 해당하는 자로 하며, 입소대상자의 배우자는 65세 미만의 경우에도 입소대상자와 함께 입소할 수 있다. 「국민기초생활 보장법」 제7조 제1항 제1호에 따른 생계급여 수급자 또는 같은 항 제3호에 따른 의료급여 수급자, 「국민기초생활 보장법」 제7조 제1항 제1호에 따른 생계급여 수급자 또는 같은 항 제3호에 따른 의료급여 수급자가 아닌 자 중 생계를 같이 하는 부양의무자로부터 적절한 부양을 받지 못하는 자로 한다. 노인보호전문기관에서 학대피해노인으로 입소의뢰를 받은 노인 및 긴급조치대상자 등을 대상으로 한다.

실비 입소대상자는 일상생활에 지장이 없는 65세 이상의 자로서 아래에 해당하는 자로 입소대상자의 당해연도 월 평균소득액이 도시근로자 1인당 월 평균소득액 이하인 자로 한다.

유료 입소대상자는 입소자로부터 입소비용의 전부를 수납하여 운영하는 양로시설 또는 노인공동생활 가정의 경우는 60세 이상의 자, 입소대상자의 배우자는 60세 미만인 경우에도 입소대상자와 함께 입소가능하다.

나. 노인복지주택

유료 입소대상자는 단독취사 등 독립된 주거생활을 하는 데 지장이 없는 60세 이상의 자로 한다.

(3) 입소절차

무료 입소대상자는 해당 시 · 군 · 구에 입소신청(입소신청사유서 및 관련 증빙자료 첨부)을 하여야 하며, 신청접수는 읍 · 면 · 동사무소에서 접수 가능하며, 입소여부와 입소시설을 결정하여 신청인 및 당해 시설장에게 통보한다. 노인보호전문기관에서 학대피해노인으로서 입소를 의뢰한 노인은 선입소 조치 후, 10일 이내 증빙서류(건강진단서, 학대사례판정서 등)를 제출하도록 한다.

실비 입소대상자는 실시시설장과 입소신청자가 협의하여 시설장이 입소신청자와 계약하고자 하는 경우 관할 시 · 군 · 구에 입소 심사 의뢰하고, 관할 시 · 군 · 구는 당해 시설 설치 시 신고를 수리한 시 · 군 · 구는 심사결과 조사의뢰 시설장에게 통보하여 당사자 간 계약에 의거 시설에 입소한다.

유료 입소대상자의 입소는 당사자 간의 계약에 의하며, 입소대상자가 계약을 체결할 수 없는 부득이한 사유가 있다고 시장 · 군수 · 구청장이 인정하는 때에는 입소대상자의 배우자 또는 부양의무자가 계약당사자가 될 수 있다.

퇴소 및 전원 절차로서 무료 입소대상자는 입소자의 사망, 시설의 전원, 입소자의 요구 등으로 입소자에 대한 시설서비스가 종료되는 경우, 해당 시설장은 복지실시기관(시 · 군 · 구청장) 및 입소자 가족 등에 퇴소 사실을 통보하여야 한다. 시설의 전원 및 입소자의 요구 등으로 시설서비스가 종료되는 경우, 해당 복지실시기관은 전원되는 시설에 대한 정보와 시설서비스 종료 후 지역사회에서 이용할 수 있는 서비스에 대한 정보를 제공하여야 한다.

실비 및 유료 입소대상자 당사자 간 계약에 의거 시설 퇴소를 할 수 있다.

(4) 시설현황

연도별 노인주거복지시설 현황은 다음과 같다.

〈표 14-3〉 연도별 노인주거복지시설 현황

(단위: 개소, 명)

종류	시설	2016		2015		2014		2013		2012	
		시설 수	입소 정원	시설 수	입소 정원	시설 수	입소 정원	시설 수	입소 정원	시설 수	입소 정원
노인주거 복지시설	계	425	19,993	427	19,909	443	20,110	435	18,592	416	18,179
	양로시설	265	13,283	265	13,446	272	13,903	285	12,782	285	13,164
	노인공동생활 가정	128	1,062	131	1,087	142	1,173	125	1,049	108	887
	노인복지주택	32	5,648	31	5,376	29	5,034	25	4,761	23	4,128

주) 유료노인복지주택 입소정원 : '08 및 '07년에는 시 · 군 · 구 조사 자료에 의거 입소정원을 표기하였으나, 현실적으로 주택은 1세대에 1명 또는 여러 명이 거주 가능하므로 입소정원이 없음. 따라서 '09년부터는 노인복지주택의 입소정원을 세대수로 표기함('08년 노인복지주택 세대수는 2,596세대, '07년 2,012세대임)

출처: 보건복지부(2017) 노인복지시설 현황

2) 노인의료복지시설

노인의료복지시설은 치매 · 중풍 등 노인성 질환 등으로 심신에 상당한 장애가 발생하여 도움을 필요로 하는 노인을 입소시켜 급식 · 요양과 그 밖에 일상생활에 필요한 편의를 제공하거나 가정과 같은 주거여건과 급식 · 요양, 그 밖에 일상생활에 필요한 편의를 제공하는 시설을 말한다. 원래 노인전문병원도 포함되었으나 2012년 이후 노인전문병원은 노인의료복지시설에서 제외되었다.

(1) 노인의료복지시설의 종류

노인의료복지시설은 노인요양시설과 노인요양공공생활가정이 있다. 노인요양시설은 치매 · 중풍 등 노인성 질환 등으로 심신에 상당한 장애가 발생하여 도움을 필요로 하는 노인을 입소시켜 급식 · 요양과 그 밖에 일상생활에 필요한 편의를 제공하는 시설로서 입소정원 10명 이상의 시설을 말하며, 노인공동생활가정은 가정과 같은 주거여건과 급식 · 요양, 그 밖에 일상생활에 필요한 편의를 제공하는 시설로서 입소정원 5명 이상 9명 이하의 시설을 말한다.

〈표 14-4〉 노인의료복지시설의 종류(노인복지법 제31조)

<table>
<tr><th>종류</th><th>시설</th><th>설치 목적</th><th>입소(이용) 대상자</th><th>설치</th></tr>
<tr><td rowspan="2">노인의료복지시설</td><td>노인요양시설</td><td>치매 · 중풍 등 노인성 질환 등으로 심신에 상당한 장애가 발생하여 도움을 필요로 하는 노인을 입소시켜 급식 · 요양과 그 밖에 일상생활에 필요한 편의를 제공</td><td rowspan="2">○ 노인성질환 등으로 다음 각 호의 어느 하나에 해당하는 자
가. 「노인장기요양보험법」 제15조에 따른 장기요양급여수급자
나. 기초수급권자로서 65세 이상의 자
다. 부양의무자로부터 적절한 부양을 받지 못하는 65세 이상의 자
라. 입소자로부터 입소비용의 전부를 수납하여 운영하는 노인요양시설 또는 노인요양공동생활가정의 경우는 60세 이상의 자</td><td rowspan="2">시장 · 군수 · 구청장에 신고</td></tr>
<tr><td>노인요양공동생활가정</td><td>치매 · 중풍 등 노인성 질환 등으로 심신에 상당한 장애가 발생하여 도움을 필요로 하는 노인에게 가정과 같은 주거여건과 급식 · 요양, 그 밖에 일상생활에 필요한 편의를 제공</td></tr>
</table>

출처: 보건복지부(2017) 노인복지시설 현황

(2) 입소대상

「노인장기요양보험법」 제15조에 따른 수급자 중 시설 급여 대상자로 하며 장기요양 1~2등급 및 장기요양 3~5등급자 중 불가피한 사유, 치매 등으로 등급판정위원회에서 시설급여대상자로 판정 받은 사람으로 한다.

위 내용에 해당하지 않는 사람 중 아래와 같은 사유로 반드시 시설 입소가 필요한 노인은 먼저 양로시설로 보호 조치하고, 만약 양로시설의 입소가 불가능할 경우에는 관할 시 · 군 · 구청장이 판단하여 노인요양시설로 입소 보호를 한다.

첫째, 노인보호전문기관에서 학대피해노인으로서 입소를 의뢰한 노인과 기초수급자(생계급여 또는 의료급여)나 긴급조치 대상자로서 거주지가 없어져서 가정에서 생활이 불가능하거나, 부양의무자가 부양을 거부하거나 실종되는 등의 사유로 수발을 들 사람이 없는 경우

둘째, 「국민기초생활보장법」 제7조 제1항 제1호에 따른 생계급여 수급자 또는 같은 항 제3호에 따른 의료급여 수급자로서 65세 이상인 자

위 사항에 해당하지 않는 사람 중 본인이 비용을 전액 부담하여 시설에 입소하고자 하는 경우에는 국가나 지자체로부터 시설운영비와 기능보강비를 지원받지 않는 시설(기존 미지원 시설)에 입소하여야 한다.

(3) 입소절차

장기요양인정을 받지 않은 자는 먼저 국민건강보험공단으로 장기요양 인정신청을 하여 장기요양 1~2등급 또는 3~5등급(시설+재가)으로 판정을 받은 후 장기요양 인정서를 첨부하여 아래 절차에 따라 입소하여야 한다.

> 입소를 위한 사전 절차 : 장기요양인정신청(공단 지사) → 방문조사 → 등급판정위원회 → 장기요양인정서 수령 → 아래 입소 절차에 따라 입소

「의료급여법」에 따른 수급자는 「장기요양보험법」 시행규칙 별지 10호 서식의 입소 · 이용 신청서를 작성 및 장기요양인정서를 첨부하여, 주소지 관할 시 · 군 · 구에 입소신청(장기요양인정서 첨부, 입소신청서제출)하며, 신청접수는 읍 · 면 · 동 주민자치센터에서 대리 접수 가능하다.

일반노인은 입소희망자는 공단의 이용지원 담당자에게 먼저 연락하여 관내에 입소 가능한 시설 명단 등을 확보하여, 입소 가능한 시설 중 입소를 희망하는 시설을 선택하여 시설장과 상세 입소요건(비급여항목별 비용, 입소계약조건 등)을 협의(장기요양인정서 첨부)하여 입소한다.

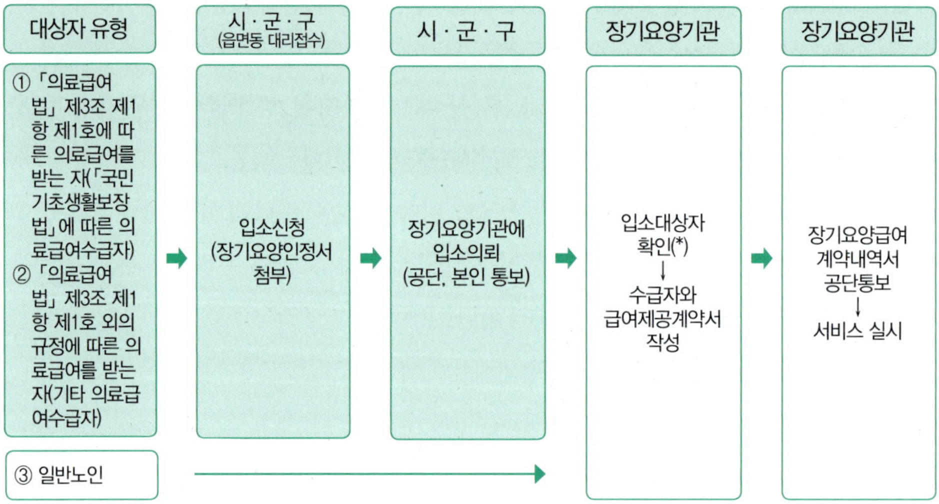

※ 장기요양기관에서는 반드시 ①의 대상자나 ②의 대상자에 대한 입소 의뢰서를 확인한 후 수급자와 계약을 체결하여야 함

〔그림 14-1〕 입소절차

출처: 보건복지부(2017) 노인보건복지사업안내

(4) 시설현황

연도별 노인의료복지시설 현황은 다음과 같다.

〈표 14-5〉 연도별 노인의료복지시설 현황

(단위: 개소, 명)

종류	시 설	2016		2015		2014		2013		2012	
		시설 수	입소 정원	시설 수	입소 정원	시설 수	입소 정원	시설 수	입소 정원	시설 수	입소 정원
노인의료 복지시설	계	5,163	167,899	5,063	160,115	4,841	151,200	4,585	139,939	4,352	133,629
	노인요양시설	3,136	150,025	2,933	141,479	2,707	132,387	2,497	121,774	2,610	118,631
	노인요양 공동생활가정	2,027	17,874	2,130	18,636	2,134	18,813	2,088	18,165	1,742	14,998

출처: 보건복지부(2017) 노인복지시설 현황

3) 노인여가복지시설

최근 산업 구조의 변화, 사회 가치와 구조의 변화 속에서 노인인구의 급속한 증가를 경험하면서, 기존의 저소득층 노인과 건강하지 않은 노인 중심의 선별적이고 일방적인 사회복지시스템으로는 노인이 가지고 있는 다양한 욕구를 해결하는 데 한계가 있었다. 따라서 건강한 노인과 건강하지 않은 노인, 저소득층 노인과 중산층 이상의 노인들의 서로 다른 복지 욕구에 대해 다양하고 전문적이며 개별적인 정책적 접근을 필요로 한다. 이러한 관점에서 노인복지서비스의 방향도 저소득층 노인에게서 일반 노인을 대상으로 하는 보편적 복지로의 체계 및 인식 전환을 가져오고 있다. 이런 의미에서 노인여가문화를 활성화시키는 지원이 필요하다. 정부에서는 노인들이 활기찬 노후 생활을 보낼 수 있도록 다양한 여가 활동을 지원하여 노인들의 사회 활동 참여 욕구를 충족시키고 노후 생활을 보람 있게 보내도록 하고 있다. 지역사회의 대표적인 노인여가복지시설인 경로당은 2016년 말 기준으로 65,044개소가 설치 ·

운영되고 있다. 2006년부터는 경로당을 대상으로 시행되고 있는 다양한 프로그램 및 서비스들이 전국 모든 경로당에 누락 없이 지원될 수 있도록 지역사회 내의 프로그램과 서비스를 연계 · 조정 · 지원할 수 있는 경로당 순회프로그램 관리자 배치를 추진하고 있다. 더불어 시 · 도에 경로당 광역지원센터를 두어 이용자 맞춤형 프로그램 발굴과 보급 등 운영을 지원하고 있다. 또한, 경로당은 학대피해노인을 발굴 · 신고하는 학대노인지킴이센터로 지정되어 지역사회 학대예방체계 구축의 역할도 수행하고 있다. 노인복지관은 2016년 말 기준 350개소가 설치 · 운영되고 있으나, 노인인구가 급증하면서 노인들의 다양한 여가 욕구를 충족시키기 위해 계속적인 시설 신축이 필요하다. 2005년부터는 노인복지관 신축 및 운영이 지방이양사업으로 운영되고 있으며, 노인복지관은 다양한 계층의 노인들이 이용하는 만큼 평생교육 · 취미여가 · 건강생활지원사업, 노인상담 · 정서 및 사회생활지원사업, 위기 · 독거노인지원사업 등 이용자 특성에 적합한 맞춤형 프로그램을 개발 · 보급하여 운영함으로써 앞으로 더욱 많은 노인들이 이용할 것으로 기대된다.

노인교실은 일반적으로 '노인대학', '노인교실', '노인학교' 등의 다양한 명칭으로 통용되고 있으며, 2016년 말 기준 전국적으로 1,393개소가 설치 · 운영되고 있다.

노인복지관, 경로당, 노인교실 등의 노인여가복지시설이 전국적으로 운영되고 있지만 우리나라 노인들은 외국에 비해 주로 집안에서 소극적인 여가 활동을 하고 있다. 정부에서는 노인들이 창조적이고 적극적으로 여가를 보낼 수 있도록 관계 부처와 협업하여 프로그램을 개발 · 보급하고, 이용 어르신의 특성과 규모 변화에 따른 서비스 제공을 통해 노인복지관과 경로당이 활성화될 수 있는 다각적인 방안을 마련하고자 노력하고 있다(보건복지부, 2017).

(1) 노인여가복지시설의 종류

노인여가복지시설은 노인복지관과 경로당, 노인교실이 있다. 노인복지관은 노인의 교양 · 취미생활 및 사회참여활동 등에 대한 각종 정보와 서비스를 제공하고, 건강증진 및 질병예방과 소득보장 · 재가복지, 그 밖에 노인의 복지증진에 필요한 서비스를 제공하는 시설을 말한다. 경로당은 지역노인들이 자율적으로 친목도모 · 취미활동 · 공동작업장 운영 및 각종 정보교환과 기타 여가활동을 할 수 있도록 하는 장소를 제공하는 시설을 말한다. 노인교실은 노인들에 대하여 사회활동 참여욕구를 충족시키기 위하여 건전한 취미생활 · 노인건강유지 · 소득보장 기타 일상생활과 관련한 학습프로그램을 제공한다.

〈표 14-6〉 노인여가복지시설의 종류(노인복지법 제31조)

종류	시설	설치 목적	입소(이용) 대상자	설치
노인 여가 복지 시설	노인 복지관	노인의 교양 · 취미생활 및 사회참여활동 등에 대한 각종 정보와 서비스를 제공하고, 건강증진 및 질병예방과 소득보장 · 재가복지, 그 밖에 노인의 복지증진에 필요한 서비스를 제공	60세 이상의 자	시장 · 군수 · 구청장에 신고
	경로당	지역노인들이 자율적으로 친목도모 · 취미활동 · 공동작업장 운영 및 각종 정보교환과 기타 여가활동을 할 수 있도록 하는 장소를 제공	65세 이상의 자	〃
	노인 교실	노인들에 대하여 사회활동 참여욕구를 충족시키기 위하여 건전한 취미생활 · 노인건강유지 · 소득보장 기타 일상생활과 관련한 학습프로그램을 제공	60세 이상의 자	〃

출처: 보건복지부(2017) 노인복지시설 현황

(2) 이용대상

지역사회에 거주하는 노인으로 경로당은 65세 이상, 노인복지관 및 노인교실은 60세 이상의 노인이다.

(3) 이용절차

소정의 회원가입이나 이용의사의 확인 등으로 노인여가복지시설을 이용한다.

(4) 시설현황

연도별 노인여가복지시설 현황은 다음과 같다.

〈표 14-7〉 연도별 노인여가복지시설 현황

(단위: 개소, 명)

종류	시 설	2016		2015		2014		2013		2012	
		시설 수	입소 정원	시설 수	입소 정원	시설 수	입소 정원	시설 수	입소 정원	시설 수	입소 정원
노인여가 복지시설	계	66,787	0	66,292	0	65,665	0	64,983	0	64,077	0
	노인 복지관	350	0	347	0	344	0	319	0	300	0
	경로당	65,044	0	64,568	0	63,960	0	63,251	0	62,442	0
	노인 교실	1,393	0	1,377	0	1,361	0	1,413	0	1,335	0

주) 노인복지관 현황은 노인복지법 제37조에 따른 노인복지관임.
출처: 보건복지부(2017) 노인복지시설 현황

4) 재가노인복지시설

정신적, 신체적인 이유로 독립적인 일상생활을 수행하기 곤란한 노인과 노인부양 가정에 필요한 각종 서비스를 제공함으로써, 노인이 가족 및 친지와 더불어 건강하고 안정된 노후 생활을 영위할 수 있도록 함과 동시에 노인부양으로 인한 가족의 부담을 덜어주기 위함을 목적으로 한다.

재가노인복지사업은 1980년대 중반부터 노인에 대한 시설보호중심에서 가정에 있는 노인에 대한 보호와 지원으로 전환할 필요성을 인식하고, 1987년 한국노인복지회에서 최초로 가정봉사원파견사업을 시범 실시하였다. 1989년 12월 제1차 「노인복지법」 개정 시 '가정봉사사업', '재가노인' 용어를 사용하여, 1991년부터 가정간호사업, 1992년부터 주간보호사업, 단기보호사업 등 여러 가지 형태의 재가노인복지사업이 시작되었다. 1993년 12월 제2차 「노인복지법」 개정 시 '재가노인복지'를 명시하였다. 2008년 4월 4일 이후 재가노인복지시설로 명칭을 통일하고, 방문요양서비스, 주 · 야간보호서비스, 단기보호서비스, 방문 목욕서비스로 종류를 구분하였다. 2010년에는 재가노인지원서비스 신설하였으며, 2016년 7월 재가노인복지시설이 제공할 수 있는 서비스에 방문간호서비스를 추가하였다.

(1) 재가노인복지시설의 종류

재가노인복지시설은 방문요양서비스, 주 · 야간보호서비스, 단기보호서비스, 방문목욕서비스, 방문간호서비스 및 재가노인지원서비스로 구분하고 있다.

〈표 14-8〉 재가복지시설의 종류(「노인복지법」 제31조)

종류	시설	설치 목적	입소(이용) 대상자	설치
재가노인복지시설	방문요양서비스	가정에서 일상생활을 영위하고 있는 노인으로서 신체적 · 정신적 장애로 어려움을 겪고 있는 노인에게 필요한 각종 편의를 제공하여 지역사회 안에서 건전하고 안정된 노후를 영위하도록 하는 서비스	○ 장기요양수급자나 심신이 허약하거나 장애가 있는 65세 이상의 자(이용자로부터 이용비용의 전부를 수납받아 운영하는 시설의 경우에는 60세 이상의 자로 한다)로서 다음 각 호에 해당하는 자 가. 방문요양서비스 : 가정에서 보호가 필요한 자 나. 주 · 야간보호서비스 : 주간 또는 야간 동안의 보호가 필요한 자 다. 단기보호서비스 : 단기간의 보호가 필요한 자	시장 · 군수 · 구청장에 신고

종류	시설	설치 목적	입소(이용) 대상자	설치
	주 · 야간 보호 서비스	부득이한 사유로 가족의 보호를 받을 수 없는 심신이 허약한 노인과 장애노인을 주간 또는 야간 동안 보호시설에 입소시켜 필요한 각종 편의를 제공하여 이들의 생활안정과 심신기능의 유지 · 향상을 도모하고, 그 가족의 신체적 · 정신적 부담을 덜어주기 위한 서비스		
재가노인복지시설	단기보호 서비스	부득이한 사유로 가족의 보호를 받을 수 없어 일시적으로 보호가 필요한 심신이 허약한 노인과 장애노인을 보호시설에 단기간 입소시켜 보호함으로써 노인 및 노인가정의 복지증진을 도모하기 위한 서비스	라. 방문 목욕서비스 : 가정에서의 목욕이 필요한 자 마. 방문간호서비스 : 가정에서 간호가 필요한 자 바. 재가노인지원서비스 : 가목부터 라목까지의 서비스 이외의 서비스로서 상담 · 교육 및 각종서비스가 필요한 자	시장 · 군수 · 구청장에 신고
	방문목욕 서비스	목욕장비를 갖추고 재가노인을 방문하여 목욕을 제공하는 서비스		
	방문간호 서비스	간호사 등이 의사, 한의사 또는 치과의사의 지시서(이하 "방문간호지시서"라 한다)에 따라 수급자의 가정 등을 방문하여 간호, 진료의 보조, 요양에 관한 상담 또는 구강위생 등을 제공하는 서비스		
	재가노인 지원 서비스	그 밖에 재가노인에게 제공하는 서비스로서 상담 · 교육 및 각종 서비스		

출처: 보건복지부(2017) 노인복지시설 현황

방문요양서비스는 가정에서 일상생활을 영위하고 있는 노인으로서 신체적 · 정신적 장애로 어려움을 겪고 있는 노인에게 지역사회 안에서 건전하고 안정된 노후를 영위하도록 장기요양요원(요양보호사)이 가정을 방문하여 신체활동 및 가사활동 등 필요한 각종 서비스를 제공한다. 주 · 야간서비스는 부득이한 사유로 가족의 보호를 받을 수 없는 심신이 허약한 노인과 장애노인을 주간 또는 야간 동안 보호시설에 입소시켜 필요한 각종 편의를 제공하여 이들의 생활안정과 심신기능의 유지 · 향상을 도모하고, 그 가족의 신체적 · 정신적 부담을 경감하는 데 목적이 있다. 단기보호서비스는 부득이한 사유로 가족의 보호를 받을 수 없어 일시적으로 보호가 필요한 심신이 허약한 노인이나 장애노인을 보호시설에 단기간 입소시켜 보호함으로써 노인 및 노인가정의 복지증진을 도모하기 위한 서비스를 제공한다. 방문목욕서비스는 목욕장비를 갖추고 재가 노인을 방문하여 목욕서비스를 제공한다. 재가노인지원서비스는 경제적 · 정신적 · 신체적인 이유로 독립적인 일상생활을 영위하기 어려운 노인과 복지사각지대 노인들에게 일상생활지원(방문요양 제외)을 비롯한 각종 필요서비스를 제공함으로써 지역사회 내에서 건강한 생활을 영위하는 데에 어려움이 없도록, 예방적 복지 실현 및 사회 안전망 구축을 목적으로 한다. 가정봉사원파견시설, 방문요양 및 재가노인지원서비스의 사업내용을 비교해 보면 다음과 같다.

〈표 14-9〉 가정봉사원 파견시설, 방문요양 및 재가노인지원 서비스의 비교

구분	가정봉사원파견시설〈'08.7.1 이전〉	방문요양(재가노인복지시설)〈'08.7.1 이후〉	재가노인지원서비스〈'10.3.1 이후〉	방문요양(장기요양기관)
서비스 대상	① 일상생활 수행능력에 지장이 있는 자 ② 노인성질환 또는 노쇠로 심신의 장애가 있는 자 ③ 일반질환으로 일시적인 서비스가 필요한 자	① 장기요양급여 수급자 ② 장기요양급여수급자 이외의 자 중(등급외자) 기초수급권자 및 부양의무자로부터 적절한 부양을 받지 못하는 자로서 재가서비스 제공이 필요한 자(시 · 군 · 구청장이 의뢰한 자)	① 장기요양급여 수급자 ② 장기요양급여수급자 이외의 자 중 기초수급권자 및 부양의무자로부터 적절한 부양을 받지 못하는 자로서 서비스 제공이 필요한 자(시 · 군 · 구청장이 의뢰한 자)	① 장기요양급여 수급자 ② 이용자 본인이 전액 부담하는 자

구분	가정봉사원파견시설 〈'08.7.1 이전〉	방문요양 (재가노인복지시설) 〈'08.7.1 이후〉	재가노인지원서비스 〈'10.3.1 이후〉	방문요양 (장기요양기관)
서비스 대상	④ 독거노인으로 일상생활 서비스가 필요한 자 ⑤ 기타 복지실시기관장이 서비스가 필요하다고 인정한 자	③ '08.7.1이전 운영비를 지원받는 시설을 이용하고 있는 등급외자 중 기초수급권자 및 실비이용자 ④ 이용자 본인이 전액 부담하는 자	③ '08.7.1이전 운영비를 지원받는 시설을 이용하고 있는 등급외자 중 기초수급권자 및 실비이용자 ④ 기타 자연재해 등으로 긴급지원이 필요한 노인	
서비스 내용	신체수발, 일상생활 지원, 노화 · 질병 및 장애관리, 상담 및 교육, 복지자원 발굴 및 네트워크구축(결연사업, 봉사자 발굴 등)	방문요양, 상담 및 교육, 노인결연 등 〈'10.3.1 이후〉 방문요양만 제공(신체수발, 일상생활 지원, 정서지원 등)	일상생활 지원, 노인생활 및 신상에 관한 상담, 재가노인 및 보호자의 교육, 무의탁노인 후원을 위한 결연 및 연계지원, 여가활동지원, 주거환경 개선 지원	신체수발, 일상생활 지원, 정서지원 등
인력 기준	시설장 1인 사회복지사 1인 사무원 1인 보조원 또는 운전기사 1인 무급봉사원 및 유급봉사원	시설장 1인 사회복지사 1인 요양보호사 3인 사무원, 보조원 또는 운전사는 필요수 〈'10.2.24이후〉 시설장 1인 요양보호사 15인 사무원, 보조원 또는 운전사는 필요수	시설장 1인 사회복지사 1인 사무원 1인	시설장 1인 요양보호사 3인 사무원, 보조원 또는 운전사는 필요수 〈'10.2.24이후〉 시설장 1인 요양보호사 15인 사무원, 보조원 또는 운전사는 필요수
운영비 지원 (등급외자)	'08년상반기 : 67,850천 원	'08년하반기 : 50,000천 원 '09년 : 100,000천 원 '10년 : 지자체에서 결정	지자체에서 결정	없음

출처: 보건복지부(2017) 노인보건복지사업안내

(2) 이용대상

재가노인복지시설의 이용대상자는 장기요양급여수급자, 장기요양급여수급자 이외의 자 중 기초수급권자 및 부양의무자로부터 적절한 부양을 받지 못하는 자로서 혼자서 일상생활을 수행하기 어려워 재가서비스의 제공이 필요한 자로 구분하고 있다. 또한 노인보호전문기관에서 학대피해노인으로 입소의뢰를 받은 노인을 포함하며, '08.7.1일 이전에 국가 및 지방자치단체로부터 운영비를 지원받는 시설을 이용하고 있는 장기요양급여수급자 이외의 자 중 "기초수급권자" 및 "실비이용자"를 대상으로 한다.

가. 방문요양서비스

방문요양서비스의 이용대상자는 장기요양급여 수급자(1~5등급)로 하며, 심신이 허약하거나 장애가 있는 65세 이상의 자(이용자로부터 이용비용의 전부를 수납 받아 운영하는 시설의 경우에는 60세 이상의 자)로서 가정에서의 보호가 필요한 자로 한다. 단, 노인돌봄서비스, 가사간병도우미, 독거노인생활지도사 등 타 서비스를 제공받고 있는 자는 대상에서 제외한다.

나. 주 · 야간보호서비스

주 · 야간보호서비스 이용대상자는 장기요양급여 수급자(1~5등급)로 하며, 심신이 허약하거나 장애가 있는 65세 이상의 자(이용자로부터 이용비용의 전부를 수납받아 운영하는 시설의 경우에는 60세 이상의 자)로서 주간 또는 야간 동안의 보호가 필요한 자로 한다.

다. 단기보호서비스

단기보호서비스는 장기요양급여 수급자(1~5등급)로 하며, 심신이 허약하거나 장애가 있는 65세 이상의 자(이용자로부터 이용비용의 전부를 수납 받아 운영하는 시설의 경우에는 60세 이상의 자)로서 월 1일 이상 15일 이하 단기간의 보호가 필요한 자로 한다.

라. 방문목욕서비스

방문목욕서비스는 장기요양급여 수급자(1~5등급)로 하며, 심신이 허약하거나 장애가 있는 65세 이상의 자(이용자로부터 이용비용의 전부를 수납 받아 운영하는 시설의 경우에는 60세 이상의 자)로서 가정에서의 목욕이 필요한 자로 한다.

마. 재가노인지원서비스

재가노인지원서비스의 이용대상자는 재가장기요양급여 이용자로서 기타 서비스를 필요로 하는 자, 기초수급권자 및 부양의무자로부터 적절한 부양을 받지 못하는 자로서 혼자서 일상생활을 수행하기 어려워 서비스의 제공이 필요하여 시 · 군 · 구청장이 의뢰한 자, '08.7.1. 이전에 국가 및 지방자치단체로부터 운영비를 지원받는 시설을 이용하고 있는 장기요양급여 수급자 외의 자 중 기초수급권자 및 실비이용자로 한다. 단, 방문요양서비스 내용과 중복은 불가하다. 기타 자연재해 등으로 긴급지원이 필요한 노인(장기요양 서비스 이용자 포함)으로 한다.

서비스의 내용으로는 첫 번째로 예방적 복지와 안전망 구축을 실현하기 위하여 영역별 프로그램(중분류) 계획을 수립하고 프로그램 안에서 다양한 서비스(소분류)를 개발하여 제공하는 것을 원칙으로 한다. 두 번째로 긴급지원사업은 필요 시 장기요양서비스 및 노인돌봄서비스 여부와 관계없이 제공 가능하다. 세 번째로는 서비스 내용 중 교육지원프로그램은 이용대상자, 보호자 및 지역주민(자원봉사자 포함)을 대상으로 다양한 내용으로 실시하여 안전망 및 긴급지원네트워크 구축에 활용한다. 네 번째로는 재가노인지원서비스센터에서는 지역협의체 구성 및 사례관리를 통하여 유사 서비스(지역사회자원연계 등)의 중복을 방지하고, 필요서비스의 즉각 지원을 도모한다.

(3) 이용절차

장기요양인정을 받지 않은 자는 먼저 국민건강보험공단으로 장기요양 인정 신청을 하여 장기요양급여수급자로 판정을 받은 후 장기요양인정서를 첨부하여 아래 절차에 따라 이용한다.

※입소를 위한 사전 절차 :
장기요양인정신청(공단 지사) → 방문조사 → 등급판정위원회 → 장기요양인정서 수령 → 아래 입소 절차에 따라 이용

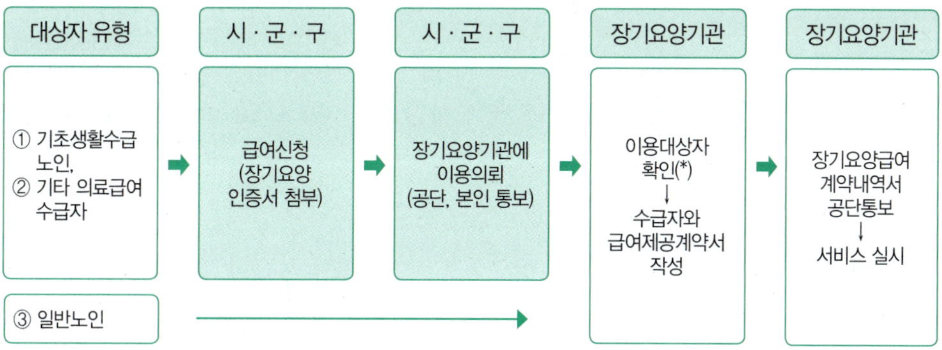

※ 기초생활수급노인이나 기타 의료급여수급자에 대한 급여비용은 입소이용 신청일부터 인정하며, 장기요양기관에서는 반드시 기초생활수급노인이나 기타 의료급여수급권자에 대한 입소이용 의뢰서를 확인한 후 수급자와 계약을 체결하여야 함

※ 기초생활수급노인이나 기타 의료급여수급권자에 대한 서비스 제공 시 시 · 군 · 구청장이 이용 의뢰하지 않았거나 이용의뢰서가 공단으로 통보되지 않은 자에 대한 서비스 비용은 수급자가 전액 본인 부담

〔그림 14-2〕 이용절차

출처: 보건복지부(2017) 노인보건복지사업안내

(4) 시설현황

연도별 재가노인복지시설 현황은 다음과 같다.

〈표 14-10〉 연도별 재가노인복지시설 현황

(단위: 개소, 명)

종류	시설	2016		2015		2014		2013		2012	
		시설 수	입소 정원	시설 수	입소 정원	시설 수	입소 정원	시설 수	입소 정원	시설 수	입소 정원
재가노인 복지시설	계	3,168	24,709	3,089	21,624	2,797	18,852	2,832	16,061	3,003	16,076
	방문요양 서비스	1,009	0	1,021	0	992	0	1,042	0	1,113	0
	주·야간보호 서비스	1,086	23,767	1,007	20,467	913	18,008	848	14,996	840	15,160
	단기보호 서비스	95	942	112	1,157	96	844	110	1,065	94	916
	방문목욕 서비스	588	0	617	0	588	0	603	0	633	0
	재가노인지원 서비스	390	0	332	0	208	0	229	0	323	0

주) 재가노인복지시설 현황은 노인복지법에 의거 설치신고 된 시설 현황자료임.
출처: 보건복지부(2017) 노인복지시설 현황

5) 노인보호전문기관

노인보호전문기관은 사회보장위원회 노인학대 방지 종합대책(2014.10.)에서 시설 내 학대 예방 강화를 위하여 '학대사례조사판정위원회'의 공정성 강화, 시설학대 평가 강화 등을 명시하였다. 학대 시설·시설장 및 종사자 명단·이력 공표, 시설종자자 및 상습범에 대한 가중처벌, 노인학대 관련 범죄자의 노인시설 운영·취업 제한 등 시설학대 예방을 위한 「노인복지법」 개정(2015.12, 시행)이 이루어졌다.

관련 근거로는 「노인복지법」 제39조의 4~7항, 「노인장기요양보험법」 제37조 등을 근거로 하고 있으며, 노인학대 신고전화는 노인보호전문기관(1577-1389), 보건복지콜센터(129), 정부 민원안내 콜센터(110), 경찰(112)등을 운영하고 있다(보건복지부, 2017).

노인학대 사례의 신고접수, 신고 된 시설학대 사례에 대한 개입, 시설의 학대사례 판정에 대한 자문, 학대사례에 대한 사례관리 절차 지원, 노인복지시설 종사자 및 이용자에 대한 노인학대 예방교육을 실시한다.

(1) 노인보호전문기관의 종류

노인보호전문기관은 「노인복지법」 제39조의5 제1항에 근거하여 중앙노인보호전문기관을 설치운영하며 노인인권보호 관련 정책제언, 연구 및 프로그램의 개발, 관련 기관 협력체계의 구축 및 활성화 등의 역할을 수행한다. 지역노인보호전문기관은 노인학대 신고 접수, 조사 및 개입 등의 노인학대 예방사업을 수행한다(「노인복지법」 제39조의5 제2항).

〈표 14-11〉 노인보호전문기관의 종류(「노인복지법」 제31조)

종류	시설	설치목적	입소(이용) 대상자	설치
노인보호전문기관	노인보호전문기관	시 · 도지사가 노인보호전문기관을 지정 · 운영, 노인학대 신고, 상담, 보호, 예방 및 홍보, 24시간 신고 · 상담용 긴급전화(1577-1389) 운영	노인학대행위자에 대한 상담 및 교육, 학대받은 노인의 발견 · 상담 · 보호 등 노인학대 예방 및 방지를 위한 홍보	시 · 도지사 지정

출처: 보건복지부(2017) 노인복지시설 현황

(2) 노인학대 신고의무와 절차(노인복지법 제39조의6)

누구든지 노인학대를 알게 된 때에는 노인보호전문기관 또는 수사기관에 신고할 수 있다. 다음에 해당하는 자는 그 직무상 65세 이상의 사람에 대한 노인학대를 알게 된 때에는 즉시 노인보호전문기관 또는 수사기관에 신고하여야 한다.

① 「의료법」 제3조 제1항의 의료기관에서 의료업을 행하는 의료인 및 의료기관의 장
② 방문요양과 돌봄이나 안전확인 등의 서비스 종사자, 노인복지시설의 장과 그 종사자 및 노인복지상담원
③ 장애인복지시설에서 장애노인에 대한 상담 · 치료 · 훈련 또는 요양업무를 수행하는 사람
④ 가정폭력 관련 상담소 및 가정폭력피해자 보호시설의 장과 그 종사자
⑤ 사회복지전담공무원 및 사회복지관, 부랑인 및 노숙인보호를 위한 시설의 장과 그 종사자
⑥ 장기요양기관 및 재가장기요양기관의 장과 그 종사자
⑦ 119구급대의 구급대원
⑧ 건강가정지원센터의 장과 그 종사자
⑨ 다문화가족지원센터의 장과 그 종사자
⑩ 성폭력피해상담소 및 같은 법 제12조에 따른 성폭력피해자보호시설의 장과 그 종사자
⑪ 응급구조사
⑫ 의료기사

신고인의 신분은 보장되어야 하며 그 의사에 반하여 신분이 노출되어서는 아니 되며, 관계 중앙행정기관의 장은 자격취득 교육과정이나 보수교육 과정에 노인학대 예방 및 신고의무와 관련된 교육 내용을 포함하도록 하여야 한다.

(3) 기관현황

연도별 노인보호전문기관 현황은 다음과 같다.

〈표 14-12〉 연도별 노인보호전문기관 현황

(단위: 개소, 명)

종 류	시설	2016		2015		2014		2013		2012	
		시설 수	입소 정원	시설 수	입소 정원	시설 수	입소 정원	시설 수	입소 정원	시설 수	입소 정원
노인보호 전문기관	노인보호 전문기관	29	0	29	0	28	0	25	0	25	0

출처: 보건복지부(2017) 노인복지시설 현황

6) 노인일자리지원기관

노인일자리지원기관은 어르신이 활기차고 건강한 노후생활을 영위할 수 있도록 다양한 일자리 · 사회활동을 지원하여 노인복지 향상에 기여하는 것을 목적으로 한다. 「노인복지법」 제23조(노인사회참여 지원)에 근거하여 국가 또는 지방자치단체가 노인의 사회참여 확대를 위하여 노인의 지역봉사 활동기회를 넓히고 노인에게 적합한 직종의 개발과 그 보급을 위한 시책을 강구하며 근로능력 있는 노인에게 일할 기회를 우선적으로 제공하고 있다.

「저출산고령사회기본법」 제11조(고용과 소득보장)에서는 국가 및 지방자치단체는 일할 의욕과 근로능력이 있는 고령자가 최대한 일할 수 있는 환경을 조성하여야 한다는 것을 제시하고 있다.

(1) 노인일자리지원기관의 종류

노인일자리지원기관에 있어서 「노인복지법」 제23조의2(노인 일자리 전담기관의 설치 · 운영 등)에 근거하여 국가 또는 지방자치단체는 노인일자리전담기관을 설치 · 운영하거나 그 운영의 전부 또는 일부를 법인 · 단체 등에 위탁할 수 있다.

〈표 14-13〉 노인일자리지원기관의 종류

종류	시설	설치목적	입소(이용) 대상자	설치
노인일자리 지원기관	노인일자리 지원기관	지역사회 등에서 노인일자리의 개발 · 지원, 창업 · 육성 및 노인에 의한 재화의 생산 · 판매 등을 직접 담당하는 노인일자리전담기관 운영	60세 이상	시 · 도 및 시 · 군 · 구 신고

출처: 보건복지부(2017) 노인복지시설 현황

(2) 참여대상

사업에 참여하고자 하는 자는 참여신청서와 선발기준에 참고가 되는 관련서류를 시 · 군 · 구 및 수행기관(모집기관)에 제출하여야 한다. 제출서류는 참여신청서, 해당 활동 관련 자격증 사본(해당자에 한함)이다.

(3) 이용절차

시 · 군 · 구 및 수행기관은 제출된 참여 신청서를 바탕으로 신청자 정보를 업무시스템에 등록한다. 참여자 선발방법은 시 · 군 · 구 및 수행기관은 모든 신청자에 대한 개별상담을 통해 선발 기준표를 작성하여 고득점자 순으로 선정(공익활동은 시 · 군 · 구에서 최종 선발)한다.

공익활동참여자의 소득인정액 점수는 업무시스템 자격정보 연계를 통해 확인하고, 수행기관은 참여경력 · 세대구성 · 활동역량 점수를 필히 입력하고, 시장형 사업단 전문서비스형은 참여자 선발 시 기초연금 수급자에 가점을 부여한다. 단, 인력파견형 사업단은 제외한다.

(4) 시설현황

연도별 노인일자리지원기관 현황은 다음과 같다.

〈표 14-14〉 연도별 노인일자리지원기관 현황

(단위: 개소, 명)

종류	시설	2016		2015		2014		2013		2012	
		시설 수	입소 정원	시설 수	입소 정원	시설 수	입소 정원	시설 수	입소 정원	시설 수	입소 정원
노인일자리 지원기관	노인일자리 지원기관	136	0	129	0	0	0	0	0	0	0

출처: 보건복지부(2017) 노인복지시설 현황

7) 학대피해노인 전용쉼터

(1) 학대피해노인 전용쉼터의 종류

학대피해노인 전용쉼터는 2017년 3월 개정된 「노인복지법」 제39조의19(학대피해노인 전용쉼터의 설치)에 근거하여 국가와 지방자치단체는 노인학대로 인하여 피해를 입은 노인을 일정기간 보호하고 심신 치유 프로그램을 제공하기 위하여 학대피해노인 전용쉼터를 설치 · 운영한다.

〈표 14-15〉 학대피해노인 전용쉼터

종류	시설	설치 목적	입소(이용) 대상자	설치
학대피해 노인 전용 쉼터	학대피해노인 전용쉼터	노인학대로 인하여 피해를 입은 노인을 일정기간 보호하고 심신 치유 프로그램을 제공	노인학대로 인하여 피해를 입은 노인	시 · 도 지사 지정

(2) 학대피해노인 전용쉼터의 업무(노인복지법 제39조의19)

노인학대로 인하여 피해를 입은 노인을 일정기간 보호하고 심신 치유 프로그램을 제공하기 위하여 학대피해노인 전용쉼터의 업무는 다음과 같다.

① 학대피해노인의 보호와 숙식제공 등의 쉼터생활 지원
② 학대피해노인의 심리적 안정을 위한 전문심리상담 등 치유프로그램 제공
③ 학대피해노인에게 학대로 인한 신체적, 정신적 치료를 위한 기본적인 의료비 지원
④ 학대 재발 방지와 원가정 회복을 위하여 노인학대행위자 등에게 전문상담서비스 제공
⑤ 그 밖에 쉼터에 입소하거나 쉼터를 이용하는 학대피해노인을 위하여 보건복지부령으로 정하는 사항

3. 노인복지시설의 과제

노인복지시설에서는 일상생활의 영위와 더불어 입소노인들의 생활에 적합한 환경을 조성해 줄 책임이 있다. 양옥남 등(2016)은 우리나라 노인복지시설 서비스의 과제를 다음과 같이 제시하고 있다.

첫째, 노인복지시설의 공급부족과 지역 간 편중 현상이다. 우리나라의 시설보급률은 매우 낮다. 시설은 지역 특성을 기초로 시설의 적정 수가 산출되고, 시설당 적정 인원, 전문적인 복지시설서비스 제공과 합리적 운영을 위한 제도와 관리체계를 기초로 설립되어야 하며, 이는 지역사회 및 중앙정부의 협력적 지원이 선제되어야 한다.

둘째, 법 제도상의 문제점이다. 최근 확대되기 시작한 유료노인복지시설의 경우, 여러 가지 법과 제도상의 문제점이 지적되고 있다. 시설 설치허가 및 신청 시간상의 문제점, 보증보험 가입제도의 문제인데 설치운영 주체가 반드시 인허가 보증보험에 가입해야 하므로 노인들의 입주부담금을 가중시키는 요인이 된다. 또한, 노인들과 노인가족들의 접근성이 양호한 시설부지 확보가 어렵고 택지 취득허가를 받기에 어려움이 있다. 「노인복지법」에 의한 시설건립은 「조세감면규제법」에 의하여 세제감면혜택을 받지 못하는 문제를 가지고 있다.

셋째, 시설운영의 합리성과 서비스의 질 관리 문제이다. 노인복지시설들이 기본적으로 시장원리에 따라 운영되고, 민간운영 주체가 주를 이루면서 시설운영의 합리성과 서비스의 질에 대한 관리문제가 심각하다.

넷째, 전문 인력의 부족과 시설의 전문화 문제이다. 적정 수준의 전문 인력을 확보하는 것은 효과적인 노인복지시설 운영에 매우 중요한 요소이다.

다섯째, 노인복지시설서비스의 사회화이다. 시설의 사회화는 시설의 사회적 자원으로서 지역주민들의 역할을 강조한다. 시설 간 연계, 대학과의 연계, 사회복지시설 평가의 긍정적 활용, 지역주민의 참여 유도 등이 필요하다.

여섯째, 정부의 예산확충과 의식전환이 필요하다. 노인복지시설의 효과적인 운영을 위한 문제점들이 적절하게 반영되기 위해서는 무엇보다도 지방자치단체와 정부의 적극적이고 긍정적인 사고전환과 지원이 요구된다.

참고문헌

1급 사회복지사 시험연구회(2008). 사회복지정책론. 서울: 나눔의 집.

강용규 · 이종복 · 임옥빈 · 류동수 · 조당호(2013). 노인복지론. 경기: 공동체.

강유진(2003). 한국여성노인들의 노년기 적응과 노년기 삶의 모습에 대한 질적 연구. 대한가정학회지, 41(3), 131-146.

______(2011). 손자녀 돌봄과 조부모의 심리적 복지 : 돌봄 상황, 양육지각, 자원의 상호관련성을 중심으로. 한국인구학, 34(1), 73-97.

강은나 · 최재성(2014). 노년기 우울의 다중변화궤적에 관한 연구. 한국노년학, 34(2), 387-407.

강임옥 · 국민건강보험공단(2005). 치매환자의 사회경제적 비용분석, 의료이용 치매환자를 대상으로. 국민건강보험공단.

건강보험심사평가원(2014). 진료비 통계지표. 건강보험심사평가원.

고보선 · 허준수(2005). 노인의 학대 대처행동 결정요인에 관한 연구. 한국노년학, 26(1), 125-141.

고수진(2015). 노인장기요양보험 치매 및 비치매 노인의 의료이용과 사망에 영향을 미치는 요인. 서울대학교 박사학위논문.

고수현 · 윤선오(2010). 새로운 노인복지론. 경기: 양서원.

곽삼근 · 김은경 · 박성희(2008). 여성노인의 젠더 불평등 경험과 인식 전환에 대한 연구. 한국여성학, 24(4), 141-174.

국민건강보험공단(2017). 2016 노인장기요양보험 통계연보.

____________(2017). 국내 노부부 부양세대 현황.

권석만(2000). 우울증. 서울: 학지사.

권석만 · 민병배(2000). 노년기 정신장애. 서울: 학지사.

권중돈(2012). 치매환자와 가족복지. 서울: 학지사.

______(2007). 노인복지론, pp. 157-158. 서울: 학지사.

______(2014). 노인복지론. 서울: 학지사.

권중돈 · 김유진 · 엄태영(2012). 독거노인의 자살위험 영향요인에 관한 연구: 고독감의 영향 및 무망감의 매개효과를 중심으로. 보건사회연구, 32(1), 89-114.

권중돈 · 윤경아 · 배숙경(2002). 노인복지론. 한국사회복지사협회 사이버연수원 노인복지론 강의록.

권태엽(2015). 노인요양시설의 효율성에 관한 연구:DEA-Tier 분석을 중심으로. 청주대학교 대학원 박사학위논문.

김기원(2000). 공공 정책과 생산적 복지에 관한 고찰. 생산적 복지와 사회복지정책. 한국사회복지정책학회 2000년 춘계 학술대회 자료집.

______(2000). 공공부조론. 서울: 학지사.

김기태 · 성명옥 · 박봉길 · 이경남 · 최희경(2002). 노인복지실천론. 경기: 양서원.

김남용(2006). 치매노인의 문제행동과 종사자의 부담에 관한 연구, 서울시 치매주간보호중심으로. 한양대학교대학원 석사학위논문.

김동배 · 유병선(2013). 근린생활과 노인의 사회적 관계, 우울에 관한 연구, 서울지역을 중심으로, 한국노년학회, 한국노년학, 33(1), 105-123.

김명숙 · 고종욱(2013). 노인 생활만족도 결정요인에 대한 통합적 접근. 한국콘텐츠학회논문지, 13(6), 246-259.

김문정 · 정재원(2010). 공동양육 조모의 손자녀 양육스트레스에 대한 대처경험. 한국가족관계학회지, 15(3), 137-153.

김미령(2008). 여성노인의 삶의 만족도에 영향을 미치는 성공적 노화의 구성요소. 한국노년학, 28(1), 33-48.

______(2014). 손자녀 돌봄노동이 조부모의 삶의 만족도 및 우울에 미치는 영향. 가족과 문화, 26(1), 178-204.

김미혜(2001). 노인학대의 이해와 해결을 위한 첫걸음. 까리따스 방배종합사회복지관, 노인학대세미나자료집: 노인학대 실태 및 방향성 모색, 3-12.

김미혜 · 김혜선(2005). 조손가족 손자녀의 정서 · 행동에 영향을 미치는 조부모 관련 요인 연구. 한국유아교육연구, 2(1), 137-166.

김미혜 · 성기옥 · 팽경희 · 최희진 · 최소영(2011). 손자녀 양육 조부모와 자녀와의 갈등에 영향을 미치는 요인: 조부모의 특성을 중심으로. 한국노년학, 31(4), 905-923.

김봉균 · 하연주 · 최송식(2014). 노인의 우울에 영향을 미치는 요인들에 과한 종단적 연구: 신체적, 심리적, 사회적 요인을 중심으로, 한국노년학, 34(1), 115-132.

김선우 · 김태현(2003). 남녀 노인의 의사소통 행동과 결혼만족도. 한국가정관리학회지, 21(6), 141-155.

김숙경(2012). 조부모 특성이 양육 손자녀의 정서?행동에 미치는 영향 연구. 한국지역사회복지학, 43, 275-295.

김순은 · 이민홍(2013). 한국노인이 경험하는 문제(어려움)은 무엇인가?, 한국정책분석평가학회, 정책분석평가학회보, 25(2), 8.

김양님(2015). 노인우울증의 문제와 극복 방안-하인즈 코헛의 이론을 중심으로. 한일장신대학교 석사학위논문.

김예식(1998). 생각 바꾸기를 통한 우울증 치료. 서울: 한국장로교출판사.

김윤정(2002). 회상을 통한 우리나라 여자노인들의 일생과 자아통합감. 노인복지연구, 18, 207-231.

김은정(2008). 여성 노인의 생애구술을 중심으로 본 노년기 자아정체성의 형성과 지속성에 관한 연구. 가족과 문화, 20(1), 27-67.

김은정 · 정순둘(2011). 손자녀 대리양육 조모의 적응경험에 관한 연구 : 취업모 가정을 중심으로. 한국가족복지학, 31, 177-213.

김인혁 · 구재관 · 김준환 · 양정빈 · 유영주 · 이효순 · 천덕희 · 하영갑(2014). 노인복지론. 서울: 창지사.

김정민(2016). 인지행동치료. 서울: 학지사.

김정호(1997). 교육학 개론. 서울: 문지사.

김치영 · 고명수 · 김영대(2014). 노인복지론. 서울: 동문사.

김태현(1994). 노년학. 경기 : 교문사.

김태현 · 김양호 · 임선영(2011). 노인복지론. 서울: 구상.

김현순 · 김병석(2008). 노인과 청소년의 자살생각 비교 연구, 한국노년학, 28(2), 325-344.

김형수(2003). 노인부양의 한계와 생산적 고령화 방안. 한국노인복지학회 2003년 추계학술대회, 39-50.

김혜경 · 도미향 · 문혜숙 · 박충선 · 손홍숙 · 오정옥 · 홍달아기(2015). 가족복지론. 경기: 공동체.

김혜숙(2017). 노인의 자살생각에 영향을 미치는 요인에 관한 연구. 상지대학교 박사학위논문.

나항진(2002). 성공적 노화를 위한 연구.

남기민(2015). 사회복지정책론. 서울: 학지사.

남기민 · 권태엽(2013). 노인장기요양등급에 따른 노인장기요양보험제도의 비용 편익분석: 충북 노인요야이설을 중심으로, 노인복지연구, 59, 73-94.

노병일(2005). 노인의 사회적 지지와 우울사이의 관계에 대한 연구. 공주대학교 석사학위논문.

노병일 · 모선희(2007). 사회적 지지의 수준과 차원이 노인 우울에 미치는 영향. 한국노년학, 27(1), 53-69.

노인정신의학(2015). 노인정신의학, 대한노인정신의학회 편. 서울: 엠엘커뮤니케이션.

노인학회(2017). 노화주요 이론.

모선희(2004). 고령사회와 노인 여가활동. 대전보건대학 평생교육원. 2004년 노인복지사 양성교재.

문용필 · 이준영(2017). 노인요양시설 내 노인학대 예방정책에 관한 비교연구: 유럽 4개 국가를 중심으로. 사회복지정책, 44(2), 261-294.

민하영(2002). 부모교육. 서울: 양지사.

박건우(2004). 치매의 행동 신경심리증상에 대한 비약물학적 접근. 대한치매학회지, 3(1), 24-28.

박귀영(2010). 노인복지론. 경기: 공동체.

박선애 · 허준수(2017). 노인의 기능적 능력과 우울이 삶의 만족도에 미치는 영향. 한국노년학, 37(1), 125-149.

박옥임(2006). 농촌 조손가족의 손자녀 연구: 3 세대 가족과의 비교. 충남대학교 대학원 박사학위논문.

박은아 · 이정우(2005). 부부단독가구 노인의 부부간 의사소통 · 의사결정 참여가 가정생활만족도에 미치는 영향. 한국가정관리학회지, 23(3), 197-215.

박재간(1997). 노년기 여가생활의 실태와 정책 과제. 노인복지정책연구.

박현숙(2015). 재가 장애노인의 상실감이 자살생각에 미치는 영향: 장애수용과 사회참여의 매개효과를 중심으로, 성결대학교 박사학위논문.

박희숙 · 장원태 · 오정희(2016). NCS 노인복지론. 경기: 공동체.

배진희(2007). 손자녀 양육 조부모의 심리적 안녕에 영향을 미치는 요인 : 양육형태별 비교를 중심으로. 사회복지정책, 29, 67-94.

배태순(2000). 해체된 가족의 아동들, 그들은 어떻게 보호되고 있나: 국내해체가정의 아동보호현황. 한국아동복지학, 9, 228-246.

보건복지부(2010). OECD Health Data.

_________(2014). 치매유병률 조사결과. 보건복지부.

_________(2016). 2015 노인학대 현황 보고서.

_________(2017). 2017 노인복지사업안내.

_________(2017). 2016 보건복지백서.

__________(2017). 2017년 노인보건복지사업안내.
__________(2017). 2017년 노인복지시설현황.
보건복지부 · 중앙노인보호전문기관(2017). 2016 노인학대 현황보고서.
보건복지포럼(2015). 노인의 건강실태와 정책과제.
산업노년학회(2016). 사회적 노화.
서강훈(2008). 한국형 실버타운모델연구. 원광대학교.
______(2009). 실버타운이 해답이다. 경기: 이담북스.
______(2012). 노인복지론. 서울: 파란마음.
______(2013). 노인복지정책과 사회보장제도. 경기: 한국학술정보.
서동인(1992). 손자녀가 지각한 조모와의 심리적 친밀도. 경희대학교 박사학위논문.
서진상(2004). 치매노인 복지서비스 개선방안에 관한 연구. 동아대학교대학원 석사학위논문.
서혜경 · 정순둘 · 최광현(2013). 노인상담. 서울 : 학지사.
성규탁(1995). 한국인의 효행이유에 관한 연구. 연세사회복지연구, 2, 147-169.
송인욱 · 전재욱(2009). 노인 주부양자의 학대행동에 영향을 미치는 위험요인. 사회복지개발연구, 15(1), 81-111.
송현인(2001). 노인복지론. 경기: 나남출판사.
신용주 · 김혜수(2016). 노인복지론. 경기: 공동체.
심옥수(2015). 경제활동 노인의 일과 삶의 만족도 관계에서 우울의 조절효과 분석. 한국케어매니지먼트연구, 17, 161-180.
안정신 · 정영숙 · 정여진 · 서수균 · Cooney, T. M.(2011). 성공적인 노화연구의 비판적 고찰, 한국발달심리학회지, 24(3), 35-54.
안태윤(2011). 고령화 사회와 노인의성. 2011 제2차 경기가족여성포럼.
안홍순(2013). 노인복지론. 경기: 공동체.
안희란(2015). 할머니의 손자녀 양육지원이 갖는 교육적 의미에 관한 탐색적 연구. 한국노년학, 35(4), 1095-1113.
안희란 · 김선미(2014). 맞벌이 자녀를 둔 할머니의 손자녀 양육지원 양태와 그에 따른 삶의 변화에 관한 질적 연구. 한국가족자원경영학회지, 18(3), 1-20.
양옥남 · 김혜경 · 박화옥 · 정순둘(2016). 노인복지론. 경기: 공동체.
여성가족부(2010). 2010년 제2차 가족실태조사.
__________(2010). 조손가족실태조사.

여유진(2013). 노인의 가구유형별 빈곤과 공적 이전의 빈곤감소효과 분석-정책적 함의를 중심으로. 비판사회정책, 40, 185-219.
옥경희(2005). 조부모-손자녀가족 조부모의 손자녀 양육. 한국가정관리학회지, 23(3), 103-114.
원서진(2011). 손자녀 양육이 조부모의 우울감에 미치는 영향: 3세대 가족과 비3세대가족의 비교를 중심으로. 사회복지연구, 42(3), 33-56.
원석조(2017). 사회복지정책론. 경기: 공동체.
유성호 · 김형수 · 모선희 · 윤경아(2015). 노인복지론. 서울: 학지사.
유하나 · 한혜율 · 오혜미 · 박미정(2015). 가족의사소통과 가족결속력이 노인여성의 우울 및 삶의 질에 미치는 영향. 한국자료분석학회, 17(1), 469-483.
윤기혁 · 이성진(2017). 한국 노인의 은퇴이후 노인학대 발생 기간과 발생시기적 위험 영향요인에 관한 생존분석 연구 부산광역시와 경상남도를 중심으로. 사회복지정책, 44(2), 179-210.
윤진(1984). 성인 · 노인심리학. 서울: 중앙적성출판사.
윤현숙(2003). 노부모와 자녀간의 지원교환이 노인의 심리적 안녕에 미치는 영향. 한국노년학, 23(3), 15-28.
이민숙(2005). 노인의 우울과 자살에 사회적 지지의 영향. 서울여자대학교 석사학위논문.
이병록(2017). 노인복지론. 경기: 공동체.
이서자(2009). 노인장기요양보험제도의 현황 및 발전방향. 충청노인복지연구, 9. 사단법인 충청노인복지개발회 노인복지연구소.
이영숙(2011). 조모의 손자녀 돌봄 의도에 미치는 돌봄 경험의 영향: 동거 여부에 따른 비교. 한국생활과학회지, 20(1), 91-100.
이은희 · 박양숙(2017). 새로 쓴 노인복지론. 서울: 학지사.
이은희 · 하주영 · 이정란 · 황은희(2009). 맞벌이 자녀를 둔 조모의 손자(녀) 돌봄 경험. 질적연구, 10(1), 1-13.
이인수(1999). 현대노인복지론. 경기: 양서원.
이준상 · 김향아(2017). 노인의 가족관계가 삶의 만족도에 미치는 영향: 우울의 매개효과를 중심으로. 한국웰니스학회지, 12(2), 27-36.
이중구(1998). 여가 문화와 놀이. 서울: 대경.
이해영(2006). 노인복지론. 서울: 창지사.
______(2015). 노인복지론. 서울: 창지사.

이향란(2016). 신노인복지론. 경기: 양성원.

이현주(2007). 저소득 조손가족 아동의 성인아이 성향에 영향을 미치는 요인에 관한 경로분석: 수용적 양육태도의 매개효과를 중심으로. 한국아동복지학, 23, 7-32.

_______(2015). 여성노인의 가사 · 돌봄 노동의 젠더불평등에 관한 연구. 여성학연구, 25(3), 141-177.

이형실(2003). 농촌 노인의 세대간 사회적 지원 교환과 생활만족: 성별 및 연령 집단별 비교. 대한가정학회지, 41(4), 57-63.

이혜자 · 박경애(2009). 농촌노인의 가족관계망 유형과 생활만족도. 한국노년학, 29(1), 291-307.

이화영(2006). 조손가족의 가족기능에 영향을 미치는 요인. 노인복지연구, 32, 327-355.

_______(2007). 저소득 조손가정 조부모의 복지서비스욕구에 영향을 미치는 요인. 숭실대학교 대학원 박사학위논문.

임병우 · 김은주 · 임중철 · 주경희(2015). 노인복지론. 경기: 공동체.

임주영 · 전귀연(2004). 노인의 주관적 안녕감에 영향을 미치는 변인연구. 한국노년학, 24(1), 71-87.

정관용(2016). 고령사회의 노인상담이 우울감소와 자살예방에 미치는 효과예측에 관한 연구. 서울벤처대학원대학교 박사학위논문.

정상수 · 김동환 · 김철진 · 정영민 · 문정란(2014). 노인복지론. 경기: 정민사.

정선영 · 정현숙(2011). 작용을 통한 고찰. 사회복지연구, 42(1), 5-29.

정순둘(2007). 여성노인과 남성노인의 성공적 노화에 관한 인식 비교연구. 한국노년학, 27(4), 829-845.

정여진 · 안정신(2010). 남성노인의 성공적 노화에 가족관계 변인이 미치는 영향. 한국노년학, 30(2), 535-550.

_____________(2012). 노인의 부부친밀감과 성공적 노화간의 관계에 대한 자녀애착의 매개효과. 한국노년학, 32(1), 185-206.

조맹제 · 김진영(2006). 치매환자 가족 부담감의 한국형 도구 개발. 성인간호학회지. 제 12권 4호.

조용환(1998). 대안학교의 가능성과 한계에 관한 문화기술적 연구. 교육인류학연구, 1(1), 113-155.

조추용 · 김양이 · 윤은경(2015). 노인복지론. 서울: 창지사.

조추용 · 정미경(2016). 농촌노인의 일상행활수행능력과 생활의 어려움이 정신건강에 미치는 영향요인에 관한 연구: 사회적지지 매개효과를 중심으로, 노인복지연구, 71, 331-353.

종윤정(2015). 웰다잉 프로그램과 노인의 삶의 질.

주경복 · 김귀분(2008). 노인부양자의 부양부담감, 소진감, 삶의 질에 대한 연구. 여성건강간호학회지, 149(4), 278-289.

중앙노인보호전문기관(2017). 2016 노인학대 현황보고서. 보건복지부 · 노인보호중앙전문기관.

최성재 · 장인협(2010). 고령사회의 노인복지학. 서울: 서울대학교 출판문화원.

최정민(2014). 노인의 소득과 자살생각 간 관계-신체건강, 우울감, 사회자본의 다중매개효과를 중심으로. 전북대학교 박사학위논문.

최항순(2003). 사회복지시설 민간위탁 제도의 개선방안: 성남시 사회복지관을 중심으로, 중앙행정논집, 17(2), 197-219.

최형임(2008). 노인 자살생각에 영향을 주는 요인에 관한 연구. 대구대학교 박사학위논문.

통계청(2000). 인구주택총조사보고서.

______(2011). 국민건강영양조사.

______(2013). 2012년 맞벌이가구 통계.

______(2016). 2016년 고령자 통계.

______(2016). 가계동향조사.

______(2016). 장래가구추계.

______(2016). 2015 인구주택 총조사 100세 이상 고령자조사 집계결과.

한국보건사회연구원(2009). 전국노인실태조사.

________________(2014). 노인단독가구의 생활 현황과 정책 과제.

________________(2014). 전국노인실태조사.

________________(2016). 노인빈곤과 동거자녀 특성에 관한 연구.

한국보건산업진흥원(2017). 노인 식생활안전관리 종합계획 수립을 위한 연구보고서.

한국여성정책연구원(2012). 100세 시대 대비 여성노인의 가족 돌봄과 지원방안 연구보고서.

한설희(2004). 치매의 행동심리증상의 개관. 대한치매학회지, 3(1), 1-4.

한정란(2015). 노인교육론. 서울: 학지사.

한정란 · 김귀자(2003). 부모의 노인 및 조부모에 대한 태도와 자녀의 조부모에 대한 친밀감. 노인복지연구, 19, 61-82.

한창수 · 배재남(2014). 노인정신의학, 대한노인정신의학회편. 서울: 엠엘커뮤니케이션.

허정무(2002). 노인교육 이론과 실천방법론. 경기: 양서원.

현외성(1998). 노인상담의 이론과 실제. 서울: 유풍출판사.

현외성(2001). 사회복지법제론. 경기: 양서원.

현외성 · 장필립 · 홍태용 · 김은자 · 조추용 · 김혜경 · 손덕옥 · 남정자 · 김용환 · 윤은경(2001). 노인케어론. 경기: 양서원.

Allen, Blieszner & Roberto(2000). Families in the middle and later years: A review and critique of research in the 1990S. *Journal of Marriage and the Family, 62*(4), 911-926.

Antonucci, T. C., & Akiyama, H.(1995). Convoys of social relations: Family and friendships within a lifespan context. *Handbook of aging and the family.*

Baker, A. A.(1975). "Granny-battering." *Modern Geriatrics 5*: 20-24.

Baldwin R., Jacoby R., Oppenheimer C., Dening T., Thomas A.(2008). *Oxford textbook of old age psychiatry. 3rd ed.*, 529-556. NewYork: Oxford University Press.

Baltes, P. B. & Baltes, M. M.(1990). *Successful aging.* New York: Cambridge University Press.

Barranti, C. R.(1985). The grandparent-grandchild relationship. *Family Relationship, 34*, 343-352.

Blazer. D. G.(2003). Depression in Later Life: Review and Commentary, *Journals of Gerontology, 58*(3), 249-265.

Conwell, Y.(2001). Suicide in later life : A view and recommendation for prevention, *Suicide and Life Threatening Behavior*, 31.

Crawford, J. G.(1996). Alzheimer's disease risk factors as related to cerebral blood flow, 46(4), *Med Hypotheses*, 367-377.

Crosnoe, R. & Elder, G. H.(2002). Successfuladaptation in the later years. *Social Psychology Quarterly, 65*(4), 309-328.

D. G. Blazer(2007). 노년기 정신건강[*Emotional Problems in Later Life: Intervention*

Straegies for Professional Caregivers]. (김동배 외 6인 공역). 서울: 학지사.

Dowdell, E. B., & L. N. Sherwen.(1998). Grandmothers who raise grandchildren: Across-generation Challenge to Caregives. *Journal of Gerontological Nursing, 24*(5), 8-13.

Erikson, E. H. , Erikson, J. M. & Kivnick, H. Q.(1986). *Vital involvement in old age.* New York: Norton.

Fisher, B. J.(1995). Successful aging and life satisfaction and generativity in later life. *International Journal of Aging and Human Development, 41,* 239-250.

Gorman, W, F.(1995). Benign aging or Alzheimer disease?, 88(9), *Jokal Stsate Med Assoc*, 388-391.

Hank, K., & Buber, I.(2009). Grandparents caring for their grandchildren: Findin gs from the 2004 Sur-vey of Health, Aging, and Retirement in Europe. *Journal of Family Issues, 30*, 53-73.

Hodson, L. G.(1992). Adult grandchildren and their grandparents: the enduring bond. *International journal of aging and human development, 34*(3), 209-225.

Huang, J. F., Wong, R. H., Chen, C. C., Mao, I. F., Huang, C. C., Chang, W. H., & Wang, L.(2011). Trajectory of depression symptoms and related factors in later life: A population based study. *Journal of Affective Disorder, 133*, 499-508.

Jeremy, B. Y., Laura P. W. & Jami, J.(2011). Nonresidential Grandparents' Emotional and Financial Involvement in Relation to Early Adolescent Grandchild Outcomes. *Journal of Research on Adolescence, 21*(3), 552-558.

Johnson, N.(1990). *Reconstruct the Welfare State: A Decade of Change 1980~1990.* London: Harvester

Julian, Le Grand(1991). The Theory of Government Failure, *British Journal of Political Science. 21*(4), 423-442.

Karl, A. P., & Rosalie, S. W.(1986). *Elder Abuse: Conflict in the family.* Auburn House Publishing Company.

Kataoka-Yahiro, M. R., Ceria, C., & Yoder, M.(2004). Grandparent caregiving rol e in Filipino American Families. *Journal of Cultural Diversity, 11,* 110-117.

Katras, M. J., Zuiker, V. S., & Bauer, J. W.(2004). Private safety net: Childcare resources from the perspec-tive of rural low-income families. *Family*

Relations, 53, 201-209.

Lee, J., & Bauer, J. W.(2010). Profiles of grandmothers providing child care to their grandchildren in South Korea. *Journal of Comparative Family Studies, 41,* 455-475.

Lowenstein, A., Ruth, K. and Nurit, G. Y.(2007). Reciprocity Child Exchange and Life Satisfaction among the Elderly: A Cross-National Perspective. *Journal of Social Issue, 63*(4), 865-883.

M. Snowden(2008). Treating depression in older adults: challengers to implementing the recommendations of an expert panel, *Prev Chronic Dis, 5,* 1-7

Mankiw, N. Gregory(1999). 맨큐의 경제학[*Principle of Economics, Dryden*]. (김경환 · 김종석 옮김). 서울 :교보문고.(원전은 1997에 출판)

Patterson, G. R.(1984). A microsocial process: A view form the boundary. In J. C. Masters & K. L. Yarkin (Eds.), *Boundary areas in psychology: Social and developmental psychology.* N. Y.: Academic Press. 43-66.

Quinn, W. H.(1983). Personal and Family adjustment in later life. *Journal of Marriage and the Family, 45*(1), 57-73.

R. C. Peck(1968). *Psychological development in the second half of Life, Middle age and aging.* Chicago: University of Chicago Press.

Schaie, K. W.(2009). "When does age-related cognitive decline begin?" Salthouse again reifies the "cross-sectional fallacy." *Neurobiology of Aging, 30,* 528-529.

Scott, J. P.(1998). Family relationship of older, rural women: stability and change. *Journal of Women & Aging, 10*(4), 67-80.

Silverstein, M.(2007). Benefits of grandparents raising grandchildren. *Journal of Intergenerational Relationships, 5*(3), 131-134.

Smeeding, Timothy M., & Peter Saunders. (1998). "How Do the Elderly in Taiwan Fare Cross-nationally?." Evidence from the Luxembourg Income Study(LIS) Project. *SPRC Paper 81*.

Stiglitz, Joseph E.(1997). *Economics(2nd ed.).* New York: W.W.Norton & Company, Inc.

Thompson, L., & Walker, A.(1984). Mothers and daughters; Aid patterns and attachments. *Journal of Marriage and the Family, 46*, 313-322.

Tornstam, L.(2005). *Gerotranscendence-A Developmental Theory of Positive Aging.* New

York: Springer publishing company.

UNDP(1997). *Human Development Report*(인간개발보고서).

Vailant, G. E. & Mukamal, K.(2001). Successful aging. *The Journal of Psychiatry, 158*(6), 839-847.

Walsh, F.(1982). *Normal Family Processes.* New York: The Guilford Press.

Wolf, Charles, Jr(1988). *Markets or Goverments: Choosing Between Imperfect Alternatives.* Cambridge, Mass:MIT Press.

World Bank(1994). *Averting the Old Age Crisis: policies to Protect the Old and Promote Growth*. Oxford: Oxford University Press.

World Bank(1994). *Averting the Old Age Crisis: policies to Protect the Old and Promote Growth*. Oxford: Oxford University.

World Bank(1994). *Averting the Old Age Crisis: policies to Protect the Old and Promote Growth*. Oxford: Oxford University Press.

Yunong, H.(2012). Family Relations and Life Satisfaction of Older People: A Comparative Study between Two Different Hukous in China. *Aging and Society, 32*(1), 19-40.

WHO http://www.who.int

고용보험공단 http://www.ei.go.kr

공무원연금공단 www.geps.or.kr

국가통계포털 http://kosis.kr

국민건강보험공단 http://www.nhic.or.kr

국민연금공단 http://www.nps.or.kr

국방부군인연금 https://www.mps.mil.kr

근로복지공단 http://www.kcomwel.or.kr

기초노령연금 http://bop.mohw.go.kr

노인장기요양보험 통계 http://www.longtermcare.or.kr

보건복지부 http://www.mw.go.kr

2008a, 『기초노령연금사업 안내』, 보건복지부 홈페이지

2008b, 『기초노령연금』, 기초노령연금 홈페이지

2008c, 『종합전문요양기관 인정기준 개선을 위한 시행규칙』, 보건복지부

2008d, 『노인장기요양보험』, 보건복지부 홈페이지
보건복지부 통계 http://www.mohw.go.kr
보건복지부 기초연금 http://basicpension.mohw.go.kr
보건복지부지정 노인성치매 임상연구센터
분당 서울대 병원 신경정신과 http://www. snubh.org
사립학교교직원연금공단 www.tp.or.kr
산업재해관리공단 http://www.kosha.net
통계청 kostat.go.kr
한국산업기술평가관리원 www.keit.re.kr/index.do

인구보건복지협회 노인상담소, 2011
한국일보, 2008. 4. 14

저자소개

서강훈

성균관대학교 대학원 사회복지학 전공(석사)
원광대학교 대학원 노인복지학 전공(박사)
현) 조선이공대학교 교수

권태엽

서울대학교 대학원 체육교육학 전공(석사)
청주대학교 대학원 사회복지학 전공(박사)
현) 충청대학교 사회복지학과 겸임조교수, 서청주노인요양원 원장

김극명

숭전대학교 대학원 교육학 전공(석사)
서남대학교 대학원 사회복지학 전공(박사)
현) 전주비전대학교 아동복지과 교수

김연진

서울대학교 대학원 보건사회학 전공(석사)
광주대학교 대학원 사회복지학 전공(박사)
현) 목포과학대학교 사회복지과 교수

이은영

이화여자대학교 대학원 사회복지학 전공(석사)
숭실대학교 대학원 사회복지학 전공(박사)
현) 총신대학교 대학원, 숭실대학교 평생교육원 사회복지학과 외래교수

이진용

대전대학교 대학원 사회복지학 전공(석사)
대전대학교 대학원 사회복지학 전공(박사)
현) 한국영상대학교 사회복지과 교수

노인복지론

초판 1쇄 발행 2018년 7월 14일
초판 2쇄 발행 2019년 8월 29일

지 은 이 | 서강훈 · 권태엽 · 김극명 · 김연진 · 이은영 · 이진용
펴 낸 이 | 김기섭
편 집 인 | 엄지연
펴 낸 곳 | 창지사 www.changjisa.com
08589 서울시 금천구 가산디지털1로 83(가산동 345-13)
파트너스타워1차 9층
전화 (02) 719-2211~3
팩스 (02) 701-9386
등 록 | 1977년 4월 28일 · 제1-421호

ISBN 978-89-426-1137-9 (93330)

값 19,000원

이 도서의 국립중앙도서관 출판예정도서목록(CIP)은 서지정보유통 지원시스템 홈페이지(http://seoJi.nl.go.kr)와 국가자료공동목록시스템(http://www.nl.go.kr/kolisnet)에서 이용하실 수 있습니다(CIP제어번호: CIP2018021729).